네이키드 애자일

네이키드 애자일

경영의 눈으로
애자일 바로보기

장재웅 · 상효이재 지음

Naked Agile

미래의 창

프롤로그

최근 기업 현장에서는 조직문화 개선에 대한 논의가 한창이다. 디지털 전환의 소용돌이 속에 혁신의 중요성이 그 어느 때보다 강조되면서 과거와 같은 조직문화로는 기업이 경쟁력을 유지할 수 없다는 판단에서다. 하지만 조직문화를 개선하겠다고 기업들이 내놓는 대안들을 보면 '과연 이들이 진심으로 조직문화를 바꿀 생각이 있나'라는 의심이 든다. 대다수 기업들이 조직문화를 바꾸겠다며 시행하는 제도들은 '호칭 및 직급 파괴', '자율출퇴근제', '자율좌석제'이거나 개인 차원에서의 리더십 멘토링 교육 등뿐이다. 하지만 이런 노력들은 '문화'를 제대로 건드리지 못한 채 구조와 제도만 어루만지고 있기 때문에 대부분 원하는 성과를 달성하지 못한다.

권위주의적 문화의 위험과 심리적 안전감

기업들이 조직문화 개선에 관심을 갖기 시작한 이유는 조직 내 팽배한 권위주의적 문화의 부작용을 스스로 느끼고 있었기 때문이다. 권위주의적 문화의 부작용으로 가장 대표되는 사례가 대한항공 여객기 추락 사고다. 1997년 미국 괌 공항 인근에서 발생한 이 사고는, 악천후 속에서 착륙을 시도하던 대한항공 801편이 추락해 탑승객 254명 중 228명이 사망했다. 사고 원인 조사에서 사고의 가장 큰 원인이 칵핏Cockpit(비행기 조종석) 내부의 권위적 문화였다는 것이 밝혀지면서 더 큰 충격을 안겨줬다.

사고 당시 상황을 보면, 부기장과 항공기관사는 고도를 낮추라는 기장의 지시 후 얼마 지나지 않아 무언가 잘못되었다는 것을 인식했다. 그리고 그 상황이 자칫 수많은 사람의 생명과도 연결된 극심한 위기상황이라는 것 역시 몰랐을리 없다. 하지만 기장의 연속되는 오판에 대해 부기장과 항공기관사는 아무런 의견을 제시할 수 없었다. 칵핏 내부의 권위적 문화로 인해 그런 특수한 상황에서조차 조종사들은 상황에 맞지 않는 강도의 대화와 행동을 했다.

조종간은 원칙적으로나 상황맥락적으로나 기장의 전유물이 아니다. 위기상황에서 얼마든지 직급과 관계없이 행동할 수 있는 시스템과 프로토콜이 갖춰져 있다. 하지만 작동하지 않았다. 괌 참사는 권위주의적 문화가 조직을 어떻게 갉아먹는지 단적으로 보여준다. 부기장과 항공기관사는 기장의 권위에 적극 대응하지 못한 이유 하나로 목숨을 잃었다. 그들뿐만이 아니다. 227명의 안타까운 목숨도 '문화'에 의해 희생당했다.

미국의 유명 작가 말콤 글래드웰Malcolm Gladwell은 세계적 베스트셀러 《아웃라이어Outliers》에서 '비행기 추락에 담긴 문화적 비밀'이란 주제로 이 사건을 분석했다. 그는 다문화 심리학 연구에서 활용되는 PDIPower Distance Index 지수를 활용, 이와 비행기 사고 데이터를 비교 분석해 권위주의적 문화일수록 비행기 추락 사고가 발생할 가능성이 높다는 상관관계를 제시했다. 1988년부터 괌 추락 사건이 발생한 다음 해인 1998년까지의 기록을 보면 미국 항공사 유나이티드항공United Airlines, UA의 경우 백만 번 비행에 0.27번의 사고를 기록했으나, 동 기간 대한항공은 4.79번으로 무려 17배 이상을 기록했다. 사실 이 시기의 대한항공 사고를 분석해보면 괌 사고에서 나타난 문화 이슈는 특수한 상황이 아니라 늘상 도사리고 있었던 '상시적 위험'이었다.

굳이 20년도 더 지난 이야기를 들춰내는 이유는 최근 집중 조명받고 있는 조직문화 개선 이슈가 사실은 그 이전부터 항상 (말로만) 중요하게 다뤄졌다는 것을 지적하고 싶어서다. 하지만 20여년이 지난 지금 우리가 일하는 회사의 모습은 얼마나 달라졌을까? 이 책을 보는 여러분은 회사 내 주요 이슈에 대해 어떤 상황에서도 자유롭게 본인의 의사를 이야기할 수 있는지, 상사의 지시가 틀렸음을 지적하고 자유롭게 자기 주장을 펼칠 수 있는지, 그리고 그런 행동 후에 불이익을 받을까 떨지 않을 수 있는지 생각해 볼 필요가 있다.

우리는 수십 년째 문화의 중요성을 강조하고 있지만 정작 우리의 조직문화는 수십 년 전에서 크게 달라지지 않았다. 수평적인 혹은 창의적인 조직문화를 만들기 위해서 직급을 없애고 호칭을 파괴한다고 해서 문화가 달라지지 않는다. 협업을 강조한다며 사무실을 자율좌석제로 바꾸고 조직구조를 매트릭스 조직으로 바꾼다고 해서 수십 년 간 이어온 일하는 방식이 달라지는 것이 아니다.

우리는 '삶'에서 '일'을 배척하면서도 '일'에 쫓겨 산다

조금 다른 이야기를 해보자. 우리는 매일 일을 한다. 우리는 하루 중 가장 많은 시간을 회사에서 보낸다. 하지만 우리에게 회사는 어떤 의미일까? 우리에게 있어 일, 직장은 먹고 살기 위해 어쩔 수 없이 해야 하는, 벗어나고 싶은 멍에와도 같다. 퇴사학교, 퇴사준비 등 퇴사 관련 콘텐츠가 날개 돋친 듯 팔려 나간다. 우직하게 회사를 다니는 사람보다 쿨하게 사표를 던지고 세계 여행을 다니는 사람이 더 각광받는다. 정부 정책도, 미디어도 우리에게 일로부터 독립해 여유로운 삶을 살라고 독려한다. 우리는 지금 그런 시대에 살고 있다.

하지만 과연 이게 삶과 일의 관계에 대한 정답인지 생각해 볼 필요가 있다. 우리가 일을 하는 이유가 단지 생계를 꾸리기 위함인지, 인생의 행복을 위해서는 지금이라도 용기를 내어 회사를 박차고 나가야만 하는지, 워라밸 열풍 속에서 일을 과연 삶과 철저히 분리해야만 하는지 말이다.

'성공을 이루기 위한 최상의 방법은 무엇일까?'라는 질문에 대한 해답을 찾기 위해 토드 로즈 하버드 교육대학원 교수는 일과 삶에 있어 우수성을 획득한 집단을 연구했다. 그들의 동기나 사회경제적 배경, 공부 및 연습 방법 등은 모두 제각각 달랐지만 공통점이 하나 있었다. 바로 충족감Fulfillment을 느끼며 산다는 것이다. 흥미로운 것은 충족감과 성과의 상호관계다. 연구에 따르면 충족감은 탁월한 경지에 이른 뒤에야 찾아오는 것이 아니라 삶과 일의 과정 속에서 충족감을 추구한 결과, 경지에 이르렀다는 점이다.

이렇듯 성공하는 사람들의 특징에 관한 다양한 연구들에 따르면 탁월한 성과를 지속가능하게 내면서도 동시에 정신적으로 풍요로운 삶을 영위하는 사람들 중 상당수에게 일은 삶과 분리된 것이 아니라 삶과 조화를 이루는 것이다. 그들에게 일은 돈을 위한 것이 아니라, 성취와 몰입을 위한 놀이에 좀 더 가깝다.

삶 속에서 일의 의미에 대해 이야기하는 방식은 크게 2가지다. 이 역시 문화에 대한 문제의식으로 귀결된다. 첫째, 일에 대한 우리의 관념이다. 과연 우리는 일에 대해 어떤 생각을 갖고 매일 일을 하고 있을까? 두 번째는 일과 삶을 바라보는 우리 조직의 문화가 어떠한가다. 현 시점에서는 후자가 조금 더 중요해 보인다. 개인으로서 우리의 관념이 정해지는 데에는 집단으로서의 시스템, 문화가 지배적인 영향을 미치기 때문이다.

'업'의 본질을 되찾게 도와주는 문화로서, '애자일'에 주목

"직원들이 '심리적 안전감Psychological Safety'을 가지고 과업의 본질에 집중할 수 있는 문화를 만들 수는 없을까?"

"직원들이 일을 통해 충족감을 느끼고, 하는 일이 생산적이라고 느낄 수 있는 일터를 만들 수는 없을까?"

"개개인성이 존중받고 각자가 자신의 가치와 의미를 찾아 직무에 몰입하도록 돕는 문화를 구축할 수는 없을까?"

필자들이 오랜 기간 애자일에 주목한 이유는 애자일이 가진 철학적 속성과 그에 근거한 아이디어들이 위의 질문에 대해 어느 정도 해답을 줄 수 있다는 희망을 보았기 때문이다. 이 책을 통해 그간의 공허한 외침으로만 남았던 조직문화 개선이 실체적 실천으로 탈바꿈하는 작은 계기라도 만들고자 서로의 작은 힘을 이 책에 보탰다. 애자일을 도구 삼아 안전하게 과업의 본질에 집중할 수 있는 문화를 구축하고, 그 안에서 리더와 구성원이 시의 적절하게 행동하고 말할 수 있는 용기와 지혜를 갖춰 나가기를 희망한다.

장재웅, 상효이재

차례

서문

기업의 새로운 화두로 등장한 '애자일'

"조직의 생각하는 방식, 일하는 방식에서도 변화와 혁신이 필요합니다. (……) 애자일을 통해 현대차를 IT기업보다 더 IT기업 같은 회사로 만들겠습니다."

– 현대자동차그룹

"(애자일을 통해) 성공보다 빠른 실패Fast Failure를 독려하는 조직이 되어야 합니다."

– 롯데그룹

"건설사 최초로 애자일 조직을 도입하고 유연근로제를 시행하는 등 자율적이고 창의적으로 조직과 문화를 혁신하기 위한 노력을 지속하였습니다."

– HDC 현대산업개발

"협업과 혁신이 내재화되고, 실행이 중심이 되는 조직으로 변화해 나가야 합니다. (……) 협업과 혁신의 내재화 중심에 애자일 조직이 있습니다."

– KB 국민카드

2019년을 맞아 공개된 주요 그룹의 신년사에는 유독 '애자일'이라는 단어가 많이 언급됐다. 금융, 제조, IT 등 분야를 막론하고 다양한 산업에 걸쳐 있는 기업들이 대부분 '애자일Agile(날렵한, 민첩한)'을 경영의 화두로 꼽았다. 소프트웨어 업계 종사자라면 '애자일'이라는 단어가 익숙할 것이다. 하지만 그 외 산업 종사자들에게 '애자일'은 아직 낯선 단어일지 모른다. 그래서인지 '애자일'이 화두로 떠오르는 한편으로 '애자일 전환Agile Transformation'을 어디서부터 어떻게 이행할 것인지 궁금해하고 막막해하는 목소리가 높아졌다.

사실 애자일은 새로운 개념이 아니다. 2001년 제프 서덜랜드Jeff Sutherland를 포함한 17명의 소프트웨어 개발자들이 미국 유타 주에 모여 기존의 전통 소프트웨어 개발과 구별되는 개발 철학을 '애자일 소프트웨어 개발 선언Manifesto for Agile Software Development'[1]에 담아 발표하면서 본격적으로 애자일이라는 용어가 쓰이기 시작했다. 이때부터 애자일 방법론은 오랜 기간 많은 자원을 투자해 비밀스럽게 완벽한 제품을 개발하는 대신 빠른 속도로 시제품을 출시해 고객과 시장의 피드백을 받아가며 제품을 수정·보완해가는 방식을 뜻하게 되었다. 이는 장황한 계획을 세우기보다 실제 동작하는 결과물을 민첩하게 만드는 것을 목표로 한다. 특히 고객과 가장 가까운 접점에 있는 직원들에게 의사결정을 맡겨 고객 니즈 변화에 발 빠르게 대응할 수 있도록 한다.

'애자일 방법Agile Methodology'이 그렇다고 어떤 특정 세부 방법론이나 프로세스를 뜻하는 것은 아니다. 애자일 소프트웨어 개발 선언도 4가지 핵심 가치와 이를 이행하는 데 참고가 되는 12가지 원칙만 있을 뿐, 실제 애자일을 조직에 적용한 기업들을 살펴보면 그 모습은 기업마다, 팀마다 다르게 나타난다. 그러므로 애자일은 변화에 기민하면서도 효율적으로 대응하는 소프트웨어 개발 철학을 이행하는 다양한 방법의 통칭에 더 가깝다고 할 수 있다.

그런데 왜 이제서야 갑자기 기업들이 분야를 가리지 않고 애자일에 열광하기 시작했을까? 정답이 있는 것도 아니고 정확한 적용 방법이 있는 것도 아니며 심지어 경영 방법론이 아니라 소프트웨어 개발 방법론에 불과한데 말이다. 다양한 원인이 있겠지만 그 핵심은 '혁신의 필요성'을 경영자들이 절감하기 시작했기 때문이다. 최근 10여 년 사이 우리는 글로벌 기업들의 몰락과 신흥 스타트업들의 비약적 발전을 동시에 목격했다. 구글, 넷플릭스, 아마존 등이 기존에 통용되던 게임의 룰을 바꾸며 거대 기업들을 누르고 승승장구하는 모습은 이제는 익숙한 일이 됐다. 이 과정에서 신흥 혁신기업들이 표방하는 새로운 일하는 방식이 경영자들의 주된 관심사가 되었다. 기업들은 세부적인 이행 방식은 다르지만 그들이 추구하고 실천하는 경영이 '애자일 방법론'이 가진 철학, 문화, 그로부터 비롯된 업무 방식과 일관성 있게 연결되어 있음을 깨닫기 시작한 것이다.

여기에 우리가 흔히 '실리콘밸리의 혁신기업'이라고 표현하는 기업들 외에 굴지의 글로벌 기업들이 속속 애자일을 도입해 성과를 내고 있다는 점도 애자일 열풍을 부추기고 있다. 대표적인 예가 사티아 나델라Satya Nadella 신임 CEO가 부임한 후 제2의 전성기를 맞고 있는 마이크로소프트다. 그는 취임 후 조직 내부의 관료화된 조직문화의 틀을 깨고 관성에 물들고 패배주의에 빠진 구성원들을 변화시키기 위해 '디지털 전환'과 '애자일 조직문화 이식'에 힘썼다. 그 결과 마이크로소프트는 빠른 속도로 다시 예전의 명성을 되찾을 수 있게 되었다(4장의 '전통 조직구조 안에서의 애자일 전환'에서 자세히 설명하겠다).

이는 비단 IT기업들만의 이야기가 아니다. 중국의 가전제품기업 하이얼은 월풀, LG, 삼성 등과 경쟁하는 세계적인 가전업체로 직원만 7만 5천 여 명이나 되는 대형기업이다. 지난 10년간 하이얼의 핵심인 가전사업의 총이익은 연 23% 증가했으며 매출은 매년 18% 성장했다. 성장률만 보면 경쟁업체 대비 가히 독보적이라고 볼 수 있다. 하지만 하이얼은 2014년에 무려 2만 4천 여 명의 직원을 해고했다. 물론 그들을 모두 회사 밖으로 내보낸 것은 아니다. 회사가 성장을 거듭함에 따라 자연스럽게 생겨난 조직 내 복잡한 위계를 없애고 각 구성원들이 스스로 회사 내부에 수많은 벤처 회사를 만들도록 오픈 플랫폼 형태의 회사로 전환한 것이다. 회사가 일종의 인큐베이터 역할을 하면서 기술, 자본, 인력 등을 제공하고, 아이디어 발의부터 경영 전반을 구성원들이 독립적으로 꾸려가는 방식으로 다양한 스타트업을 키워낸 것이다. 평소 관료제를 '조직의 경쟁력을 저해하는 장애물'로 여겼던 장루이민Zhang Ruimin 하이얼 CEO의 확고한 철학(런단허이 Rendanheyi/人單合一*)이 이 같은 혁신적 시도를 가능케 했다. 장루이민의 철학인 런단허이는 이름만 다를 뿐 애자일 속성과 매우 밀접하게 맞닿아 있다.[2]

이렇듯 불확실성의 시대에 오히려 안정적으로 성장하고, 인정받는 기업들은 형식과 적용 방법은 다를지언정 공통적으로 '애자일' 기반의 경영을 하고 있다. 이런 흐름에 자극을 받은 국내 기업들이 "우리도 뭔가 바뀌어야 하지 않을까?"라는 자성의 목소리를 내며 조바심을 내기 시작한 것이 각 기업의 신년사에 나란히 반영되면서 지금의 '애자일' 유행을 만들어냈다.

애자일 소프트웨어 개발 선언

1990년대부터 소프트웨어 개발에 사용되던 다양한 개발 방법론들은 2001년에 비로소 '애자일'이라는 이름으로 묶이게 된다. 2001년 미국 유타 주 스노우버드Snowbird에 모인 IT전문가들은 전통적인 방식의 폭포수 모델과 기존 개발 방법론에 대한 한계

* **런단허이**: 직원 모두가 고객 가치의 접점에서 직접 책임지고 그로 인해 스스로도 가치를 얻는다는 의미다.

를 보완하고 더 나은 방안을 모색하고자 하였다. 그들은 보다 유연하고 빠르게 변화하는 현 경영환경에 맞는 적응성이 뛰어난 개발 방법론을 논의했고, 그 결과 탄생한 것이 바로 '애자일 소프트웨어 개발 선언문'이다.[3]

애자일 소프트웨어 개발 선언문은 4가지 핵심 가치와 12가지 원칙으로 이루어져 있다. 이는 새로운 개발 방법론에 대한 철학을 구체적으로 표현한 것으로 애자일 개발 방법론을 받아들이고자 하는 개인이나 조직이라면 세부 방법론에 앞서 우선적으로 내재화해야 할 항목이다. 애자일 소프트웨어 개발 선언문의 중축이 되는 4가지 핵심 가치는 다음과 같다.

애자일 소프트웨어 개발을 위한 선언

Manifesto for Agile Software Development

우리는 소프트웨어를 개발하고, 또 다른 사람의 개발을 도와주면서 소프트웨어 개발의 더 나은 방법들을 찾아가고 있다. 이 작업을 통해 우리는 다음을 가치 있게 여기게 되었다.

1. 공정과 도구보다 **개인과 상호작용**
2. 포괄적인 문서보다 **작동하는 소프트웨어**
3. 계약 협상보다 **고객과의 협력**
4. 계획을 따르기보다 **변화에 대응하기**

우리는 이를 가치 있게 여긴다. 이 말은 왼쪽에 있는 것들도 가치가 있지만, 우리는 오른쪽에 있는 것들에 더 높은 가치를 둔다는 것이다.

(Kent Beck, Mike Beedle, Arie van Bennekum, Alistair Cockburn, Ward Cunningham, Martin Fowler, James Grenning, Jim Highsmith, Andrew Hunt, Ron Jeffries, Jon Kern, Brian Marick, Robert C. Martin Steve Mellor, Ken Schwaber, Jeff Sutherland, Dave Thomas© 2001, 상기 저자들)

애자일 선언 이면에는 12가지 원칙이 있다. 이는 애자일 선언의 핵심 가치를 좀 더 구체화된 행동으로 이행할 때 기준 규범으로 작동한다.

애자일 선언 이면의 12가지 원칙

우리는 다음 원칙을 따른다.

1. 우리의 최우선 순위는, 가치 있는 소프트웨어를 일찍 그리고 지속적으로 전달해서 고객을 만족시키는 것이다.
2. 비록 개발의 후반부일지라도 요구사항 변경을 환영하라. 애자일 프로세스들은 변화를 활용해 고객의 경쟁력에 도움이 되게 한다.
3. 작동하는 소프트웨어를 자주 전달하라. 두어 주에서 두어 개월의 간격으로 하되 더 짧은 기간을 선호하라.
4. 비즈니스 부서 사람들과 개발자들은 프로젝트 전체에 걸쳐 날마다 함께 일해야 한다.
5. 동기가 부여된 개인들 중심으로 프로젝트를 구성하라. 그들이 필요로 하는 환경과 지원을 해주고 그들이 일을 끝내리라고 신뢰하라.
6. 개발팀으로, 또 개발팀 내부에서 정보를 전하는 가장 효율적이고 효과적인 방법은 면대면 대화이다.
7. 작동하는 소프트웨어가 진척의 주된 척도이다.
8. 애자일 프로세스들은 지속가능한 개발을 장려한다. 스폰서, 개발자, 사용자는 일정한 속도를 계속 유지할 수 있어야 한다.

9. 기술적 탁월성과 좋은 설계에 대한 지속적 관심이 기민함을 높인다.
10. 단순성이 –안 하는 일의 양을 최대화하는 기술이– 필수적이다.
11. 최고의 아키텍처, 요구사항, 설계는 자기 조직적인 팀에서 창발한다.
12. 팀은 정기적으로 어떻게 하면 더 효과적으로 될지 숙고하고, 이에 따라 팀의 행동을 조율하고 조정한다.

애자일 개발 방법론이 유행하는 다른 방법론과 차별화되고 가치를 인정받는 이유가 바로 여기에 있다. 단순히 게임의 룰을 지정해 따라하게끔 유도하는 것이 아니라 뚜렷한 철학과 가치에 기반한 포괄적인 규범을 바탕으로, 개발 플레이어들에게 주체적인 생각과 해석을 요구하기 때문이다.

애자일 개발 방법론이 단순히 소프트웨어 개발 방법론을 넘어 하나의 경영 패러다임으로서 좀 더 경계를 확장하고 발전하고 있는 현상 역시 이와 무관하지 않다(2장 '애자일은 문화다'를 통해 보다 자세히 다루겠다).

1장

전환시대의 도래
: '애자일'에 열광하는 이유

•
•
•

세상에 변하지 않는 진리가 있다면, '모든 것은 변한다'는 것이다. 모든 사람과 사물, 환경은 저마다 각기 다른 속도와 형태, 방식일지언정 궁극적으로 변한다. 그런데 참으로 역설적이게도 인간 본성은 '변화'에 취약하다. 보편적 인간과 집단에 있어 변화는 늘 마치 '질병'처럼 두려운 존재이자, 저항의 대상이 되어왔다.

알베르 카뮈의 소설 《페스트》는 한 평온한 사회에 불현듯 들이닥친, 페스트라는 심각하고도 낯선 문제(원인 모를 질병)를 인간 사회가 어떻게 바라보고 해결하는지를 다룬 작품이다. 소설에 나오는 주요 인물의 대응 방식은 크게 네 부류로 나뉜다.

첫째는 '관념적 담론가' 유형이다. 그 전형은 파늘루 신부다. 신부는 성당 미사에서 전염병이 신의 징벌임을 역설하면서 인간이 비로소 회개할 때가 왔다고 주장한다. 이슈가 가진 이미지, 외연에 자신의 주관적 신념을 덧입혀 사람들을 선동한다.

두 번째는 기자 랑베르로 상징되는 '도피적 관망자' 유형이다. 그는 발생한 사태가 자신과는 상관 없는 일이라 치부하며 가능한 한 이슈를 회피하고자 한다. 자신이 사랑하는 여자가 기다리는 곳으로 되돌아가기 위해 도시를 벗어날 수 있는 방법을 백방으로 모색한다.

• • •

세 번째는 의사 리유와 타루로 대변되는 '이타적 현실주의자' 유형이다. 그들은 자신의 생존보다 공동의 생존에 초점을 맞추면서 발생한 문제에 끊임없이 직면해 전염의 원인에 대한 추적과 치료를 반복한다. 그들에게 관념과 도피는 똑같이 비겁할 뿐이다.

마지막 네 번째는 명명되지 않은 익명의 사람들로 대변되는 '두려움 속 갈대' 유형이다. 그들은 전염과 죽음이라는 두려움 앞에 주체적으로 판단하거나 행동하지 못하고 주변의 프로파간다Propaganda, 눈앞에 보이는 사건과 상황에 휩쓸려 우왕좌왕한다.

디지털 혁명, 그로 인한 시장의 파괴Market Disruption, 문화적 세대 교체 등 지금은 거대 전환의 시기라 할 정도로 우리 주변을 둘러싼 사회·경제·기술적 환경 변화의 규모와 속도가 갈수록 거대해지고 빨라지고 있다. 그리고 그 변화는 점점 더 예측하기 힘든 양상을 보인다. 소설 《페스트》에서 상상력을 좀 더 발휘해 '질병'을 '변화'라는 속성에 비추어보자. 우리는 파늘루 신부인가, 랑베르인가, 리유와 타루인가, 아니면 불특정 다수의 갈대 같은 군중인가?

애자일은 그 자체로서 전통 경영이 갖는 조직문화나 일하는 방식과는 꽤나 다른 속성을 갖는다. 그러나 그 맥락을 조금 더 들여다보면 현

• • •

사회가 갖고 있는 몇 가지 돌이킬 수 없는 기술·사회·문화적 '전환Transformation'의 흐름에 대응하기 위해 (리유와 타루 같은) 이타적 현실주의자들이 자발적으로 고민해 발전시킨 '적응'의 산물임을 이해할 수 있다. 때문에 거대한 전환의 흐름과 요구는 곧 기업이 '애자일'에 열광하는 이유가 된다. 이 거대한 전환의 맥락에 대해 바로 알고, 애자일이라는 변화가 적응의 열쇠로 왜 필요한지 이해하는 과정에서 비로소 우리는 막연한 두려움을 극복하고 스스로의 길을 모색할 수 있을 것이다.

디지털 전환
: 새 술을 담는 새 부대가 바로 '애자일'

최근 급변하는 경영환경 덕분에 뷰카V.U.C.A라는 단어가 유행이다. 변동성Volatility, 불확실성Uncertainty, 복잡성Complexity, 모호성Ambiguity의 앞 글자를 조합해 탄생한 단어로, 원래는 전장 상황을 설명하는 군사용어로 쓰이다가 정치·경제·사회 등 다양한 분야에서 환경 변화의 불확실성이 크다는 의미로 널리 쓰이고 있다. VUCA시대는 쉽게 말해 '기존 논리 체계로는 더 이상 설명이 되지 않는 일들이 늘어나는 세상'을 뜻한다. VUCA와 함께 현 시대를 규정하는 또 다른 용어가 있다. 바로 뉴 노멀New Normal이다. 뉴 노멀은 '불확실성' 외에 '저성장'이라는 또 하나의 시대적 특성을 반영한다. 이는 미국의 벤처 투자가 로저 맥나미Roger McNamee가 저성장, 저소득, 저수익률, 고위험을 특징으로 하는 새로운 글로벌 경제의 특성을 제시한 이후, 2000년대 후반 글로벌 경제침체기를 지나며 현 시대의 글로벌 경제 환경을 대변하는 상징적 용어로 자리 잡았다.

이렇듯 불확실성과 저성장이 표준이 되는 시대를 맞아 기업이 생존을 위해 꺼내든 대표적 혁신 전략이 바로 '디지털 전환 Digital Transformation'이다. 디지털 전환이란 기업이 최신의 디지털 기술을 활용해 끊임없이 변화하는 환경에 적응해가며 경쟁력을 확보하려는 노력을 의미한다. 기존의 성장 방식에 한계를 느낀 글로벌 기업들은 전통 산업에 정보통신기술ICT을 적용해 차세대 경쟁력을 확보하는 방향으로 비즈니스 목표를 재수정하고 있다. 맥킨지 글로벌 연구소는 〈디지털 아메리카Digital America〉라는 보고서를 통해 '산업별로 속도의 차이는 있지만 디지털 혁신은 한때의 유행Fad이 아닌 앞으로 모든 산업에서 끊임없이 일어날 현상'이라고 분석한 바 있다.[1]

기존 기업들이 하드웨어에 안주하며 변화를 거부하다가 소프트웨어 기술로 무장한 디지털 기업들에게 잡아먹히는 현상이 이제는 자연스러워지고 있다. 물리학, 기계공학 등 하드웨어 역량을 중심으로 사업을 발전시켜 왔던 20세기 유수의 기업들조차 더 이상 과거의 익숙한 사업 방식으로는 지속가능한 성장을 담보할 수 없게 된 상황이다. 과거와 달리 하드웨어와 소프트웨어의 경계가 불명확해진 환경 아래 디지털화가 진행되면서 기계 장치·장비로 구현되던 기능들이 전자 장치·장비와 소프트웨어로 대체되는 현상이 일어나기 시작한 것이다. 이를 두고 실리콘밸리의 대표적인 벤처 투자가 마크 안드레센Marc Andreessen은 "소프트웨어가 세상을 잡아먹고 있다"라고 표현하기도 했다.

이러한 현상이 재미있는 것은 실제 과거에는 상상도 할 수 없었던 기술과 비즈니스의 이종 교배가 곳곳에서 벌어지고 있다는 점이다. 이는 비즈니스 환경의 불확실성을 한층 더 높여주는 역할을 하고 있다. 불확실성에 대한 대응 전략이 다시 불확실성을 강화하는 격이다. ICT의 발달과 기술 간 융합은 우리 사회의 변화 속도나 범위를 급격히 끌어올렸다. 특히 인공지능, 클라우드, 사물인터넷, 로봇 등의 기술은 기존 기업들이 지금까지는 경쟁상대로 여기지 않아도 됐던 새로운 기업들과 경쟁해야 하는 상황을 만들었다. 예를 들어, 현대자동차는 지금까지 같은 자동차 회사인 포드, 도요타, 폭스바겐 등과 경쟁했지만 이제는 구글, 애플 등과 같은 소프트웨어 회사들과도 경쟁해야 한다. 전통 제조기업인 제너럴일렉트릭GE은 산업인터넷 소프트웨어 플랫폼인 '프레딕스Predix'를 마이크로소프트의 클라우드 서비스 '애저Azure'에서 구동하기 위해 마이크로소프트와 전략적 제휴를 맺기도 했다.

모호해진 산업 간 경계 속에서 디지털 금융의 신新 비즈니스 모델 혁신, 자동차 산업의 서비스 분야로의 변신, 전자·제조업 영역의 무한 확장, 기존 방식을 혁신한 유통업의 출현 등은 전통 사업자가 영위해 온 버티컬Vertical 산업을 뛰어넘는 혁신기업의 등장으로 가속화되고 있다. 이들은 각 산업 분야에 디지털 기술을 빠르게 적용시켜 혁신적인 고객가치를 제공하고 효율적인 프로세스를 적용해 새로운 시장과 고객니즈를 창출하며 기존 사업자를 위협하고 있다. 50년 전통의 월마트와 세계적 호텔 체인 메리어트 인터내셔널이 시가총액에서 아마존과 에어비앤비에 추월당하는 사례는 이제 더 이상 새롭지도 않다.

기업은 기술과 비즈니스의 융합 전략으로 디지털 전환을 필연적으로 받아들여야 하는 상황에 놓였다. 하지만 분명 녹록치 않은 실험이다. 맥킨지앤드컴퍼니의 표현을 빌리자면 이것은 그 속성상 '매우 급진적Radical이고 강도 높은Intense 조직의 총체적Holistic인 신속한Urgent, Fast 변화'[2]를 요구하기 때문이다. '애자일'이 주목받는 핵심적 이유가 바로 여기에 있다. 쉽게 말해 새 술을 담는 새 부대로서의 역할이 '애자일'인 것이다.

●●●

소비자 주도의 전환

: 소비자가 변했다

디지털 전환은 시장의 메커니즘을 변화시켰다. 기술의 진보와 함께 디지털 기술에 익숙한 소비자와의 상호작용이 실시간으로 개인화되어 제공되면서 기존의 구매채널과 구매방식이 획기적으로 변화한 것이다. 고객들은 온·오프라인 유통채널을 넘나들며 제품을 적극적으로 탐색하고 비교해 낮은 가격에 품질은 좋은 가성비 높은 제품을 구매하기 시작했다.

이는 '고객'의 힘을 크게 증가시켰다. 즉, 소비자 주도의 전환Consumer led Transformation이 일어난 것이다. 과거처럼 기업이 원하는 방식으로 제품을 팔아서는 고객의 눈길을 사로잡을 수 없다. 고객이 원하는 것에 귀를 기울이고, 그들이 우리 기업과의 관계에서 무엇을 기대하는지 고민하며, 어떤 경험을 하고자 하는지 파악해야만 살아남을 수 있는 세상이다. 이에 적극적인 기업들은 고객의 소비패턴에 맞춰 옴니채널Omni-Channel을 구축하고 고객이 원할 때 즉각적으로 그들의 위치나 성향 등을 분석해 맞춤형 서비스를 제공하는 온디맨드On-Demand 방식을 도입하는 등 고객의 생각과 마음을 발 빠르게 읽기 위한 총체적 노력을 기울이고 있다.

디지털 전환이 불러온 고객과 기업 간의 역학관계 변화는 애자일의 기본 속성과 맞닿아 있다. 애자일 역시 기본적으로 고객과의 접점에서 그들의 니즈를 발 빠르게 캐치해 제품을 개발하는 것이 핵심 속성이다. 애자일은 현장 중심적인 조직 운영 철학을 바탕으로 시장 및 고객의 접점에 위치한 직원이나 팀에 의사결정 권한의 상당 부분을 위임함으로써 시장 변화에 기업이 기민하게 대응할 수 있도록 돕는다.

우리의 회사 생활을 한번 생각해보자. 많은 회사가 하나같이 고객 중심을 외치며 다양한 새로운 시도를 하고 있지만 정작 프로젝트를 지배적으로 이끌고 평가하는 것은 여전히 현장에서 멀리 떨어져 있는 경영진이다. 경영진이 최종적으로 '오케이'를 해야 프로젝트는 완료되고 프로젝트에서 나온 결과물은 비로소 살아남는다. 아무리 열심히 기민하게 결과물을 내놓아도 흔히 말하는 '높은 분'들의 의중을 잘 헤아리지 못한 결과물은 '킬Kill' 당할 확률이 높다. 실제 지금도 많은 조직에서 이런 일들이 벌어진다. 심지어 10~20대를 타깃으로 하는 제품이나 서비스의 최종 평가를 50대 이상의 임원들이 둘러앉아서 하는 모습이 우리의 현실이다. 소비자 주도의 전환이 일어난 지금 애자일이 절실해지는 이유다.

문화의 전환
: 밀레니얼 세대와 일하기

디지털화는 일에 대한 관념과 문화 역시 바꾸어 놓고 있다. 기술의 발전이 가져온 대표적 변화 중 하나가 '평평화Flat' 경향이다. 토머스 프리드먼Thomas L. Friedman에 따르면 디지털 기술로 인해 정보와 자본의 교류 및 세계화의 주체가 국가나 기업을 넘어 개인이 되고 있다.[3] 구성원의 사회문화적 개인화 성향도 강해져 조직의 젊은 구성원들은 용기와 아이디어만 있다면 얼마든지 회사를 박차고 나와 창업을 할 수 있는 시대가 됐다. 호모 스마트쿠스Homo Smartcus(지식의 상향 평준화)가 탄생한 것이다.

평평화로 인해 회사의 정보 통제도 쉽지 않아졌다. 최근 대한항공 오너 일가에 대한 직원들의 폭로전이 대표적 예다. 이제 구성원은 마음만 먹으면 정보가 사실인지, 명령이 합리적인지 아닌지를 바로 알아차릴 수 있는 수단과 역량을 가졌다. 그들에게 인위적인 권위는 '독毒'일 뿐이다. 부당한 지시를 받으면서도 침

묵하는 것이 미덕이었던 우리나라 특유의 기업문화에도 금이 가기 시작했다. 문제는 조직 내 모두가 그런 것은 아니라는 것이다. 공교롭게도 그것은 세대 간 갈등, 조직의 직원과 전통 리더십 그룹 간의 갈등선과 유사하다. 균열은 매우 자연스럽게 커지고 있다. 문화의 전환Culture Transformation이 시작된 것이다.

이처럼 디지털 평평화에 따라 나타난 전통 경영 방식에 익숙한 집단과 뚜렷하게 비교되는 세대를 설명하기 위해 '밀레니얼 세대'라는 개념을 활용할 수 있을 것이다. 미국 여론조사기관인 퓨 리서치 센터에 따르면 밀레니얼 세대는 1981년부터 1996년에 태어난 세대를 말한다(대략적으로는 1980년대부터 2000년대 초반까지의 세대를 지칭하기도 한다). 《파이낸셜타임스》도 이 시대를 일컬어 '밀레니얼 모멘트Millennial Moment'라고 표현했다.[4] 밀레니얼 모멘트는 금융위기 이후 밀레니얼 세대가 시대의 가장 지배적인 세대로 도래한 때를 가리키는 말이다. 공교롭게도 경제 영역에서 뉴 노멀이 도래한 시기와 겹친다. UN 인구국의 분석에 따르면 밀레니얼 세대는 이미 가장 많은 인구수를 차지하고 있다. 노동인구 역시 마찬가지다. 2020년에 세계 노동인구의 약 35%를 밀레니얼 세대가 차지할 것으로 예상된다.

《파이낸셜타임스》는 〈밀레니얼 모멘트〉 특집 심층보도를 통해 밀레니얼 세대에 대한 이해는 이제 더 이상 호기심의 문제가 아니라고 말한다. 특히 기업 입장에서는 자사의 주요 고객으로서 뿐만 아니라 회사의 생산성을 좌지우지할 가장 중요한 조

| 세대별 글로벌 인구 구성 |

(2018년 기준, 단위: 백만)

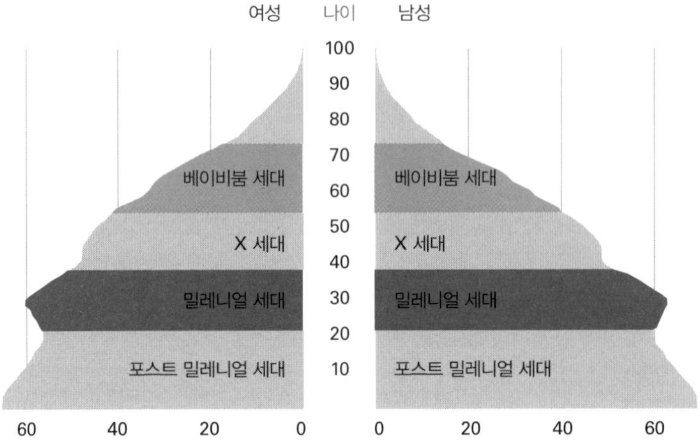

출처: UN 인구국[5]

직의 허리층으로서 자리매김한 밀레니얼 세대의 생각과 문화를 읽는 것이 불가피한 일이 됐다.

이미 다양한 통계들이 현재 사회와 기업에서 주요 보직을 차지하고 있는 기성세대와 밀레니얼 세대의 간극이 크다는 것을 말해주고 있다. 2014년에 실시한 퓨 리서치 센터의 조사에 따르면, 밀레니얼 세대의 19%만이 타인을 신뢰할 수 있다고 응답했다. 전후 세대에 태어난 베이비붐 세대의 40%, 1965년부터 1980년에 태어난 X세대의 31%보다 현저히 낮은 수치다. 이들은 기관에 대한 신뢰 역시 낮다. 키스 니이더마이에Keith Niedermeier 와튼 경영대학원 교수는 "밀레니얼 세대는 정부 및 대기업에 대해 놀라울 만큼 회의적인 태도를 보이고 있다"며 "기존 경영 질서와 밀레니얼 세대 간의 갈등을 완화할 수 있는 대안을 신속히 마련해야 한다"고 주장한다.[6]

그런데도 여전히 많은 기업들은 아직까지도 과거 테일러식 합리주의 모델에 기반한 '당근과 채찍'식 경영을 버리지 못하고 있다. 이 체제 아래에서 인간은 인간성이 배제된 하나의 거대한 기계 속 부품과 다르지 않다. 무언가를 얻기 위해서는 동료와의 치열한 경쟁에서 이겨야 한다. 이기면 얻고 지면 잃는다.

밀레니얼 세대는 한때 미국의 정신으로까지 추앙받던, 테일러가 창조한 합리주의 세계와의 이별을 바란다. 《파이낸셜타임스》에 따르면 밀레니얼 세대는 디지털 트랜스포메이션과 그에 따른 평평화를 통해 고립과 경쟁이 아닌 연결과 협력을 더 중요하게 생각한다. 이런 밀레니얼 세대가 기존 경영 질서와 대립하는 가장 큰 지점은 '개개인성Individuality'*이다. 소셜미디어의 보편화로 이미 직업을 갖기 전부터 자신을 표현하고 이를 기반으로 스스로에 대해 생각하고 고민하는 것에 익숙한 그들은 다시 소셜미디어를 통해 타인의 인식과 상호작용함으로써 개개인성을

* **개개인성**: 사람마다 고유한 개성과 독자성을 가지고 있어 남들과 구별된다고 여기는 생각이다.

지키고 발전시킨다. 이런 밀레니얼 세대에게 인간의 개개인성을 묵살하는 전통 경영 문화와 질서는 '독'과 같다. 그들에게 직업의 안정성보다 더 중요한 것은 '왜 이 일을 해야 하는지에 대한 의미와 목적을 부여하는 것'이다.

그런 면에서 애자일은 밀레니얼 세대의 특징과 잘 맞는다. 애자일이 전통 합리주의 경영의 대척점에 선 인간 중심 철학이기 때문이다. 서문에서 언급한 것처럼 애자일은 절차와 도구보다 사람 간의 상호작용을, 경쟁보다 협력을, 획일적이고 무비판적인 복종보다 개개인성을 중시한 주체적 행동을, 경직된 계획보다 유연한 적응을, 채찍을 통한 외적 동기부여보다 목적과 의미를 통한 내적 동기부여를 강조한다. 이런 속성과 철학을 기반으로 오랫동안 매우 다양한 방식으로 구체화되고 창발적으로 확산돼 왔다. 애자일은 시대의 중축이 되는 새로운 세대가 갈구하는 일, 사람, 문화에 대한 관점을 포용하면서도 손에 잡힐 정도로 구체화된 방법론으로 자생·발전해 온 시스템이다. 이는 제대로 된 해법을 찾지 못하고 갈팡질팡하던 기업에 의미 있는 문제 해결의 실마리를 제공할 것이다.

2장

애자일은 문화다

•
•
•

우리가 지금까지 전달한 정보는 조금 부지런한 독자라면 책과 인터넷에 떠도는 자료들로 충분히 알 수 있는 내용들이다. 논의가 여기에서 그친다면, 이 책을 토대로 '애자일'을 접목하고자 하는 기업들은 머지않은 미래에 "애자일이 과연 우리 기업에 맞는가?"라는 의문을 가지게 될 가능성이 크다. 실제 이미 판교나 강남 일대 IT밸리 직원들 사이에서 '애자일 경영'에 대한 냉소적인 시선이 읽히는 것도 사실이다. 애자일이 한국 경영 씬Scene에 제대로 소개되고 시도되기도 전에 벌써부터 "애자일은 이미 죽었다"는 자극적인 이야기들이 나오는 이유 역시 이와 무관하지 않아 보인다.

그렇다면 애자일은 과연 새로운가? 사실 그렇지 않다. 이미 1990년대부터 시작돼 2000년대 초반 '애자일 선언'이 나왔고 이후 다양한 적용 사례가 나오면서 전 세계적으로 알려지기 시작했다. 우리나라에서도 꾸준히 소프트웨어 개발자들과 개발 조직들 사이에서 알음알음 자발적으로 확산돼 왔다. 하지만 본격적으로 애자일이 유행하기 시작한 것은 불과 1~2년 사이의 일이다. 현재의 유행과 확산 바람을 이해하기 위해서는 이해의 초점을 애자일 방법 자체보다는 오히려 애자일이 가진 메타포Metaphor와 맥락Context에 둘 필요가 있다.

●●●

패러다임 전환

: 경영혁명* 메타포로서의 '애자일'

토마스 쿤Thomas S. Kuhn의 기념비적 저서《과학혁명의 구조The Structure of Scientific Revolution》에 따르면 정상 과학Normal Science에서 진보는 패러다임 전환을 통해 이뤄진다. 이는 사실과 이론의 축적에 따른 연속적이고 점진적인 과정에서 나오는 것이 아니라 '혁명', 즉 단절적 파열 과정에서 경쟁하는 이론(그에 수반되는 믿음, 가치, 인식의 총체를 포함) 중 하나가 집단에 적극적으로 수용돼 지배적 패러다임으로 전환되면서 이뤄지는 것이다.[1] 쿤의 사상이 비단 좁은 의미의 과학에 머물지 않고 사회학, 심리학, 정치학, 경제학, 인류학, 심지어 문화 예술에까지도 광범위하게 적용되고 있음을 볼 때 '과학적 진보'는 충분히 좀 더 보편적인 의미

* 토마스 쿤이《과학혁명의 구조》에서 밝힌 패러다임 전환에 의한 '과학혁명'을 차용해 이름 붙였다.

의 '진보'로 확장해 해석할 여지가 있다.

테일러리즘은 끝났다: 포스트 테일러리즘 '애자일'

조직경영 차원에서 애자일이 새로우면서도 어려운 이유가 바로 이 지점에 있다. 애자일은 정확히 경영 패러다임 전환의 흐름과 궤를 같이 하기 때문이다. 현대적 의미의 '기업'과 이를 관리하는 '경영'이라는 분야에 대한 중요성이 높아진 이래로 지금까지 매우 다양한 경영 방법론이나 기법들이 소개됐지만 실상 이들을 관통하는 패러다임은 단 하나, '테일러리즘Taylorism'이었다. 과학적 관리법이나 합리주의 경영이라고도 불리는 테일러리즘은 '효율'을 최고의 가치로 내세우고 이를 위한 강력한 통제와 명령, 규율, 경쟁을 강조해 오면서 그동안 꾸준히 '정상 경영Normal Management'의 자리를 지켜왔다.

하지만 21세기를 맞이하고도 근 20년이 더 지난 지금, 테일러리즘의 수명은 그 끝을 향해 달려가고 있다. 이미 많은 기업인들이 근 한 세기 이상을 지배한 패러다임이 더 이상 실질적인 성과를 가져다주지 않고 조직 구성원에 대한 동기부여를 제대로 하지 못한다는 것을 여실히 느끼고 있다.

한 시대의 지배적 패러다임이 더 이상 현실세계를 온전히 설명하거나 반영하지 못할 때 패러다임 전환에 대한 요구는 강

| 경영 패러다임과 경영 방법론 |

테일러리즘		
매니지먼트 1.0	과학적 관리법	– 명령과 통제, 당근과 채찍 기반의 평면적 관리 시스템으로 측정, 계량을 통한 효율화 강조 – 가장 널리 퍼져 있는 버전 – 권위/관료주의 행정, 하향식 조직 설계/관리
매니지먼트 2.0	BSC, 식스시그마 등 Add-On 방법론	– 1.0의 철학을 기반으로 준과학적 프레임워크를 덧댄 Add-On 방법론 – 측정, 계량을 통한 효율화를 좀 더 세련되고, 논리적이며 정교한 구조와 프로세스로 풀어냄 – 예측, 계획을 위한 전략적/분석적/논리적 사고 중시
포스트 테일러리즘		
매니지먼트 3.0	애자일 경영 (유력한 후보)	– 자율과 책임, 역할, 내적 동기부여 기반의 입체적 관리체계로 효율성보다 변화 적응성 강조 – 인간 = 기계, 경영 = Input → Blackbox → Output이 아닌 심리적 인간이 영위하는 조직활동으로서의 경영 강조 – 방법론, 스킬보다 변화 적응을 위한 체질/마인드셋 및 시스템적/맥락적/반성적 사고 중시

출처: 위르헌 아펄로, 《매니지먼트 3.0》[2]

해진다. 지금의 '애자일 열풍'은 바로 그 과정에서 촉발되었다. 패러다임의 본래 정의에 비추어 보거나 '애자일 방법론'이 명명된 역사적 맥락을 들춰보아도 애자일은 그 자체로서 독립된 실체라기보다는 테일러리즘을 극복하기 위해 필요한 경영 철학, 사고, 개념과 도구의 연결을 상징하는 '포스트 테일러리즘'의 메타포로서 이해하고 받아들이는 것이 바람직하다.

협의의 애자일, 방법론 vs. 광의의 애자일, 경영

소프트웨어 개발 방법론으로서의 '애자일(협의)'과 경영 패러다임으로서의 '애자일(광의)'은 얼마나 다른 것인가? 사실 기본 철학은 유사하다. 다만, 현실에 적용하고 실체적 효과를 거두기 위해서는 이 둘을 의도적으로 세심히 분리해 접근해야 한다. 애자일을 '협의'의 관점을 기반으로 접근하는가, '광의'의 관점을 기반으로 접근하는가에 따라 조직 내에 이를 어떻게 적용하고 확산시킬 것인가에 대한 접근 프로세스가 달라지기 때문이다.

협의의 애자일: 실험가능조직과 애자일 코치

현재 국내에서 애자일을 도입하고, 조직에 확산시키고자 하는 대부분의 기업과 애자일 전문가들은 아직까지는 협의의 애자일 프레임 안에 머무는 듯하다. 이런 유형의 조직이 애자일을 도입하고 확산시키고자 할 때 일반적으로 활용하는 루틴은 A/B 테스트* 를 통한 시범 도입과 적용, 그리고 이후의 자연스러운 확산이다. 일반적인 프로세스는 다음과 같다.

1. 애자일 도입에 적합한 환경을 가진 조직을 찾는다. 주로 독립적인 소프트웨어 개발/연구가 가능한 소조직이 해당된다.
2. 이 조직에 애자일 코치를 투입한다. 애자일 코치는 애자일 방법론을 충분히 익히고 실행할 수 있는 애자일 전문가다. 이들은 멘토 역할을 수행한다.
3. 애자일 코치는 소조직 구성원들에게 애자일 방법론에 대해 충분히 이해시키고 이를 실제 업무에 반영할 수 있도록 지속적으로 코칭하고 관리한다. 우선적으로 조직 구성원들에게 맞는 애자일 방법론(스크럼Scrum, 칸반Kanban, XP 등**)을 찾고

* **A/B 테스트**: 마케팅과 CRM, 웹 분석, 온라인 마케팅 영역에서 주로 통용되는 테스트로 변수 A에 비해 대상이 변수 B에 대해 보이는 응답을 테스트하고, 두 변수 중 어떤 것이 더 효과적인지를 판단함으로써 단일 변수에 대한 두 가지 버전을 비교하는 방법이다. 웹 디자인과 같은 온라인 영역에서 A/B 테스트의 목표는 관심 분야에 대한 결과를 늘리거나 극대화하는 웹 페이지에 대한 변경 사항이 무엇인지를 규명하는 것이다(예, 배너 광고의 클릭률).

** **스크럼**: 짧은 스프린트 단위로 개발을 진행하는 소프트웨어 개발 방법론으로 짧은 개발 주기를 적용해 고객의 피드백을 빠르게 적용하고 학습 및 보완을 통해 발전하

이의 구체적 이행 방법을 조직 구성원들이 충분히 이해할 수 있도록 가이드한다.

4. 조직 구성원들이 구체적인 애자일 이행 방법을 익히는 것과 병행해서 이것이 제대로 이뤄지는 데 필요한 소프트 스킬, 문화, 가치 등을 전달한다.
5. 2번과 3번을 반복하며 실제 업무를 수행해 조직만의 애자일 노하우를 구축한다.
6. 조직의 성과를 공유함으로써 유사 조직에 애자일을 전파한다.

협의의 애자일 관점에서 애자일의 성패를 좌지우지할 수 있

는 것이 가장 큰 특징이다. 스크럼에서 개발팀은 자기 조직적으로 관리되는데, 여기서 자기 조직적이라는 의미는 누군가의 지시를 받고 움직이는 형태의 전통적인 수직적·관료적 조직 모습이 아닌 팀원 개개인이 자율성과 책임을 바탕으로 스스로 해야 할 일을 정하고 일을 하는 조직을 말한다.

칸반: 도요타 임원들이 미국에 방문했을 때, 슈퍼마켓 진열대에 있는 상품이 팔리는 속도에 따라 제품을 다시 채워 놓는 것을 보고 아이디어를 얻었다. 이를 자동차 생산 공장에 적용하면서 탄생한 방법론이다. 모든 작업을 시각화해 관리할 수 있기 때문에 일을 처리함에 있어 어떤 파트에 문제가 발생했는지 확인하고 해결하는 데 용이하다.

XP: eXtreme Programming의 약어로, 다른 애자일 개발 방법론과 마찬가지로 고객의 니즈에 보다 빠르게 대응하고 개발 품질을 개선하기 위한 소프트웨어 개발 방법론이다. XP는 고객의 요구사항에 맞게 '더 빈번한 릴리스'와 '짧은 개발 주기'를 지원하는 것이 특징이다. 특히, XP에서는 페어 프로그래밍에 의한 지속적인 코드 리뷰를 추진함으로써 프로그램 역량을 끌어올릴 수 있다고 생각한다. 여기서 페어 프로그래밍이란 프로그램 개발을 페어(Pair)를 이뤄 둘이 같이 개발하는 것을 의미한다.

는 가장 중요한 요인은 '애자일 코치'다. 여기서는 애자일을 소조직에 제대로 이식시켜 줄 수 있는 코치가 반드시 필요하다. 이러한 접근 방식의 장점은 명확하다. 조직이 소프트웨어 개발 중심이고 조직 내에 애자일 개념을 제대로 이해하고 있는 사람이 없는 경우 애자일 코치를 통해 빠르게 효과성 검증이 가능하고 대체로 유의미한 성과를 거둘 수 있다.

하지만 이런 방식은 한계 역시 명확하다. 소프트웨어 개발 이외의 업무를 벗어나면 바로 적용하기 어렵기 때문이다. 소프트웨어를 다룬다 할지라도 독립적으로 제품을 만들어 고객 반응을 검증하는 구조가 아니라 조직이 주도적으로 컨트롤할 수 없는 구조, 이를테면 특정 클라이언트가 존재하고 이 클라이언트가 해당 프로젝트에 대한 명확한 요구사항이 있는 경우라면 순수한 애자일 방법론을 조직에 바로 적용하기는 매우 어렵다. "소프트웨어가 아닌 영업 조직, 마케팅 조직, 인사나 재무 조직이라면 어떻게 할까?" 소프트웨어 개발자 출신이 대부분인 현재의 애자일 코치들은 이런 질문에 대답하지 못할 가능성이 높다.

실제 애자일을 이와 같은 형태로 도입한 기업이 봉착하는 난제는 기업 내 '애자일 조직'이 고성과를 내는 본받아야 하는 조직으로 인식되기보다는 '우리와 결이 다른, 특별대우를 받는 소수 조직'과 같은 조직의 섬으로 치부되고 만다는 점이다. 애자일 코치는 소조직 내 소기의 성과를 바탕으로 자연스러운 확산을 꿈꾸지만 현실에서 애자일 조직의 성공과 확산은 별개로 작동하는 경우가 많다.

삼성SDS의 애자일 전환 사례

협의의 애자일 관점으로 전환을 시도한 사례로는 삼성SDS를 들 수 있다. 삼성SDS가 애자일을 처음 도입한 때는 2007년이다. 교육부의 신 NEIS* 시스템 구축사업에 참여한 개발자들이 주도적으로 스크럼 프로세스를 적용해 프로젝트를 성공적으로 수행한 것이 계기가 되었다. 이를 바탕으로 2009년부터 여러 분야에서 애자일이 시도됐다.

하지만 삼성SDS는 SI System Integration 비즈니스를 메인으로 하는 기업으로 적극적인 확산에는 한계를 보였다. SI는 최종 고객이 정해져 있고, 고객이 원하는 수준의 품질이 있으며, 납기와 제품 유지 및 보수가 중요한 비즈니스다. 혁신도 중요하지만 고객의 요구를 적기에 잘 맞춰 정해진 예산 안에서 효율성을 극대화하는 것이 사업을 수주해 수행하는 입장에서 무엇보다 중요했기에 애자일 방법론을 바로 적용하기 어려운 한계가 있었다. 그래서인지 애자일은 개별 프로젝트에서만 시도됐을 뿐 전사적 차

* **NEIS**: National Education Information System의 약어로 전국의 초·중등학교, 시·도 교육청 및 산하기관, 교육인적자원부를 인터넷으로 연결하여 교육 관련 정보를 공동으로 이용할 수 있는 전산환경을 구축한 전국 단위의 교육행정정보시스템을 말한다. 과거 개별 학교 단위로 관리되던 학사기록을 한 곳에 모아 인터넷으로 통합 관리하고, 학생과 학부모, 교사들이 함께 이용하도록 한 것이 핵심이다.

원에서의 전환은 시도되지 않았다.

변화가 일어난 것은 2015년부터다. 애자일 방법론을 적용한 프로젝트 성공 사례가 지속적으로 도출되면서 경영진도 애자일에 대해 관심을 갖기 시작했다. 이후 삼성SDS 개발 조직 내에 애자일 전환을 전담하는 ACT Agile Core Team 조직이 생겼다. 초창기에 약 20여 명의 애자일 개발 경험이 있는 개발자들로 시작한 ACT는 2019년 초, 120명 규모의 조직으로 성장했다. 삼성SDS는 ACT의 도움을 받아 소조직 주도로 개발 조직 내에 애자일 확산을 꾀하고 있다.

삼성SDS의 사례는 대기업의 애자일 적용에 있어 하나의 참고점이 된다는 점에서 의의가 있지만 그 적용 범위가 협의의 애자일에 국한되어 있다는 점(개발 조직 일부에 한한다는 점)은 한계라 할 수 있다.

광의의 애자일: 조직문화와 리더십

패러다임의 정의를 빌리자면 경영 패러다임이란 기업이 내포한 철학, 리더십, 전략, 구조, 프로세스 등 기업 내 집단의 행동에 영향을 주는 방법론의 총체를 의미한다. 애자일이 소프트웨어 개발 방법론을 넘어 변화무쌍한 시대에 맞는 새로운 경영 패러다임의 대안으로 자리매김하기 위해서는 협의의 애자일을 도입하는 프

| 조직문화와 경영 요소 간의 관계 |

출처: ICAgile[3]

로세스보다 조금 더 포괄적인 고민과 노력이 필요하다(광의의 애자일을 앞으로 '애자일 경영'이라 부르겠다).

경영 패러다임을 조직 운영에 친화적인 용어로 치환한다면 '조직문화'로 표현할 수 있다. 미국의 유명 조직심리학자인 에드거 샤인Edgar Schein 미국 매사추세츠 공대MIT 슬론 경영대학원 명예교수에 따르면 조직문화는 '외부 환경에 대한 적응과 조직의 내적 통합 과정에서 발생하는 문제들을 풀기 위해 조직 구성원

들이 공유하는 기본 가정, 신념, 가치 그리고 이를 기반으로 나타내는 행동 패턴'을 의미한다.[4]

결국 애자일은 새로운 경영 패러다임으로 각광받는다는 점에서 조직문화 영역이라 할 수 있다. '애자일 전환'은 곧 문화를 바꾸는 것이고, '애자일 경영'은 조직문화 관점에서 애자일이 어떤 행동과 결과로 이어질지를 규명하고, 새로이 조직문화를 구축하기 위해 조직을 변화·관리하는 것이다. 다시 말해 애자일 경영의 성패는 조직문화 구축 및 변화 관리에 있다 해도 과언이 아니다. 애자일 경영에 대한 정의가 여기까지 미친다면 우리에게 중요한 초점은 더 이상 '실험가능조직'이나 '애자일 코치'가 아니다. 물론 이 접근이 무의미하다는 것은 아니다. 다만, 그보다 더 높은 차원의 총체적 사고와 의사결정이 필요하다는 것이다.

그렇다면 한 차원 높은 고민이란 어떤 것일까? 최근 마이크로소프트의 변신에서 힌트를 얻을 수 있다. 마이크로소프트는 사티아 나델라가 3대 CEO로 부임한 이후 애자일이라는 용어를 전면에 내세우지 않으면서도 사실상 애자일 경영을 조직 내에 뿌리내리게 했다. 그 변화의 중심엔 리더십이 있다.

나델라는 취임과 동시에 자신의 첫 번째 사명을 '문화를 바꾸는 것'이라고 선언했다. 그리고 조직과 구성원이 추구해야 할 문화와 성공을 재정의했다. 그가 정의한 회사의 성공은 '성장하는 사고Growth Mindset'였다. 이는 애자일에서 가장 중요시하는 개념이기도 하다. 그는 성공에 대해 다음과 같이 덧붙였다.

| 애자일 확산을 위한 방법 비교 |

	협의의 애자일 방법론 확산	광의의 애자일 경영 확산
방식	– 시범조직 운영	– 리더십 주도의 문화적 변화 · 관리
주요 과정	– 소프트웨어 개발 환경에 맞는 조직 선별 – 애자일 코치 중심의 시범 도입 – 애자일 방법(스크럼, 칸반, XP 등) 및 관련 가치, 원칙 교육/체화	– 리더십 각성 – 조직에 필요한 성공/문화/가치 재정의 – 전략/구조/프로세스 연결 – 총체적 변화 과정의 다이내믹스 관리(협의의 애자일은 전술, 부분집합)
주도	– 애자일 코치(애자일 담당자)	– 리더십 파이프라인 전체 변화에 자발적으로 기여하고자 하는 조직 구성원(애자일 코치)
효과	– (시범조직의) 비교적 빠른 변화 – 효과성 검증 가능	– 조직 전체의 근본적 체질 개선 – 관리의 혁신 가능
한계	– 시범조직에 한한 '특수 케이스' – 조직의 '섬'으로 인식되어 조직 전반의 확산에 제한 – 시범조직 도입과 애자일 경영 확산은 별개 문제로 인식, 작동	– 권위적, 위계적 문화 일변도의 한국 기업문화 특성상 리더십 차원의 각성 및 통합 – '애자일 코치화'가 쉽지 않아 관리 혁신의 속도 제한 가능

"성공은 손익 계산만으로 평가되어서는 안 된다. 성공은 개인의 질적 성공에서부터 시작해야 한다. 개인적으로 모든 사람이 자신의 역할과 삶에서 성장한다면 하나의 조직으로서 우리도 성장한다. 우리는 스프레드시트를 뛰어 넘어야 한다."[5]

마이크로소프트 사례에서 보듯, 애자일 경영을 도입하기 위해서 가장 우선시되어야 하는 부분은 리더십이다. 리더십 파이프라인 전체가 일종의 애자일 코치가 되어야 한다. 이를 통해 좁게는 자신의 조직에 맞는 애자일 방법론이 무엇인지를 주도적으로 찾을 수 있어야 하고 넓게는 조직에 필요한 문화, 성공에 대한 정의, 가치, 행동 등을 스스로 재정의하고 이를 실천 및 유도할 수 있어야 한다.

유명한 애자일 코치이자 리그 오브 레전드LOL 게임을 개발한 라이엇게임즈의 개발관리조직 대표 아메드 시드키Ahmed Sidky는 "진정한 애자일 경영으로의 전환은 문화가 주도하는 전환이어야 한다"고 설명한다.[6] 그는 애자일 경영은 프로세스나 조직구조의 변화만으로 일굴 수 있는 것이 아니라 리더십과 조직 구성원의 연계(공감), 그로 인한 전략·구조·프로세스가 총체적으로 상호작용함으로써 이룰 수 있는 것임을 강조한다. 기업은 이 다이내믹스를 잘 관리해 시간이 걸리더라도 점진적으로 조직을 바꿈으로써 애초에 목표로 했던 애자일 문화를 구축할 수 있다.

●●●

애자일 문화가 도달하고자 하는 것

애자일이 곧 문화고 그 문화가 조직 구성원과 리더십, 전략과 구조, 프로세스의 총체적 상호작용의 결과라고 한다면, 과연 애자일 문화의 지향점은 어디일까? 애자일에 적합한 '문화 유형'이 있는 것일까? 애자일 전문가들은 애자일 개발 조직의 현실과 애자일 선언이 추구하는 가치에 조직심리학자 윌리엄 슈나이더 William E. Schneider가 제시한 조직문화 모델을 투영함으로써 애자일에 적합한 문화 유형 및 패턴이 무엇인지를 규명하고자 했다.

윌리엄 슈나이더의 조직문화 모델

윌리엄 슈나이더는 저서 《리엔지니어링 대안: 현재 기업문화를 만들기 위한 계획 The Reengineering Alternative: A Plan for Making Your Current

Culture Work》에서 기업문화는 그들이 중요시하는 가치와 철학에 따라 4가지 유형으로 발현된다고 봤다.[7]

첫째, **통제**Control **중심 문화다.** 조직은 구성원에 대한 강력한 지배력을 행사함으로써 목표를 달성하고자 한다. 리더십은 권위주의적이고, 명령과 통제에 능하다. 이런 조직 안에서 구성원은 표준화·규격화되어 다뤄진다. 때문에 예측 가능하고 안정적인 비즈니스 환경을 가정한다.

둘째, **능력**Competence **중심 문화다.** 조직은 탁월한 결과를 창출하는 것을 강조한다. 여기서 리더십은 적합한 구성원을 찾아 이들에게 명확한 목표를 부여하고, 이를 달성하도록 채찍질한다. 이런 조직에서는 전문가주의Professionalism가 강조되며 상대적으로 과정보다는 결과를 중시하는 경향이 있다.

셋째, **협력**Collaboration **중심 문화다.** 조직은 개개인의 탁월함 이전에 협력과 이를 통한 시너지를 강조한다. 때문에 조직의 통합을 견인하고, 구성원을 코칭함으로써 조직에 기여하도록 자연스럽게 이끌며, 조직 내 신뢰를 주도적으로 구축하는 리더십이 각광받는다. 이런 조직에서는 개개인성과 다양성이 중시된다.

넷째, **배양**Cultivation **중심 문화다.** 조직이 가진 가치와 목적을 기반으로 조직 및 개인의 학습과 성장이 강조된다. 이런 조직에서 리더십은 구성원이 내적 동기부여를 바탕으로 실질적인 성장을 이룰 때 조직의 성공도 가능하다는 신념을 가지고 개개인의 잠재력을 끌어내고자 한다. 때문에 결과 이전에 성장하고자 하는

| 윌리엄 슈나이더의 조직문화 모델 |

현실 중심(Reality Oriented)

인간 중심(People Oriented) ← → 기업 중심(Company Oriented)

인간 중심(People Oriented)	기업 중심(Company Oriented)
협력 "우리는 서로 협력해 시너지를 창출함으로써 성공한다." 사람중심(People - Driven) 유기적(Organic) 역동적(Dynamic) 화합(Harmony) 참여(Participate)	**통제** "우리는 조직과 구성원에 대한 통제력을 확보하고 유지함으로써 성공한다." 명령(Order) 조직화(Systematism) 확실성(Certainty) 표준화(Standardization) 비인격적(Impersonal)
배양 "우리는 우리의 비전을 이행하는 사람들의 실질적 성장을 통해 성공한다." 사람중심(People - Driven) 가치/비전(Values/Vision) 인본주의(Humanistic) 촉매(Catalyst) 성장(Growth)	**능력** "우리는 최선의 결과를 추구하고 창출함으로써 성공한다." 전문성(Professionalism) 실력주의(Meritocracy) 우수성(Excellence) 조직화(Systematism) 비인격적(Impersonal)

미래 지향(Possibility Oriented)

진정성 있는 태도와 과정이 강조된다.

슈나이더에 따르면 하나의 조직은 살아 있는 사회 구조로서 통상적으로 4가지 유형 중 하나를 지배적인 문화로 보유하고 있다. 이를 그림으로 보면, 수평축은 조직이 어떻게 의사결정을 내리는지를 말해주고, 수직축은 그 조직이 무엇에 관심이 있는지를 보여준다. 이에 따르면 통제와 능력 중심 문화는 의사결정에 있어 인간성을 개입시키는 것을 지양한다. 대조적으로 협력과 배양 중심 문화는 비공식적이지만 참여적인 방법으로 의사결정을 내리는 것이 자연스럽고, 사람과 맥락을 중시한다.

애자일 문화는 협력과 배양

《애자일 기업 코칭Coaching the Agile Enterprise》의 저자이자 유명한 애자일 코치인 마이클 스페이드Michael Spayd는 2010년 애자일 개발 방법론(스크럼, 칸반, XP 등)을 이행하는 조직을 대상으로 '애자일 문화 조사'를 진행했다. 그 결과 애자일 개발 방법론을 수행하는 조직 구성원들은 통제(3%)와 능력(9%)보다는 협력(47%)과 배양(41%)이라는 문화적 유형으로 뚜렷하게 수렴하는 경향을 보였다.[8]

애자일 코치이자, 애자일 문화와 리더십 분야 전문가인 마이클 사호타Michael Sahota는 애자일 선언 이면의 12가지 원칙 중

―| 애자일 선언 이면의 12가지 원칙과 윌리엄 슈나이더 모델의 조합 |―

협력	통제
개인과 상호작용, 고객과의 협력 4) 비즈니스 부서 사람들과 개발자들은 프로젝트 전체에 걸쳐 날마다 함께 일해야 한다. 6) 개발팀으로, 또 개발팀 내부에서 정보를 전하는 가장 효율적이고 효과적인 방법은 면대면 대화이다. 8) 애자일 프로세스들은 지속가능한 개발을 장려한다. 스폰서, 개발자, 사용자는 일정한 속도를 계속 유지할 수 있어야 한다. 11) 최고의 아키텍처, 요구사항, 설계는 자기 조직적인 팀에서 창발한다.	X
배양	**능력**
2) 비록 개발의 후반부일지라도 요구사항 변경을 환영하라. 애자일 프로세스들은 변화를 활용해 고객의 경쟁력에 도움이 되게 한다. 5) 동기가 부여된 개인들 중심으로 프로젝트를 구성하라. 그들이 필요로 하는 환경과 지원을 해주고 그들이 일을 끝내리라고 신뢰하라. 12) 팀은 정기적으로 어떻게 하면 더 효과적으로 될지 숙고하고, 이에 따라 팀의 행동을 조율하고 조정한다.	9) 기술적 탁월성과 좋은 설계에 대한 지속적 관심이 기민함을 높인다.

조직문화를 설명할 수 있는 표현을 슈나이더 모델에 비추어 봤다. 그 결과 대부분이 협력과 배양 중심 문화와 연관된 것으로 나타났다. 이는 스페이드가 이행한 조사와 유사한 결론이다.

사호타는 일련의 근거를 통해 "조직문화가 상호 협조적이거나 개인의 성장을 중요시하는 분위기일 때 비로소 애자일은 제대로 구현될 수 있다"고 주장한다. 문제는 애자일이 지향하는 문화가 일반 기업이 그간 지향해온 바와 매우 다르다는 점이다. 특히 우리나라는 대기업을 비롯한 대다수 기업이 관료주의와 권위주의에 뿌리를 둔 통제 중심 문화에 익숙하다. 이런 환경에서 갑자기 애자일이 유행한다는 이유로 애자일 문화로의 전환을 시도한다는 것은 쉬운 일이 아니다. 조직 구성원의 일하는 방식, 리더십, 전략과 구조, 프로세스 등 모든 것이 지금과는 달라져야 하기 때문에 애자일이 담고 있는 철학에 대한 이해가 우선 바탕이 되어야 한다.

It's
AgileTime

조직이 문화 혁신에 실패하는 이유

애자일 전환이 결국 조직의 문화를 바꾸는 일임을 이해한다고 해도 이를 실행하는 것은 상당히 어려운 일이다. 인간이 기본적으로 낯설고 새로운 것으로의 변화에 대해 저항하려는 습성이 있는 것도 한 이유지만 그보다도 애자일 문화가 기존에 우리가 익숙했던 문화와 너무 다르기 때문에 더욱 그렇다. 아예 처음부터 애자일 조직으로 회사를 운영하지 않는 이상 기존 조직을 애자일 조직으로 전환하는 것은 더 강한 저항과 희생을 수반할 수밖에 없다. 오픈소스, '웹2.0'이라는 용어를 대중화한 소프트웨어 업계 대가 팀 오라일리Tim O'Reilly가 이끄는 소프트웨어 개발 및 솔루션 제공기업 CNVOCollabNet VersionOne가 조사한 결과는 이를 객관적으로 잘 드러낸다. 조사에 따르면 애자일이 실패하는 가장 큰 이유가 바로 애자일에 맞지 않는 '기업문화'와 이에 따른 변화에 대한 '저항'이다.

실패한 애자일 프로젝트의 주요 원인

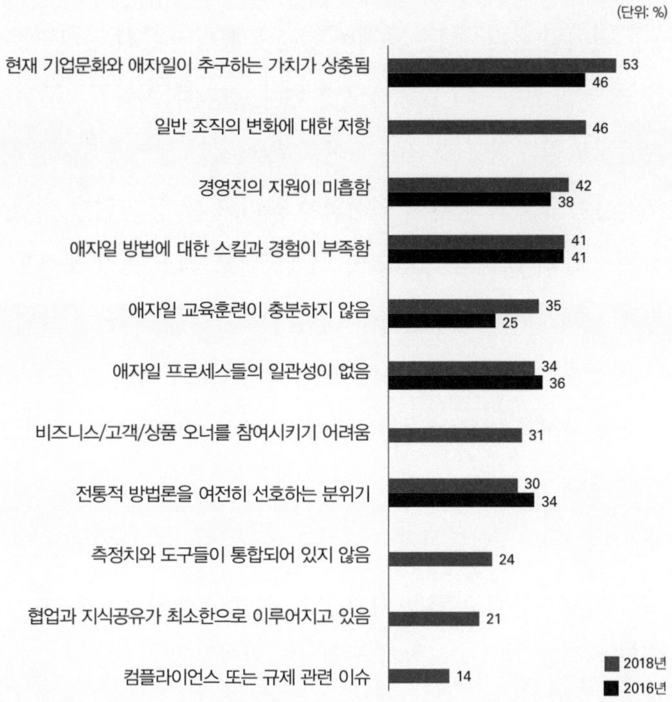

출처: CNVO[9]

실제 금융대기업의 애자일 전환 성공 사례로 꼽히는 ING은행(네덜란드)의 경우 2013년 전사 애자일 전환을 시도하면서 전체 인력의 25% 정도를 해고했다. 세계 최대 규모의 온라인 쇼핑몰이자 혁신기업 자포스Zappos마저도 애자일 경영 조직의 일환인 홀라크라시Holacracy로의 전환 과정에서 지금까지 약 30%의 인력이 퇴사하는 진통을 겪었다.

윌리엄 슈나이더는 조직이 기존에 형성된 문화를 바꾸는 것은 가능한 권장하지 않는다고 밝혔다. 그만큼 힘들기 때문이다. 그럼에도 불구하고 조직이 제대로 된 애자일 경영을 도입하려면 조직문화 주도의 변환이 이뤄져야 한다고 했다. 그런데 이런 사실을 기업의 리더와 구성원이 이해한다고 해도 정작 문화를 어떻게 변화시키고 관리할지에 대한 이해가 없는 경우가 많아 대부분 실패로 끝난다. 따라서 기업은 우선적으로 조직문화 관리에 필요한 올바른 접근 방식과 태도를 명확히 이해할 필요가 있다.

왜 이렇게 조직문화를 바꾸려는 시도는 항상 실패하고 말까? 대부분의 기업들이 조직문화를 바꾼다며 취하는 접근법이나 행동을 살펴보면 고질적 편견과 큰 오류가 자리하고 있다. 다음에서 이러한 편견과 오류가 무엇인지 알아보자.

교육과 커뮤니케이션 캠페인만으로 바꾸려 한다?

몇 년 전, 기업에서 '조직문화 개선'이 화두가 되기 시작할 무렵 한 글로벌 헬스케어 기업 한국지사에서 일하는 K씨를 인터뷰 한 적이 있다. 커뮤니케이션 전문가인 그는 회사에서 대외 커뮤니케이션 및 홍보와 사내 커뮤니케이션을 동시에 맡고 있었다. 조직문화 개선이 이슈가 되면서 자연스럽게 이와 관련한 업무도 담당하게 됐다.

K씨는 업계에서 유명한 커뮤니케이션 전문가를 섭외해 조직문화 개선을 위한 솔루션 찾기 프로젝트를 시작했다. 그 과정에서 컨설팅 회사로부터 최신 진단 프레임워크를 자문받아 구성원들을 대상으로 한 설문조사와 임원들을 대상으로 한 포커스 그룹 인터뷰Focus Group Interview를 진행했다. 이를 통해 도출한 핵심 이슈를 바탕으로 조직문화를 개선할 수 있는 다양한 교육 및 소통 프로그램을 개발하고 커뮤니케이션 캠페인도 진행하겠다는 계획을 세웠다. 그는 진단 과정에서 구성원 간 신뢰도가 예상보다 심각하고 의사소통의 장벽이 커서 놀랐다고 했다.

K씨가 조직문화 개선을 위해 밟았던 프로세스는 가장 일반적으로 기업들이 조직문화를 바꾸고자 할 때 진행하는 방식이다. HR 컨설팅 회사들도 그저 제안받은 대로 자신들만의 프레임워크로 문화를 진단한 후 교육이나 워크숍과 같은 다양한 액션플랜을 고안하는 것이 전형적인 루틴이다. 결국 애자일을 제대로 이해하지 못한 결과다.

전담조직과 담당자를 만들어야 한다?

조직문화에 대한 중요성이 커지면서 일부 기업은 조직문화 전담조직이나 담당자를 두기도 한다. 하지만 이들의 권한은 시작부터 제한돼 있다. 조직 전략을 바꾸거나, 제도를 바꿀 수 있는 권한이 없는 경우가 대부분이다. 조직문화 개선 프로젝트에 개인행동 변화 중심의 캠페인이나 교육과 행사들만 난무하는 이유도 이 때문이다.

조직문화 전담조직은 경직된 조직문화를 조금이라도 바꿔 보기 위해 전문가를 섭외해 임원과 팀장들을 대상으로 교육을 진행한다. '칭찬합시다' 등과 같은 사내캠페인을 진행하기도 하고, 컴퓨터 잠금화면용 페이지를 만들어 배포하거나 캐릭터를 개발하기도 한다. 어떤 경우에는 상을 주기도 하고, 구성원들이 직접 듣고, 보고, 참여할 수 있는 대규모 워크숍이나 타운홀미팅을 개최하기도 한다. 여기서 정기적 설문과 진단은 필수다. 하지만 그렇다고 해서 전담조직이나 전담인력이 있으면 조직문화가 바뀔까? 필자는 '조직문화'를 별도로 전담하는 조직 혹은 사람이 있다는 것 자체가 조직문화를 제대로 혁신할 수 없다는 근거라고 감히 주장한다.

몸이 아플 때 열이 나는 발열증상을 한번 생각해보자. 발열증상은 그 자체로 위험하기 때문에 대부분 우선 찬 수건이나 해열제 등으로 열을 떨어뜨리려고 한다. 하지만 이는 궁극적인 처방은 아니다. 많은 경우 발열은 그 자체가 질병의 원인이 아니라 질병으로 인한 결과이기 때문에 치료를 위해서는 발열을 일으킨 근본적인 원인을 진단해 처방해야 한다. 이와 비교해보면 지금까지 우리가 조직문화를 대하는 방식은 전자에 가까웠다. 발열증상에 대한 진짜 문제를 찾고 조직이 총체적으로 노력하기보다는 발열증상 자체가 문제인 것으로 보고 전담조직이나 담당자를 통해 그저 열을 내리기 위한 노력만을 경주했다.

글로벌 헬스케어 기업 조직문화 담당자 K씨는 자신이 조직문화를 전담하는 순간 자신을 제외한 나머지는 오히려 '문화' 이슈로부터 멀어졌다고 자조했다.

"초반엔 정말 문화를 제대로 바꿔보고 싶어서 HR 전체적으로 깊이 있는 논의도 하고, 타 부서와의 협업을 통해 좀 더 근본적인 대안을 찾고 싶었지만, 아무도 관심이 없었습니다. 조직헤드에게 부탁해 그의 주관으로 사람들을 모아 회의를 해도 그 순간뿐, 그가 자리를 뜨면 모인 사람들의 마음도 떠버렸습니다. '내 KPI가 아닌데? 네가 알아서 잘해봐'라는 식이었습니다. 이런 문화가 회사의 제도/구조적 문제와도 연관이 있지 않을까 해서 헤드에게 의견을 구하면, '넌 커뮤니케이션 전문가지, 제도나 전략은 네 영역이 아니야. 커뮤니케이션에 집중해'라는 식의 피드백만 받았습니다. 그렇게 몇 번 하다보니 저 역시 '진짜 문화를 바꾸고 싶고, 또 바꿀 수 있다'는 생각보다는 '내 할 일이나 하자'라는 태도로 일하게 되더라구요."

애자일 경영의 도입도 비슷한 과정을 밟게 될 가능성이 크다. 일단 기업은 전담조직이나 담당자를 둘 것이다. 그러면 전담조직은 외부에서 '애자일 코치'를 영입하거나 내부 직원을 선발 및 교육해 시범조직에 투입한다. 그러나 그 순간부터 애자일 코치가 할 수 있는 역할은 제한된다. 조직 변화 과정에서 필연적으로 발생하는 갈등과 저항에 제대로 대처하기 위해 필요한 권한과 리더십이 이들에게는 제한적으로 주어지기 때문이다.

전략과 문화는 별개다?

많은 경영자들이 범하고 있는 실수 중 하나가 조직 전략과 조직문화를 따로 생각하는 것이다. 다시 말해 기업의 가시적 성장, 재무적 목표 달성을 위해 필요한 일련의 조직 운영 과정과 구성원의 몰입, 동기부여 등에 영향을 미치는 조직문화를 따로 떼 놓고 생각하고 접근한다는 것이다. 이는 애자일 경영을 추구하고자 하는 혁신기업의 맥락과는 동떨어진 접근이다.

애자일 경영을 추구하는 조직은, 인간은 '정서적·경제적 압박'이나 '타성'에 의해 행동할 때보다 과제에 대한 '즐거움', '의미', '성장 동기'를 가질 때 실질적인 성과를 창출한다는 관점에서 조직문화를 바라본다. 이는 구성원 간 경쟁을 유도하고 금전적 보상으로 동기부여했던 기존 성과주의 철학에 대한 대안적 관점이면서 애자일 경영이 내포한 철학이기도 하다. 효율성 중심의 성과주의 전략을 가져가면서 다른 한편으론 조직문화를 개선한다는 것은 불가능한 일이다. 많은 조사와 실험결과, 조직을 움직이는 데 문화보다 더 큰 영향을 미치는 것은 없는 것으로 나타났다. 따라서 조직문화를 바꾸기 위해서는 애자일 경영 철학이 내포된 조직 전략이 반드시 필요하다.

문화는 문제의 원인이 아니라 증상이다

조직문화 이슈는 기업이 취하고 있는 근본적인 조직 전략과 구조적 요인에 의해 나타나는 결과일 경우가 많다. 그러므로 문화를 바꾸기 위해선 '문화' 자체보다는 기업이 스스로 설정한 목표를 위해 어떻게 조직을 다룰 것인가 하는 근본적인 '조직 전략'에 집중해야 한다. 즉, 문화를 문제의 원인이 아닌 증상으로 봐야 한다는 것이다.

2012년 7월, 미국 유명 월간지 《베니티 페어》에 "마이크로소프트의 잃어버린 10년Microsoft's lost decade"이라는 기사가 실렸다.[10] 작가 커트 아이헨월드Kurt Eichenwald는 마이크로소프트의 전·현직 임원들과 직원들을 인터뷰해 마이크로소프트의 실패를 기사로 다뤘다. 한때 애플을 뛰어넘는 혁신의 아이콘으로 추앙받던 소프트웨어 회사가 2000년대 초반부터 10여 년간 뚜렷한 성과를 내지 못한 채 어떻게 서서히 망가져 갔는지 그 원인을 적나라하게 분석한 이 기사는, 발행 이후 전 세계적으로 큰 반향을 일으켰다. 이 기사에서 마이크로소프트의 전·현직 구성원들은 마이크로소프트의 실패가 '야만적인 문화' 때문이라고 비난했다. 직원들은 내부 경쟁과 갈등에 사로잡혀 더 이상 구글, 애플 등 당시 새롭게 부상하는 IT기업들과 경쟁할 엄두도 못내고 있다고 하소연했다. 조직 내 유능한 인재를 오히려 배척하거나 함께 일하기 꺼려하고, 리더들은 내부 권력 투쟁에 사로잡혀 정치적 줄 세우기를 조장한다고 비판했다. 결국 조직, 리더, 구성원 간 무너진 신뢰관계와 여기서 비롯된 비협력적 조직문화가 조직을 병들게 하고 있다는 것이었다. 하지만 기사의 핵심 내용은 이것이 아니다. 이렇게 끝났다면 "조직문화가 그만큼 중요하다" 정도의 기사가 됐을 것이다. 이 기사가 큰 반향을 일으켰던 것은 "그렇다면 왜 그렇게 야만적인 문화가 마이크로소프트를 지배했는가?"라는 문제 제기와 이에 대한 설득력 있는 답을 제시했기 때문이다.

인터뷰에 참여한 마이크로소프트 전·현직 구성원들과 내부 분석 자료는 야만적인 조직문화를 만들어낸 주범으로 '스택랭킹Stack Ranking' 시스템을 지목했다. 스택랭킹은 GE의 '랭크 앤드 양크Rank and Yank' 시스템과 함께 1990년대 말부터 기업의 성과를 높이기 위해 경쟁적으로 도입되었던 '성과주의' 철학 기반의 성과 관리 프레임이다. 직원들을 정규분포 곡선에 따라 상대화·서열화해 고성과 그룹과 저성과 그룹으로 나누고, 이에 따른 차등적 보상과 대우를 강화하는 것이 이 시스템의 기본 골자다. 다수의 기업이 최근까지도 성과 관리 전략의 정석이라 생각하고 실행하고 있는 바로 그 시스템이다. 우리가 생각하고 있는 정답이 사실은 조직문화를 병들게 하고 궁극적으로 조직의 성공을 막는 주범이라는 폭로는 매우 충격적인, 그러나 진실에 가까운 주장이었다.

마이크로소프트는 이 기사가 나가고 나서 몇 년 후인 2013년, 스택랭킹이 마이크로소프트의 핵심 철학인 '하나의 마이크로소프트'에 맞지 않았다고 인정하고 이의 폐지를 공식 발표했다. 인위적 서열화를 반대하고, 사전 배당된 한정된 예산에 직원들의 성과를 끼워 맞추지 않고 보다 관대하고 유연한 예산을 확보해 구성원에 대한 투자를 지속적으로 늘리겠다고 공언했다. 앞선

'애자일 경영'의 적절한 도입 사례로 설명했던, 우리가 지금 알고 있는 마이크로소프트는 이런 과거를 딛고 일어선 경우다.

문화는 리더십이다

조직문화를 바꾸는 것이 더 이상 기업의 파편적이고 부분적인 문제로 치부되어서는 안 된다. 이 문제의 핵심은 기업의 총체적 문제인 동시에 최상위 리더 그룹이 직접 주관해야 하는 과제다. 문화를 변화시키길 바란다면 더 나아가 그 변화를 통해 실질적 유익을 얻고 싶다면, 더 이상 제대로 된 권한도 주지 않은 채 하부 조직에 떠넘기는 행태를 반복해서는 안 된다.

조직문화를 대하는 경영자, 리더, 그리고 각 실무자의 태도가 장기적 관점에서 조직의 문화, 나아가 조직의 실질적 성과를 규정짓는다고 감히 말하고 싶다. 문화는 부분의 문제가 아닌, 기업 모두가 전략과 동일한 레벨에서 인식하고 노력해야 할 구조적 사안이다. 기업은 문화와 경영의 최상위 개념인 전략이 별개가 아니라는 것을 먼저 인식해야 한다. 그리고 나서 전략, 리더십, 문화의 '통합Integration'이 필요하다.

통합을 위한 전략과 거버넌스가 필요하다

통합을 위해 최근 강조되는 것이 '거버넌스Governance'의 중요성이다. 기업은 부분적인 조직, 혹은 소수의 의사결정자 단독으로 조직문화를 창조할 수 없기 때문에 조직 거버넌스 차원에서 리더십 그룹이 협심해 합의를 도출하고, 상호 공감할 수 있는 구조와 의사결정 프로토콜을 설정해야 한다. 이제는 한 그릇에 조직의 전략, 리더십, 그리고 문화의 '통합'을 담아내야 한다. 자꾸 나누고, 분절하고 그 안에서 전문화를 추구해 '부분의 정답'을 합리화하는 데 골몰하기보다는 연결하고 연대함으로써 '전체의 정답'을 도출하는 시스템과 기업 환경을 만드는 것에 관심을 기울여야 한다.

성공을 재정의해야 한다

가장 우선적으로 논의되어야 할 점은 성공에 대한 재정의다. 우리가 지금껏 관습적으로 해 오던 단순 KPI 지표 관리 등으로 대변되는 재무적 성과에 관한 피상적 논의가 아니다. 비재무적 성공도 재무적 성공과 동일한 선상에서 함께 논의하고 협의해야 한다. 물론 대부분의 기업이 핵심 가치, 행동 강령, 기업 윤리, 추구하는 리더십, 인재상 등 비재무적인 성공요인을 가지고 있다. 하지만 대부분 이러한 요인들은 기업 홈페이지에 홍보용으로만 존재한다. 이제는 재무적 성공과 더불어 살아 있는 비재무적 성공을 재정의해야 한다. 그런 의미에서 마이크로소프트가 주창한 새로운 성공의 정의이자 애자일 경영에서 가장 강조하는, 성공을 위한 기본정신인 '성장 마인드셋'은 단지 선언적 의미를 넘어 우리에게 중요한 이슈로 다가온다.

문화는 디테일이다

조직문화는 결국 재정의한 성공을 바탕으로 이를 어떻게 추구할지 원칙을 세우고 실천하는 과정에서 발현되는 결과물이다. 기업은 재무적 성공과 비재무적 성공을 추구하는 과정에서 수없이 맞닥뜨리는 서로 다른 가치의 충돌을 어떤 원칙에 기반해서 다루고 의사결정할 것인지에 대한 구체적인 답을 준비해야 한다. 그 응답의 수준이 곧 조직문화의 '결'과 '질'을 결정한다. '애자일 경영' 역시 마찬가지다.

GE의 전설적 CEO였던 잭 웰치는 GE의 조직 전략을 전환하는 과정에서 500명의 관리자들에게 이렇게 말했다. "작년에 좋은 수익을 낸 네 명의 간부들을 해고한 이유는 그들이 회사의 가치를 실천하지 않았기 때문입니다." 우리 이 말을 귀담아들을 필요가 있다.

기업은 겉으로는 화려하고 때로는 복잡해 보이기까지 하는 다양한 가치체계를 갖추고 있다. 그 안에서 좋은 조직문화를 표방하며 내부적으로 다양한 노력을 한다. 하지만 지금까지 대부분 본질과는 거리가 있는 노력이었다. 정작 중요한 것은 진짜 문화를 규정짓는 일상의 작은 가치충돌 상황에 대해 책임 있고 일관된 대답을 할 수 있는 태도와 역량을 갖추는 것이다. 문화는 결국 그 '디테일'에서 잉태된다.

3장

테일러리즘과의 비교를 통해 알아본 애자일 철학

애자일을 조직에 제대로 이식시키기 위해서는 애자일이 가진 기본 철학을 제대로 이해해야 한다. '애자일은 곧 문화'라는 이 책의 기본 가정에 동의한다면 더욱 그렇다.

조직문화 분야 최고 권위자인 에드거 샤인 MIT 슬론 경영대학원 명예교수는 문화를 크게 3가지 차원으로 나눠서 살펴볼 수 있다고 주장했다. 인공물Artifacts, 표방하는 믿음과 가치Espoused Beliefs and Values, 암묵적 기본 가정Basic Underlying Assumptions이 그것이다. 여기서 '인공물'은 기업이 겉으로 드러내 표현하는 인위적 산물이다. 애자일 경영을 표방하면서 애자일 방법론을 적용하는 것이 이에 해당한다. '표방하는 믿음과 가치'는 대외적으로 표방하는 신념이나 가치다. 인공물처럼 대외적으로 표방한다는 공통점이 있지만 인공물에 비해 조금 더 구체적인 진술이나 정의로 이뤄졌기 때문에 문화적 맥락 파악에 도움이 된다. 서문에 소개한 애자일 선언이 대표적 사례다.

대다수의 기업들은 애자일 경영을 도입하겠다고 하면서 인공물이나 표방하는 믿음과 가치를 살펴보고 따라하려고 한다. 주로 이 2가지가 외부에 공표돼 있기 때문이다. 하지만 조직문화를 근본적으로 바꾸고자 한다면 외부에 보여지는 것들이 아닌 실제 조직을 돌아가게 하는 '암묵

•
•
•

적 기본 가정'을 살펴봐야 한다. 이것이 진정한 문화적 토양이다.

3장에서는 애자일 경영의 암묵적 기본 가정을 기존의 일반 경영의 가정과 비교해 설명하고자 한다. 하지만 애자일 경영과 일반 경영을 무 자르듯 딱 잘라서 비교하는 데는 한계가 있으므로 여기서는 독자들의 이해를 돕기 위해 이항대립이라는 인식 도구를 활용해 조직 운영에서 애자일 경영과 일반 경영이 갖는 가정, 이론, 개념들을 비교해 제시하고자 한다. 이것 역시 하나의 정답으로 받아들여지기보다는 독자들의 주체적 사고 폭을 넓혀가는, 독창적인 길을 가기 위한 실마리로 활용되기를 바란다.

인간은 믿을 수 있는 존재인가?
: 인간을 바라보는 관점

X이론 vs. Y이론[1]

대외적으로 애자일 경영을 표방하고 있는, 최근 급속도로 성장한 유망 스타트업의 경영관리 본부장과 대화를 나눈 적이 있다. 그는 대기업 출신으로 이 스타트업에 막 합류한 상황이었다. 그와의 대화를 재구성했다(이 대화는 일반 경영이 가진 전형적 관점 대부분을 내포하고 있다).

본부장 제가 이곳에 와서 받은 첫인상은 통제가 안 된다는 것입니다. 비용 규정도 느슨하고, 기본적인 위계질서도 없는 듯하고, 직원들에 대한 전반적인 통제 시스템이 필요합니다.

필자 대표님께서는 애자일 경영을 강조하시면서 자율문화를 강조하신 듯한데 약간 결이 다른 말씀처럼 느껴집니다.

본부장 (웃으며) 그건 10명, 20명일 때나 작동할 수 있는 허울 좋은 프레임입니다. 조직이 커지면 그런 방식으로는 도무지 관리가 되지 않습니다. 전 사람을 믿지 않습니다. 사람은 변하지도 않습니다. 이제 투자도 더 받고, 규모도 빠르게 키울 텐데 회사가 커지면 그에 비례해서 별의 별 사람들이 다 들어올 테니 그전에 통제 시스템을 구축해 놓지 않으면 아마 난리가 날 겁니다. 그래서 이 회사에서 대기업, 컨설팅을 두루 경험한 저를 채용한 것이라고 생각합니다.

필자 "……"

• • •

우리에게 익숙한 경영 방식(테일러리즘)은 기본적으로 인간은 노동을 싫어하고 경제적인 동기에 의해서만 일을 하며 자기중심적인 자세를 갖고 있는 존재로 본다. 그래서 노동자는 그 자체로는 신뢰할 수 없고 엄격한 감독 및 통제, 위에서 아래로의 위계, 금전적 보상 등이 필요하다. 이는 미국의 심리학자 더글라스 맥그리거Douglas McGregor의 XY이론에 비춰 보면 X이론에 속한다. 지금까지 대부분의 기업은 X이론에 맞춰 일하는 방식을 설계해 왔다.

애자일 경영은 이런 기존 경영의 가정을 반대한다. 애자일 경영에서는 인간을 본성적으로 일을 즐기고 책임 있는 일을 맡기를 원하며, 문제 해결에 창의력을 발휘하고, 자율적 규제를 할 수 있는 존재라고 믿는다. 또한 금전적 보상보다는 자아실현 욕구 등 고급 욕구의 충족을 통한 동기 유발이 가능하다고 본다. 이는 맥그리거의 이론 중 Y이론에 해당한다.

1960년대 맥그리거가 XY이론을 주창한 이유는 인간의 고급 욕구와 동기를 중시하는 Y이론을 강조하고 이를 경영에 반영하기 위함이었다. 하지만 세기가 바뀔 때까지도 경영 시스템과 문화를 지배한 관점은 X이론에 가깝다. 수직적 조직 및 관료제, 보안과 업무 효율 제고를 명분으로 구축된 각종 감시 체계, 성과 연봉제 내 조건부 변동급 및 인센티브 비중 확대, 내부 경쟁과 압박을 강조하는 조직 내 상대평가 체계 등 오늘날 우리에게 익숙한 대부분의 경영 체계는 X이론의 산물이다.

이에 반해 애자일 경영은 맥그리거가 본래 강조하고자 했던 Y이론에 가깝다. 애자일 경영은 불확실성에 적극적으로 대응하기 위해서는 오히려 구성원에 대한 신뢰를 기반으로 각자 주체적 의사결정이 가능하도록 정보를 투명히 공개해 비대칭성을 해소해야 한다고 본다. 충분한 역할과 책임, 그리고 권한을 부여하고 그들의 판단을 존중하는 방향으로 조직과 인간에 대한 인식과 체계가 구성돼야 한다는 입장이다.

애자일 경영을 도입하고자 하는 기업 리더라면 일단 자신의 인식과 말과 행동이 어떤 입장을 취하고 있는지부터 돌아봐야 한다. 당신이 혹 뿌리 깊은 X이론 신봉자이거나 이미 구축된 조직, 체계, 구성원 전반의 문화가 X이론에서 조금도 변하지 않을 것이라 확신한다면 애자일 경영 도입은 시도조차 하지 않는 것이 현명할지도 모른다. 앞의 대화처럼 애자일 경영을 도입해 운영한다고 표방하면서도 애자일 도구에 대한 이해여부를 떠나 사람과 조직에 대한 근본적 인식체계가 애자일 경영과 맞지 않는 리더를 조직 관리 및 운영 책임자로 임명해 운용한다면 그 결과는 불 보듯 뻔한 일이다.

평균주의 인간 vs. 개성적 인간

기존의 일반 경영은 일차적으로 고전 경제학이 규정한 인간에 대한 기본 가정을 따른다. 고전 경제학이 가정한 인간은 '호모 에코노미쿠스Homo Economicus'다. 호모 에코노미쿠스의 특징은 다음과 같다.

- 인간은 충분히 합리적인 행위자다.
- 인간은 완벽한 정보를 소유한다.
- 인간은 주관적인 효용성을 극대화한다.
- 인간은 다양한 행위에 따르는 비용과 혜택을 저울질한다.
- 인간은 그런 다음 비용 대비 최고의 이익을 주는 것을 고른다.

사실 이 같은 가정은 현실에서 온전히 작동하기 힘든 '이상理想'에 가깝다. 테일러리즘으로 대표되는 기존 경영은 경영에서 인간의 행위가 가능한 한 '변수'가 되지 않게 하기 위해 노동자의 '인간성'을 최대한 지우고 표준화하기 위해 노력했다. 교육 사상가이자 발달심리학 전문가인 토드 로즈 하버드 교육대학원 교수에 따르면 테일러리즘은 전형적인 '평균주의Averagarianism' 철학이다.[2] 원래 테일러가 과학적 관리법을 발전시키기 전만 해도 기업들은 가능한 한 유능한 근로자를 채용한 다음 이런 기대주들이 자신의 신념에 따라 회사의 업무 과정을 가장 생산적이 되도록 재조직하게 맡겨뒀다. 하지만 테일러는 이런 방식에 대해 더할 나위 없이 퇴보적이라 주장하며 기업이 시스템에 잘 맞는 평균적 인간을 고용해야 한다고 강조했다. 테일러에 따르면 특정 공정을 완수할 단 하나의 최선책은 늘 있기 마련이며 그 '단 하나의 최선책'은 바로 '표준화된 방법'이었다.[3]

《피플웨어Peopleware》의 저자 톰 드마르코Tom DeMarco와 티모시 리스터Timothy Lister에 따르면 테일러리즘에 물든 관리자의 일반 명령은 다음과 같다.[4]

- 오작동을 없애라. 기계(인간기계)를 최대한 원활하게 돌려라.
- 매장에서 빈둥거리는 직원을 엄중히 다루라.
- 직원을 교체 가능한 기계부품으로 취급하라.
- 현재 상태를 유지하라. (능률을 높일 궁리는 하지말라. 망하는 지

릅길이다.)

- 절차를 표준화하라. 모든 일은 매뉴얼대로 하라.
- 실험을 하지말라. 본사 수뇌부가 할 일이다.

평균주의를 활용한 표준화 경영은 20세기 산업사회 발전과 성장에 중요한 기여를 한 것은 사실이지만 동시에 인간의 감정을 배제하고 인간을 하나의 기계 혹은 부품으로 다룸으로써 기업 활동 내 인간성을 상실케 했다는 비판도 받아왔다. 테일러는 1906년 한 강연에서 사원들과 관리자들의 관계에 대해 다음과 같은 견해를 밝혔다.

"우리 조직에서는 인간의 창의력이 요구되지 않습니다. 그 어떤 창의력도 필요치 않습니다. 우리에게 필요한 것은 오로지 시키는 대로 명령에 순종하고 바로바로 행동에 옮기는 태도입니다."[5]

현재까지도 여전히 과학적 관리법, 테일러리즘은 모든 산업 국가에서 가장 지배적인 기업 조직의 원칙으로 남아 있다. "인간은 합리적이다", "인간은 표준(평균)적이어야 한다" 등의 가정에서 출발한 테일러리즘의 눈으로는 애초에 보이지 않는 '문화'를 규정하기도 논하기도 어렵다. 성공의 가치충돌 상황에서 발생하는 인격모독, 성희롱, 기업 내 인권문제는 결국 인간의 마음을 토대로 이루어진 개념이며 이 마음의 총체가 다시 한 조직의 문화가 되는 것이기 때문이다.

이에 반해 애자일 경영을 주창하는 조직 전문가 그룹은 경영이론은 더 이상 책이나 이론 안에서 허황되게 이뤄지는 것이 아니라 부족하더라도 실제 현실 세계 속에서 실재하는 상황을 직면한 채 지속적으로 수정, 보완되어야 한다고 주장한다. 그러기 위해서는 고전 경제학이 규정한 인간 유형의 기본 가정이 아닌 행동경제학, 심리학적 기본 가정을 받아들여야 한다. 여기서 가정한 인간이 '호모 프시콜로지쿠스Homo Psychologicus'다. 이는 심리적 인간을 뜻하는 용어로 행동경제학, 사회/인지 심리학, 정치학 등에서 파생된 기본 가정이다. 호모 프시콜로지쿠스의 특징은 다음과 같다.[6]

- 인간은 제한적으로 합리적인 행위자이다.
- 인간이 소유한 정보는 완벽하지 않다.
- 인간의 처리 능력에는 한계가 있다.
- 인간은 효용을 극대화하는 대신 적당한 수준에서 타협하고 만족한다.
- 인간은 정보의 홍수 또는 정보의 부족에 대처하기 위해 다양한 인지적 지름길을 이용한다.
- 집단의 압력과 그보다 큰 사회적 압력은 인간으로 하여금 비합리적인 행동을 하도록 만들 수 있으며 심지어 인간이 자신의 신념과 가치에 반대되는 행동을 하게 하기도 한다.

이처럼 기계적 틀에서 벗어난 인간은 필연적으로 고유한 특성, 즉 개개인성을 지닌다. 2004년 수학심리학자 피터 몰레나Peter Molenaar는 〈개별 사례적 과학으로서의 심리학 성명A manifesto on Psychology as Idiographic Science〉에서 그간 과학자들이 당연한 것처럼 맹신하고 실험에 적용하던 평균주의적 가정이 구제불능일 정도로 틀렸음을 선언하고 이를 증명하고자 했다. 그는 "개개인은 오류가 아니며 개개인을 기계적이고 표준화된 틀에 억지로 끼워 넣어서는 안 된다"고 주장했다. 애자일 경영 역시 개개인의 개성을 중시한다. 조직 구성원을 하나의 표준화된 인간으로 보는 것이 아니라 자신만의 개개인성을 가진 자기주도적 인간으로 보고 그들이 조직에 기여하기를 바라고 신뢰한다는 점에서 평균주의에 반대하는 그의 인식과 궤를 같이 한다.

> "개인은 장소와 시간을 거치며 진화하는 고차원 시스템이다."
>
> – 피터 몰레나

●●●

애자일 경영은 어떤 사람을 원하는가?
: 인재에 대한 관점

슈퍼스타 vs. 기버(집단의 협력자)

"요즘 우리 회사는 갑자기 계급사회가 되었습니다. 대표가 글로벌 경영을 선포하면서 실리콘밸리 A사 출신들을 스타급 인재라고 대거 영입해 왔는데 아주 가관입니다. 보상은 넘사벽이고 사원증 색깔부터 모든 규정이 예외적용입니다. 옆에 있으면 그냥 우리가 천민처럼 느껴집니다. 문제는 회사 구조가 그들에 초점이 맞춰져 있다 보니 자연스레 그들도 안하무인이 된다는 것입니다. 그들의 의견에 조금이라도 다른 의견을 내면 바로 인상을 찌푸리고 제가 아무것도 모른다는 식으로 인신공격을 합니다. 대표는 그들 이야기라면 정말 큰 리액션으로 무조건 맞다고 합니다. 심지어 제가 과거에 지속적으로 냈지만 결코 받아들여지지 않았던 의견과 동일한 것들도 있었습니다. 사대주의가 바로 이런 거구나를 새삼 느끼고 있습니다. 근데 정말 가장 큰 문제는 뭔지 아십

니까? 그들은 사실 A사 출신이긴 해도 그 안에서 실제 성과를 창출했던 인재는 아니었다는 겁니다. 거액을 주고 코어 개발자로 영입해 왔지만 그 안에서 제대로 된 코어 개발을 해보지도 않았습니다. 배가 산으로 가고 있는 듯합니다."

– 애자일 경영을 표방하는 대규모 인터넷 서비스 기업 구성원의 인터뷰

기업은 오랫동안 '슈퍼스타Superstar'를 갈구해 왔다. 스타급 혹은 S급 인재를 규정해 찾고 영입하기 위해 최선을 다했다. 그리고 스타급 인재를 대내외적으로 홍보하고 일반 직원들과는 차별화되는 보상을 했다. 이를 통해 일반 직원들에게 "당신들도 슈퍼스타가 될 수 있습니다. 슈퍼스타가 되기 위해 노력하세요"라는 메시지를 지속적으로 던졌다. 이는 X이론에 따른 강력한 통제를 행사하면서도 슈퍼스타로 분류된 인재에게만큼은 차별적으로 자유와 특별한 권한, 그리고 기회를 부여함으로써 일반 직원들을 동기부여하고자 한 것이다.

기업 내 슈퍼스타의 존재는 그 자체로 의미가 있다. 그래서 슈퍼스타처럼 조직에서 압도적인 성과를 창출하는 소수는 항상 있기 마련이다. 문제는 우리가 슈퍼스타를 규정하는 방식이다. 일반 기업에서 슈퍼스타로 관리되는 사람들이 과연 진정한 의미의 슈퍼스타인가? 성과를 평가하는 공정하고 과학적인 시스템이 제대로 마련되지 않은 상황에서 "그렇다"고 자신할 수 있는 기업 관계자들은 많지 않을 것이다. 우리가 흔히 규정하는 슈퍼스타

혹은 S급 인재는 실증에 의한 것이라기보다는 상당 부분 학벌, 경력의 화려함, 혹은 집단 네트워크 여부와 얽혀 있는 것이 현실이다. 이로 인해 슈퍼스타가 아닌 대다수 직원들은 슈퍼스타의 성공 신화를 보며 이를 꿈꾸기보다는 소외와 박탈감, 질투를 느낀다. 인간에게 자연스러운 배타적 감정은 결국 슈퍼스타의 조직 적응을 방해하는 독으로 작용한다.

조직을 운영하는 방식 역시 문제다. 조직이 아무리 "슈퍼스타가 되자"라고 외치고 슈퍼스타의 화려한 특권을 대내외에 공표해도 조직에 슈퍼스타가 획기적으로 늘어날 가능성은 거의 없다. 이런 운영 방식은 진정한 슈퍼스타를 찾거나 길러내기보다는 어떻게든 스스로를 '슈퍼스타'인 것처럼 포장하고자 하는 피상적인 분위기를 만들 뿐이다. 앞의 인터뷰처럼 슈퍼스타는 과도한 주목을 받아 특권 의식에 사로잡혀 쉽게 오만해질 수 있다. 결국 서로는 서로에게 오디션 경쟁자일 뿐 구조적으로 협력의 대상이 될 수 없다.

진화생물학자인 윌리엄 뮤어William Muir는 생산성의 비밀을 밝히기 위한 실험을 진행했다. 그는 생산성 높은 슈퍼 닭으로만 구성된 집단과 생산성 높은 닭과 낮은 닭이 혼합된 일반 집단을 가지고 7세대를 길렀다. 실험 결과, 슈퍼 닭으로만 구성된 집단은 다 죽고 3마리만 남았지만, 일반 집단의 닭들은 전부 살아남아 슈퍼 닭들보다 160%나 더 많은 달걀을 낳았다.

《사소한 결정이 회사를 바꾼다Beyond Measure》의 저자이자 인포메이션InfoMation, 아이캐스트iCAST의 최고경영자를 역임한 기업가 마거릿 헤퍼넌Margaret Heffernan은 뮤어의 '슈퍼 닭' 비유를 활용해 "현대 기업 경영, 사회의 슈퍼스타, 특정 개인의 성과에 초점을 맞추는 관점은 현실에서 실질적인 성과를 내는 데 별다른 도움이 되지 않는다"고 비판한다.[7] 생산성이 높은 닭은 자신의 생산성을 유지하기 위해 다른 닭의 생산성을 억제한다. 이는 인간사회도 마찬가지다. 20세기를 지배한 생산성의 핵심 키워드는 '경쟁'이었지만, 적어도 21세기 VUCA시대에서는 아니라고 단언한다. 애자일 경영, 그 이전의 애자일 방법론이 가진 철학 역시 마찬가지다. 애자일 선언문에서도 '개인과 개인 간의 상호작용', '협력', '신뢰'의 가치를 강조한다.

그렇다면 애자일 조직은 어떨까? 와튼스쿨 조직심리학 교수인 애덤 그랜트Adam Grant는 저서 《기브 앤 테이크Give and Take》에서 "조직은 크게 세 부류의 집단으로 구성된다"고 주장했다.[8] 기버Giver, 테이커Taker, 매처Matcher가 그것이다. 기버는 관계의 상호 호혜 원칙에서 무게의 추를 상대방 쪽에 두고 자신이 받은 것보다 더 많이 주기를 원하는 사람이다. 정반대로 테이커는 모든 관계에서 중심을 자신에게 두고 타인으로부터 무엇을 빼앗을 수 있는지를 고민한다. 이 둘은 행동에서 차이가 난다. 기버는 자신이 들이는 노력이나 비용보다 타인의 이익이 더 클 때 남을 돕는다. 심지어 노력이나 비용을 아까워하지 않고 아무런 대가도 바라지 않은 채 남을 돕는다. 이에 반해 테이커는 자신이 들이는 노력 이상의 이익이 돌아올 경우에만 전략적으로 남을 돕는다. 매처는 기버와 테이커의 중간에 위치하는 사람들로 현실에 가장 많이 존재하는 유형이라고 할 수 있다. 공평함을 원칙으로 삼는 매처는 남을 도울 때 상부상조 원리를 내세워 자기 이익을 보호한다.

이들 중 비즈니스 시장에서 성공 사다리 맨 꼭대기에 오르는 사람은 누구일까? 상식적으로 생각할 때 기버는 경쟁 및 거래 관계가 더 익숙한 조직 환경에서 다른 두 유형보다 더 많은 대가를 치르기 때문에 어쩌면 가장 불리하다는 생각이 든다. 실제 그랜트가 진행한 다양한 연구에서 이 같은 사실이 확인됐다. 하지만 동시에 상식에 반하는 결과도 발견했다. 성공 사다리의 가장 높은 곳에 오른 부류 역시 '기버'였던 것이다. 뿐만 아니라 기버는 조직에 부가적인 효과도 가져다준다. 기버의 성공은 주변 사람들의 성공을 유도하는 파급효과를 낸다. 기버의 일관된 이타적 행위는 조직 구성원의 행동양식을 바꾸고 그것이 하나의 긍정적 규범이 된다. 사람들은 다른 사람과 질적으로 건강한 소통을 하며 그 규범을 실천하고자 애쓴다. 즉, 건강한 문화가 조성되는 것이다.

이처럼 애자일 경영이 추구하는 인재운영 관점은 슈퍼스타를 원하는 기존 기업들의 관점과는 거리가 있다. 애자일 경영은 담당 직무 분야에 정통한 전문성을 가지되 이타심을 바탕으로 조직 내외부와 원활한 소통과 협력이 가능한 사람, 조직이 추구하는 가치와 방향에 자신을 연계시킬 수 있는 성숙함을 갖춘 사람을 원한다. 이런 견지에서 애자일 경영이 바라보는 인재의 주요 특징은 다음과 같다.[9]

- 업무에 대한 높은 책임감과 능동성을 바탕으로 탁월함을 추구한다.
- 일 자체의 가치나 과정을 중시한다.
- 안정적인 자존감을 바탕으로 타인의 인정을 갈구하지 않는다.
- 부정적 비판과 피드백에 대해서 개인의 유불리를 따지지 않고 열려 있다.
- 겸손하고 자신의 약점을 숨기지 않으며 진솔하게 소통한다. (앞뒤가 다르지 않다.)
- 자기 자신에 대해 객관적으로 파악하고자 애쓰고, 이와 관련해 책임 편향Responsibility Bias*을 극복할 줄 안다.
- 자기 직무에 대한 전문성과 스스로에 대한 눈높이에 견주어 타인이나 타 직무를 예단하지 않는다.

* **책임 편향**: 관계에서 자신이 상대에게 공헌하는 정도를 부풀리는 경향을 의미한다. 애덤 그랜트는 자신을 긍정적으로 보여주고자 하는 욕망, 정보의 불일치(타인의 정보보다 자신의 노력과 정보를 더 잘 인식) 등이 이를 촉발하며 테이커일수록 자기 자신의 '노력'과 '이익'에 대한 관심이 더 많기 때문에 이를 극복하기 힘들어 하는 경향을 보인다고 주장했다.

- 이타적으로 대가를 바라지 않고 타인과 동료를 돕고자 한다.
- 단, 동시에 높고 신중한 안목을 바탕으로 조직 내 테이커를 분별하고 대응할 줄 알며 이타심이 자칫 자신을 갉아먹지 않을 정도로 자기를 관리하는 전략을 갖는다.
- 관계의 상호 의존성을 인식하고 주변을 빛냄으로써 전체를 빛나게 하려고 한다. (승리를 독식하지 않고 공유한다.)

애자일 조직은 더 이상 소수의 슈퍼스타에 올인하지 않는다. 애자일 조직은 위와 같은 관점을 담은 가치와 행동규범, 인재상을 정립하고 이를 기준으로 조직 전반적으로 인재 역량 및 성숙도의 편차를 최소화하기 위해 노력한다. 그러면 기업은 높은 전문성을 가지고 자신의 몫을 묵묵히 충분히 하면서도 자신의 영역을 뛰어넘어 조직 내 동료들과 협업할 수 있는 사람을 대우하고 그들이 안심하고 기꺼이 조직의 모르타르Mortar(회반죽)가 될 수 있게끔 하는 시스템과 문화를 갖추기 위해 노력하게 된다.

고정 마인드셋 vs. 성장 마인드셋

팀장 A업무에 대해서 어떤 자세로 할래?

팀원 배운다는 마음으로 최선을 다하겠습니다!

팀장 회사가 학교야? 배우는 건 학교에서나 배우는 거고.

팀원 잘하겠습니다!

팀장 어떻게 잘 할래?

팀원 전략을 세워서…… 열심히…….

팀장 (웃으며) 여긴 프로의 세계야. 노력해서 될 거였으면 아무나 뽑았지. 넌 선택된 인재니 열심히 말고 잘해.

• • •

기존의 일반 경영이 가정하는 '타고난 인간형'이 전형적으로 반영된 대화다. 지금까지 기업의 여러 시스템은 "인간의 능력은 타고났고 고정돼 있다"는 생각 아래 만들어졌다. 그러나 미국의 저명한 심리학자 캐롤 드웩Carol Dweck 스탠퍼드대학교 교수에 의해 기존 경영 시스템 중 상당 부분이 개인과 조직의 실질적 성과를 방해하는 오류를 범하고 있음이 드러났다.

드웩은 '마인드셋'[10] 이론을 통해 인간의 본질을 2가지로 정의했다. 고정 마인드셋Fixed Mindset과 성장 마인드셋Growth Mindset이 그것이다. 고정 마인드셋은 인간은 타고난 것이며 변하지 않는다고 믿는다. 타고난 재능과 역량이 있으며 이는 노력으로 뛰어넘을 수 없는 부분이라고 인식한다. 반대로 성장 마인드셋은 인간이 가진 자질은 단지 성장을 위한 출발점일 뿐 노력이나 전략, 또는 타인의 도움을 통해 얼마든지 성장할 수 있다는 믿음에 바탕을 두고 있다. 애초에 갖고 있는 재능이나 적성, 관심사나 기질은 저마다 다를지라도 누구나 응용과 경험을 통해 변화하고 성장할 수 있다는 뜻이다.

이처럼 '변화하는 자질'의 세계에서 성공은 '새로운 무엇인가를 익히는 데 최선을 다하는 일'을 뜻한다. 반면 '고정된 자질'이 통하는 세계에서 성공이란 '자신이 똑똑하거나 재능이 있다는 것을 증명하는 일'이다. 이러한 고정 마인드셋 세계에서 실패는 '패배'나 '후퇴'와 동의어다. 앞의 대화처럼 노력이란 곧 '무능'한 것이다. 노력은 실패와 마찬가지이며, 멍청하고 재능이 없는 사람이나 노력하고 애쓰는 것이라는 인식이 팽배하다.

기존의 일반 경영이 가진 인간에 대한 인식과 관료제, 권위주의, 경쟁과 압박, 감시와 처벌, 당근과 채찍 등의 시스템은 정확히 인간의 고정 마인드셋을 자극해 왔다. 뇌과학에 따르면 경쟁과 압박 시스템은 인간의 '투쟁-도피Fight-or-Flight' 반응*을 부른다. 이러한 뇌신경반응은 우리가 위험한 야생동물에 갑자기 맞닥뜨렸을 때와 같은 물리적 위협이 가해졌을 때 발생하는 '두뇌 납치Brain Hijack' 현상**과 유사하다. 또한, 고정 마인드셋은 사람들이

* **투쟁-도피 반응**: 긴박한 위협 앞에서 자동적으로 나타나는 생리적 각성 상태를 의미하는 심리학 용어이다. 예를 들어, 생명을 위협하는 사건에 직면하면 인체는 생존하기 위해 위험에 대항할 것인지 혹은 도망갈 것인지 반응해, 뇌와 자율신경계가 혈액 내로 스트레스 호르몬을 분비해 신체가 행동할 수 있도록 준비한다.

** **두뇌 납치 현상**: 편도체가 뇌의 지배권을 장악하는 현상으로 위기상황에 맞닥뜨린

속임수를 쓰도록 유도하는 경향이 있다. 일반 경영의 경쟁과 압박 시스템은 사람들로 하여금 진짜 성과를 내는 슈퍼스타가 되기 위해 노력하기보다는 슈퍼스타처럼 보이기 위한 속임수를 찾도록 유도한다. 그래서 어려운 도전 역시 피하려고 한다. 아무리 높은 가치가 있더라도, 일단 자신에게 주어진 목표가 높거나 난도가 높은 전략 과제라면 성과를 내기 힘들어 흥미를 느끼기보다 실패에 대한 두려움부터 느끼기 때문이다.

반면, 성장 마인드셋은 애자일 경영이 추구해야 할 정수精髓다. 성장 마인드셋에 기반한 애자일 경영은 생물학적 '진화'의 원리와 비슷하다. 진화의 관점에서 보면 완벽함이라는 것은 애초에 존재하지 않는다. 지속되는 적응 과정이 반복될 뿐이다. 성장 마인드셋의 특징은 다음과 같다.

- 최선을 다하고 배우고 발견하는 과정에서 성공을 찾는다. (자신의 우월성을 증명함으로써 타인을 정복하려는 함정에서 벗어난다.)
- 실수와 실패로 좌절감을 느끼기보다 오히려 이를 자극제로 삼는다. (실패를 인정하고 공감을 구하는 일에 익숙하다.)
- 성공과 성장을 위한 전략과 프로세스를 관리할 줄 안다. (동

두뇌는 편도체에 납치되어 자신이 일반적으로 할 수 있었던 것보다 더 작은 일조차 하지 못하게 된다.

기부여되는 것과 그렇지 않은 것, 어떤 전략이 통하고 통하지 않는지 끊임없이 실험하고 개선한다.)

- 끝까지 포기하지 않고 도전하는 근성Grit을 가지고 있으며 이마저 배울 수 있는 것이라 여긴다.

사티아 나델라는 2014년 마이크로소프트의 3대 CEO로 취임하면서 회사의 성공을 '조직 개개인이 성장 마인드를 갖는 것'으로 재정의한 바 있다.[11] 이후 마이크로소프트는 드라마틱한 반전의 스토리를 써내며 화려하게 부활했다. 이처럼 애자일 경영을 도입하고자 한다면 인간, 인재, 성공에 대한 근본적 관점부터 변해야 한다. 새로운 관점에서 지금의 구조, 프로세스, 체계, 하물며 당신이 쓰고 있는 언어적 표현과 행동까지도 면밀히 들여다봐야 한다.

지속가능한 조직은 무엇에 초점을 두는가?

: 인재운용에 대한 관점

외적 동기부여 vs. 내재적 동기부여

지금까지 우리는 경쟁에서 승리한 승자에게 금전적 보상을 주는 것이 동기부여의 핵심이라고 믿어왔다. 하지만 이미 수십 년 전부터 외적 동기부여의 문제점에 대한 연구들이 다양하게 진행됐다. 그중 대표적인 것이 1949년에 미국 위스콘신 대학교 심리학과 교수 해리 할로우Harry Frederick Harlow가 진행한 '붉은 털 원숭이 실험'이다. 그는 붉은 털 원숭이 8마리로 학습능력에 관한 실험을 하기 위해 원숭이가 풀기 까다로운 기계장치 퍼즐을 고안해냈다. 그리고 이 퍼즐을 우리 안에 넣어 원숭이들의 반응을 2주일 동안 살펴본 후 원숭이의 문제 해결능력을 측정해보기로 했다. 그런데 우리 안에 퍼즐을 넣자 예상치 않은 상황이 벌어졌다. 외부 자극이 전혀 없고 연구자들이 퍼즐을 풀라고 하지 않았는데도 원숭이들이 집중력, 결단력, 흥미를 보이며 퍼즐을 가지고 놀기 시작한 것이다. 실험 13, 14일차에는 원숭이들이 이미 퀴즈 풀기에 익숙해져 있었다. 1분 이내 퍼즐을 해결하는 비율이 3분의 2나 됐다. 이는 기존 과학자들이 동기에 관해 가지고 있는 2가지 정설, 즉 생물학적 욕구와 외부 환경이 제공해주는 보상과 처벌에 의한 욕구를 설명할 수 없는 현상이었다. 다시 말해 내재적 동기부여의 정체가 드러난 실험이었다.

그로부터 20여 년 후인 1960년대 말 심리학자 에드워드 데시Edward L. Deci는 인간을 대상으로 '소마Soma 퍼즐 실험'을 했다. 그는 A그룹에게는 퍼즐을 완성할 때마다 돈을 주겠다고 했고, B그룹에게는 그저 퍼즐이 두뇌 개발에 좋다는 이야기만 했다. 처음에는 당연히 A그룹이 빨리 퍼즐을 맞췄다. 하지만 맞춰도 돈을 주지 않은 쉬는 시간이 되자 A그룹은 퍼즐 옆에 놓인 다른 게임이나 잡지 등에 한눈을 팔았다. 하지만 B그룹은 점점 더 퍼즐에 빠져 계속 퍼즐에만 집중했다. 이를 통해 돈이 어떤 행위에 대한 외적 보상으로 사용될 경우 인간은 그 행위에 대한 내재적 관심을 잃는 현상이 있음을 밝혀냈다. 그는 실험을 토대로 인간에게는 "자신의 능력을 확장하고 수행하며 탐구하고 배우려는 타고난 성향이 있다"고 주장했다.

이처럼 내재적 동기부여는 이미 오래전부터 연구를 통해 그

효과가 검증됐다. 하지만 그럼에도 경영학에서는 지속적으로 변방 취급을 받아왔다. 경쟁과 통제 그리고 보상을 강조한 테일러리즘이 맹위를 떨치던 시기이기도 했고 상대적으로 예측 가능했던 사회 환경과 실험 능력의 한계 등이 그 원인이었다. 이후 듀크 대학교 행동경제학 교수 댄 애리얼리Dan Ariely가 금전적 보상이 단순하고 기계적인 업무의 생산성 향상에는 도움을 주지만 복합적인 사고를 요하는 문제 해결과 같은 업무 처리에는 방해를 준다는 것을 증명하면서 내재적 동기부여는 다시금 주목을 받기 시작했다. 여기에 기업 경영의 불확실성 증가, 디지털 트랜스포메이션으로 인한 게임의 룰 변화 등이 맞물리면서 최근에는 인간의 내재적 동기를 어떻게 끌어올릴지에 대한 기업의 관심이 점점 더 높아지고 있다.

그렇다면 내재적 동기는 어디서부터 생겨나는 것일까? 동기이론 분야 석학인 심리학자 리처드 라이언Richard M. Ryan과 에드워드 데시는 인간이 내재적 동기를 갖기 위해서는 '자율성, 유능감, 관계성 욕구가 충족되어야 하며 이는 인간의 보편적이고 선천적이며 심리적인 욕구'라고 주장했다.[12]

- **자율성**Autonomy: 자율성은 개인이 외부의 환경으로부터 압박 혹은 강요를 받지 않고 자신의 행동이나 추구하는 바를 자유롭게 선택할 수 있는 감정을 말한다.[13] 자기결정이론에서는 자율성을 (외부의 영향력에 의존하지 않는) 독립성과는 다른

개념으로 보고 있다. 독립성은 타인과의 관계에서 나타나는 개인 대 개인 간의 문제이지만 자율성은 내적인 것으로 해당 개인의 의지와 선택이 반영된다. 따라서 자율성의 반대 개념은 타인에 대한 의존성이 아니라 통제되거나 조종당한다고 느끼는 타율성이다.

- **유능감**Competence: 유능감은 환경에 대처할 힘이 있다는 것을 느끼는 것이다. 사람은 누구나 자신이 능력 있는 존재이기를 원하고 기회가 될 때마다 자신의 능력을 향상시키기를 원한다. 그래서 너무 어렵거나 쉬운 과제가 아닌 자신의 수준에 맞는 과제를 수행함으로써 본인의 유능함을 지각하고 싶어 한다. 이는 개인 혼자서 획득하기는 어려우며 사회적 환경과 서로 상호작용할 기회가 주어질 때 충족된다고 볼 수 있다. 그러므로 유능함을 표현하기 위해서는 타인 혹은 집단과의 상호작용이 필요하며 긍정적인 피드백과 자율성에 대한 지지가 유능감을 충족시키는 데 도움이 된다.[14]

- **관계성**Relatedness: 관계성은 타인과의 교제나 관계에서 조화를 이룰 때 느끼는 안정성을 의미한다. 이는 타인에게 무언가를 얻거나 사회적인 지위 등을 획득하기 위한 것이 아니라 관계에서 나타나는 안정성 그 자체를 지각하는 것이다. 즉, 주위 사람과 의미 있고 안정된 관계를 맺고자 하는 욕구

라 할 수 있다.[15] 관계성은 유능감이나 자율성 요구를 보조하는 역할을 한다. 일반적으로 타인에 의해 외재적으로 동기화된 행동은 개인이 흥미를 가지고 행동하는 것이 아니기 때문에 적극성을 내기 쉽지 않다. 하지만 그런 동기부여를 하는 타인이 자신에게 의미 있는 경우에는 타인과의 관계 안정성을 획득할 수 있는 수단으로 판단해 적극적으로 행동하기도 한다.

이러한 3가지 욕구에서 볼 수 있는 구성원의 주체적 사고와 행동의 자유를 허락하는 문화(자율성), 능력 범위 안에서 도전적인 업무를 수행할 수 있고 이에 대한 가치를 인정해주는 문화(유능감), 소통과 공감에 기반해 상호 피드백함으로써 공동체, 사회적 자본을 지지하는 문화(관계성)는 곧 애자일 경영이 추구해야 하는 문화의 본질, 애자일 경영을 조직하는 시스템 메커니즘과도 맞닿아 있다.

평균주의 사고 vs. 개개인성 중심 사고[16]

앞서 설명한 평면 사고는 평균주의와 연결된다. 평균주의의 본질은 인간의 개개인성을 인정하지 않는 것이다. 테일러리즘으로 대표되는 기존 경영은 매우 직접적으로 직원의 '창의력'은 불필요하다고 주장했다. 여기서 재미있는 것은 오늘날 많은 기업들이 여전히 테일러식 지배구조를 고수하면서도 '창의력'을 외친다는 점이다. 모순적인 상황이다. 기업·학교·정치 모두가 급변하는 환경에서 개인의 창의력과 이를 통한 혁신이 중요하다고 주장하지만 정작 현실은 누가 봐도 개인보다 시스템이 중요하게 설정돼 있다. 가장 큰 문제는 평균주의가 한 세기 이상 세계를 지배하면서 이제는 우리 자신이 스스로를 일차원적 세계에 가두어 버리고 있다는 점이다.

우리는 표면적으로 평균주의를 부정하면서 암묵적으로 그 대안을 찾지 못하고 지극히 일차원적이고 평면적으로 사고하는 모순을 극복해야 한다. 《평균의 종말The End of Average》을 쓴 토드 로즈Larry Todd Rose 하버드 교육대학원 교수는 우리가 평균주의를 깨고 개개인성을 되찾는 방법으로 3가지 프레임을 제시한다.

첫째, **들쭉날쭉의 원칙**Jaggedness Principle이다. 사회 현상은 대부분 ① 다차원적이고 ② 각 차원들 간의 관련성이 낮기 때문에 일차원적 사고로는 이를 온전히 해석할 수 없다. 이 관점에 따르면 앞서 제시한 평가 결과 도출의 예(항목별로 점수화하고 이를 다시 평균 내 등급을 도출하는 방식)처럼 일차원적 사고가 깃든 접근은 전혀 효용성이 없는 왜곡된 결과에 불과하다.

과거 구글 직원으로 인사·조직 관련 분석 업무를 담당했던 토드 칼라일Todd Carlisle은 어떤 차원의 재능이 구글에 중요한지를 알아보기 위해 300가지 이상의 다양한 요소들을 분석했다(이전까지는 지원자의 GPA 점수(학점)와 표준화 시험 점수 등이 중요하게 다뤄졌다). 그는 이 요소들 가운데 성공적 직원 발굴과 결부된 요소들을 분석하기 위해 검증을 거듭했다. 결과는 놀라웠다. 업무 영역별로 유의미하다고 판단되는 요소가 다 달랐으며, 심지어 단 하나의 업무 영역에서도 특정변수가 단독으로 부각되는 경우가 없었다.[17]

결론은 구글에서 재능을 발휘할 수 있는 방식은 여러 가지가 있으므로 구글이 채용을 잘하고 싶다면 그 모든 방식에 세심히 신경을 써야 한다는 것이다. 칼라일은 이 분석을 통해 구글 인재의 들쭉날쭉성을 감지했고 그에 따라 구글의 채용 정책 역시 바뀌었다. 이후 현재까지 구글은 전 세계에서 가장 신중한 채용을 진행하는 기업 중 하나로 유명하다.

둘째, **맥락의 원칙**Context Principle이다. 개개인의 행동은 특정 상황과 따로 떼어서는 설명할 수도 예측할 수도 없으며 어떤 상황의 영향은 그 상황과 관련한 개개인의 체험과 따로 떼어서는 규명할 수 없다. 다시 말해 행동은 특성이나 상황에 따라 결정되는 것이 아니라 둘 사이의 상호작용을 통해서 표출된다는 것이다.

맥락의 원칙에 비춰 보면 우리가 특정 직무에서 강조하는 역량이나 자질 역시 본질적으로 정해져 있는 것이라기보다는 상황과 엮여 있는 것이라고 볼 수 있다. 하지만 대부분의 기업 채용 방식은 자질을 고정돼 있는 것으로 전제하고 접근한다. 기업 시스템은 직무의 최적임자를 찾는 문제에 관해서는 맥락을 무시하도록 기술돼 있고 초반부터 지극히 본질주의적 채용 도구를 내세운다. 이는 채용 공고 시 요구하는 직무 기술서Job Description를 보면 쉽게 알 수 있다. 예를 들어 B2B 영업 책임자의 전형적인 직무 기술서를 보면 다음과 같은 식의 자격 요건이 통상적으로 들어가 있다.

- 학사학위 소지 필수, 석사 이상 학위 취득자 우대
- 대기업/외국계 기업에서 B2B 세일즈 경험 10년 이상
- 커뮤니케이션, 전략 수립, 리더십에 뛰어난 소질을 갖춘 사람
- 어려운 문제 해결 역량을 가지고 이 과정을 즐길 수 있는 사람

이는 언뜻 상식적으로 보인다. 지원자들은 사람에 따라 특정 기량이 있기도 하고 없기도 하니까 말이다. 하지만 맥락의 원칙에 따르면 지원자의 '본래적 기량'에 초점을 맞출 것이 아니라 지원자가 수행해야 할 '직무'의 수행력과 직무 수행이 행해지는 맥락에 주목하는 것이 더 바람직하다. 채용 컨설팅사인 루 아들러 그룹의 창시자 루 아들러Lou Adler는 직장을 맥락 중심에서 바라보는 시각에 착안해 '수행력 기반의 채용'이라는 새로운 채용법을 개발했다.[18] 이 방법은 고용주들에게 그들이 바라는 사람에

대해 설명해달라고 요청하는 대신 수행하기를 바라는 직무에 대해 우선적으로 설명해달라고 하는 방법이다. 이처럼 채용에서 직무 기술서는 필요로 하는 사람의 일반적 자격 요건보다 수행해야 할 직무의 상황과 맥락을 우선적이고 구체적으로 설명하고 그 가운데에서 필요한 역량의 맥락적 구체성을 기술하는 형태로 재구성하는 것이 바람직하다.

셋째, **경로의 원칙**Pathways Principle이다. 우리는 본능적으로 정상적 경로가 있다고 가정하고 살아간다. 동시에 본능적으로 정상적 경로에서의 이탈은 뭔가 잘못됐다는 신호로 간주한다. 테일러는 이를 기업 조직에 매우 뿌리 깊게 심어 놓았다. 기업에서 어떤 일을 완수하기 위해서는 '하나의 올바른 방법'이 있다고 봤다. 이런 그의 이념에 따라 지금 우리가 알고 있는 근무일, 출퇴근 시간, 주당 근무시간 등이 결정되었다. 평균적 인간에 대한 승진 경로, 보상 경로 역시 모두 테일러의 표준화 산물이다. 하지만 최근 연구 결과는 '표준 경로'에 대한 신념이나 가정이 상당 부분 근거가 없다는 것을 보여준다. 심지어 너무나 보편적이고 당연해 미처 의심치 않았던 걷기조차 인간이 태어나 정상적으로 걷는 과정에서 '표준적인 경로는 없는 것'*으로 밝혀졌다.

* 심리학자 캐런 아돌프(Karen Adoph) 뉴욕 대학교 교수는 28명의 영유아를 대상으로 기어 다니기 전부터 걸음마를 떼는 날까지의 발달 과정을 추적 관찰한 결과, 기어 다

경로의 원칙은 인간의 발달은 생물학적 발달이든, 정신적 혹은 직업적 발달이든 그 종류를 막론하고 "단 하나의 정상적인 경로라는 것은 없다"는 인식에서 출발한다.[19] 성취 경로가 한 가지뿐이라고 믿으면 사람의 성장 및 진전을 평가할 수 있는 방법도 한 가지뿐이다. 다시 말해 각각의 중대 시점마다 표준 기준과 비교해 자신이 얼마나 더 빠르거나 느린지를 살펴봐야 한다. 이로 인해 우리는 학습에서 속도를 중요 척도로 삼고 '더 빠른 것'을 '더 훌륭한 것'과 동일시하고 있다. 하지만 속도와 학습능력은 관련이 없다. 오히려 오랫동안 사회가 사람들에게 고정된 속도의 학습을 강요함으로써 수많은 학생들의 학습능력과 성취력을 인위적으로 해치고 있다.

이러한 경로의 원칙은 애자일 경영이 전략과 목표에 대해 접근하는 방식부터 조직 구성원을 육성하는 방식, 나아가 우리가 조직구조를 해석하는 방식까지 전체를 관통해 반복적으로 강조하고 있다. 앞서 설명했지만 고정성이 강한 우리의 미래 예측은 대부분 틀린다. 고정된 경로를 바탕으로 경직된 목표 수치를 강요하고, 때로는 그것을 이루는 방식까지 강제하거나 유연한 대처를 허용하지 않는 기존의 목표관리 방식은 폐기해야 한다. 동일

니기에 정상적인 경로라는 것은 없음을 밝혔다. 아이들은 25가지의 다양한 경로를 따랐는데 각 경로마다 독자적 동작 패턴을 보였고 모든 경로가 걷기로 자연스럽게 발전했다. 정상 경로에서 규정된 대로라면 기어 다니기는 특정 단계를 따라야 맞지만 실제는 그렇지 않았다.

한 시간에 동일한 속도로 교육을 진행하고 동일한 잣대로 평가하던 전통적인 인재 육성 및 관리 방식도 마찬가지다. 애자일 경영에 '단 하나의 정답'이 있어 시키는 대로 따라만 하면 애자일 조직이 될 수 있다는 생각도 결국 불가능한 환상에 불과하다.

평면 사고 vs. 시스템 사고

앞서 설명한 일반 경영의 가정들(갈등과 실패를 바라보는 관점이나 전략에 대한 접근법)은 조직원들의 생각하는 방식에도 영향을 미친다는 점에서 문제가 심각하다. 우리가 매일 접하는 기업 현장을 생각해보자. 한 개인을 평가하는 가장 보편적인 방식은 무엇인가? 성과주의를 표방하는 대부분의 기업에서 개인의 평가는 '업적평가'와 '역량평가'로 나뉜다. 업적평가는 목표항목을 나열하고 이에 대한 목표수치를 계량화해 목표 대비 달성도를 점수화한다. 역량평가는 기업을 분해해 가치를 뽑아내고 이를 바탕으로 평가항목을 추출한다. 그리고 세부 항목별로 점수를 매긴다. 책임감, 열정, 성실함, 자기주도성, 조직 기여도 등의 항목을 기준으로 평가가 이뤄지고 여기서 나온 점수를 산술적으로 계산한 것이 평가 결과가 된다. 업적평가 점수와 역량평가 점수는 비율(예, 6:4) 공식에 대입해 최종 점수 및 등급을 도출한다.

이런 평가 방식이 과연 기업과 구성원의 '업적' 혹은 '역량'

을 대표할 수 있을까? 현대 기업에서 개인은 도전적 몰입과 동기를 위해 목표를 추구하는 것이 아니라 스스로 바라지도 않는 목표를 할당받고 이에 대한 점수를 얻기 위해 정신적, 육체적 자원을 쏟아붓는다. 심지어 목표 중 상당수는 노력과 무관한 통제 불가능한 경우도 부지기수다. 이렇다보니 가치를 깊게 숙고하고 관찰하고 내재화하기보다 각각의 점수에 걸린 행동을 흉내내는 데 그친다. 그렇게 우리는 점수라는 피상적인 틀에 갇혀, 계량화된 일차원적 인간으로 전락하게 된다.

하지만 기업이라는 시스템은 이렇게 분절적으로 이뤄지지 않는다. 사회과학에서는 시스템이란 개념을 '시계'에 비유한다. 시계에 쓰이는 각각의 부품은 그저 단순한 고철 덩어리일 뿐이지만 그것이 유기적으로 연결되고 조립되어 시계라는 전혀 다른 성격과 기능을 가진 유기체가 된다. 반대로 시계를 분해해 단순히 늘어놓거나 되는 대로 합친다고 해서 다시 시계가 되는 것은 아니다. 문제는 지금 우리가 시스템을 대하는 방식이 이렇듯 평면적이라는 것이다.

그렇다면 어떻게 해야 할까? 피터 센게Peter M. Senge MIT 슬론 경영대학원 교수는 "기업 경영에서 일차원적인 평면 사고 패턴이 나타나는 것을 경계해야 한다"고 말한다. 그는 이에 대한 대안으로 '시스템 사고System Thinking'를 제시했다. 시스템 사고는 시스템을 분절적·단편적으로 보는 기존 기업의 평면적 사고에서 벗어나 연결된 시스템 전체를 파악하는 입체적 사고를 말한다.

셴게는 1960년대 MIT에서 개발한 '맥주게임Beer Game'*을 통해 평면 사고의 위험성과 시스템 사고의 교훈을 도출해냈다. 맥주게임은 총 4명이 참가해 각각 공장, 물류센터, 도매상, 소매상 역할을 맡는다. 우선 각 참가자들은 게임이 시작하기 전에 일정 재고를 갖고 시작한다. 소비자가 매일 소매점에서 임의의 수량(4~8병 사이에서 선택)만큼 맥주를 주문하면 소매상은 도매상에서, 도매상은 물류센터에서, 물류센터는 공장에서 필요한 맥주를 4일이 소요되는 주문·배송 단계를 거쳐 구해야 한다. 모든 참가자의 목표는 최고 수익을 얻기 위해 적정한 재고를 항상 유지하는 것이다. 단, 게임 중에 서로 대화를 나누거나 주문·배송량을 공유할 수 없다. 게임을 진행하다 보면 흥미롭게도 각자가 자신의 위치에서 최선을 다하지만 결과는 안 좋아지는 상황을 경험하게 된다. 이를 통해 그가 도출한 결과는 다음과 같다.

첫째, 구조가 행동에 영향을 미친다. 동일한 구조 안에 있을 경우 사람이 바뀐다고 할지라도 질적으로 유사한 결과를 만들어내는 경향이 있다.

* 맥주게임을 통해 참가자들은 평소 거의 의식하지 않았지만 실생활에 널리 퍼진 조직 유형(테일러리즘 조직)을 경험하게 된다. 바로 생산-유통 시스템이다. 이는 모든 산업 국가에서 고객 및 상품의 생산과 배송을 책임지고 있는 조직이다. 게임에 등장하는 조직은 특정 상표의 맥주를 생산하고 유통하는 시스템이다. 참가자는 자신이 맡은 위치에서 합리적이라고 생각되는 어떤 결정이든 자유롭게 내릴 수 있다. 참가자의 유일한 목표는 수익 극대화이며, 이를 위해 각자의 자리에서 최선을 다하면 된다. (http://www.systemdynamics.org/Beer.htm)

둘째, 인적 시스템 구조는 생물학적 패턴을 따른다. 인체 여러 시스템 구조처럼 복잡한 생명 시스템Living System에서 구조는 행동을 통제하는 기본적인 상호작용을 의미한다. 마찬가지로 인적 시스템에서 구조는 '운영 정책'이라는 의사결정 방식을 포함한다. 이를 통해 우리는 통찰, 목표, 규칙, 규범 등을 행동으로 옮긴다.

셋째, 구조 안에 갇힌 사고는 문제 해결을 위한 레버리지Leverage**를 창출하지 못한다. 인적 시스템에서 사람들은 대체로 문제를 해결할 수 있는 레버리지를 가지고 있으나 자신의 결정에만 집중하고, 그것이 타인에게 어떤 영향을 미치는지 간과하기 때문에 이를 행사하지 못하는 경우가 많다.

맥주게임에서 참가자들은 '시스템 사고 결여'를 적나라하게 보여준다. 자신의 위치에만 충실하면 된다고 생각하기 때문에 각자의 행동이 어떤 영향을 미치고 어떤 결과를 도출하는지 알 수 없다. 문제가 생기면 서로를 탓하기 바쁘다. 그들은 갇힌 세계 안에서 상황을 주도하겠다며 능동적으로 행동하지만 그럴수록 상황은 더욱 악화된다. 결국 자신의 최선이 남의 탓으로 인해 좋은 결과를 가져오지 못한거라 여긴다. 여기에는 생산적인 '배움'이

** **레버리지**: "긴 지렛대(Leverage)와 지렛목만 있으면 지구라도 움직여 보이겠다." 그리스의 철학자이자 수학자인 아르키메데스가 사라쿠사 왕 히에론 앞에서 장담한 말에서 유래했다. 문제 영역에서 지렛대(역할을 하는 도구)를 사용해 상대적으로 작은 힘으로 큰 목적을 달성한다는 의미이다.

란 없다. 불행하게도 이것이 우리가 지금 처해 있는 현실이다.

결과적으로 시스템 사고의 정수는 고전 물리학적 관점에서 생물학적 관점으로 사고 방식을 전환하는 것에 있다고 센게는 주장한다. 그에 따르면 조직 구성원은 ① 직선적인 인과관계 사슬보다는 유기체적인 상호 연관성을 봐야 하고 ② 스냅 사진 같은 단편적인 대상보다는 변화의 과정과 관계를 추적해야 한다. 이는 애자일 경영의 철학과도 맞닿아 있다. 애자일 경영의 본질은 일차원적 사고를 벗어나 시스템 사고를 추구함과 동시에 이를 기반으로 자기조직화를 추구하는 것이다. 그가 주창한 시스템 사고 역시 궁극은 '학습하는 조직'을 위한 것이다. 자기조직과 학습하는 조직은 지혜와 교훈을 발판 삼아 지속적으로 진보한다. 이것이 애자일 경영을 위해 시스템 사고가 필요한 이유다.

육성: 닫힌 학습 vs. 열린 학습

애자일의 핵심은 조직 스스로 지속가능한 성장 체계와 문화를 구축하는 것이다. 국내 애자일 전문가 중 한 명인 김창준 애자일 컨설팅 대표는 이를 두고 '애자일은 함께 자라는(성장) 것'이라고 표현한다. 그는 "애자일은 결국 자가 학습과 성장을 위한 전략이며 학습하기 어려운 조건에 놓인 사람이나 직업일수록 애자일이 필요하다"고 주장한다. 그의 주장을 '경영'에 빗대어 표현하면,

애자일 경영은 기업의 자기조직화Self-Organization*를 위한 패러다임이며 산업 내 변동성이 높고 예측하기 어려운 환경에 놓인 기업일수록 필요하다고 할 수 있다.

김창준 대표에 따르면 학습에 유리한 조건은 인공지능의 학습 조건과 같다. "① 목표Goal가 분명하고 객관적으로 정해져 있으며 정적이고 ② 매 순간 선택할 수 있는 행동/선택의 종류Move가 유한하게 정해져 있고 ③ 매 순간 자신이 목표에 얼마나 근접했는지 알 수 있으며 (내가 한 선택의 피드백이 빨리 주어진다) ④ 주로 닫힌 시스템 (즉, 예상 못 한 외부 요소가 갑자기 들어오지 않는) 속에서 일하고 ⑤ 과거의 선택과 결과에 대한 구조화된 기록이 많은 환경이 특징이다."[20] 사실 기존의 기업 교육도 위와 같이 직원들이 학습하기 편리한 환경으로 구축되어 있다. 이런 학습하기 쉬운 세계를 가정한 육성은 정보와 지식의 주입 자체에 초점이 맞춰진다. 직무를 수행하는 데 필요한 정보와 지식, 정해진 커리큘럼을 바탕으로 정형화된 교육 프로그램이 짜여진다. 각 직무별 요구되는 자격증 혹은 교육 이수 수준이 정교하게 구성되고, 교육 혹은 훈련 과정의 이수 여부가 중요하게 다뤄진다. 기술의 발전에 따라 교육/육성 채널이 오프라인에서 온라인으로 확장돼 접근성이 혁신적으로 높아졌지만 메커니즘은 크게 달라지지 않았다.

* **자기조직화**: 불확실한 환경, 상황, 상태 속에서 스스로 학습할 수 있는 능력과 메커니즘을 말한다.

그러나 대부분의 비즈니스 환경은 결코 학습하기 쉬운 세계가 아니다. 그래서일까, 많은 구성원에게 기업 교육은 '교육을 위한 교육'이 된 지 오래다. 이수하지 않으면 불이익을 당하거나 혹은 혜택을 받지 못하는 상황을 피하기 위해 억지로 임하는 귀찮은 교육으로 다가올 때가 많다. 정작 업무에 실질적으로 필요하고 배우고 싶은, 질적으로 높은 수준의 프로그램은 회사 시스템상 제공되지 않는 경우도 많다. 일반 시스템은 이처럼 업무와 배움을 철저히 분리해 접근한다. 업무는 업무고 배움은 배움이다.

결국 현실과 동떨어진 학습하기 쉬운 세계를 가정하고 구축된 기업의 육성 시스템은 일과 학습에 대한 시·공간 및 문화적 분리와 테일러리즘 특유의 외적 동기부여(당근과 채찍) 시스템 등과 맞물려 역설적으로 구성원이 제대로 학습하기 어려운 환경과 학습하지 않는 문화를 초래하고 말았다. 기술발달, 채널확장에 따른 수많은 지식과 정보의 홍수, 속칭 TMI Too Much Information 시대 속에서 우리는 무언가 배우지 않으면 안 될 것 같은 불안과 강박을 안고 살지만, 동시에 학습 장애를 앓고 있는 것이다.

애자일 경영에서는 배움에 대한 초점이 'What(무엇)'이 아니다. 애자일의 핵심은 구성원과 조직이 그게 'Whatever(무엇이든)' 빠르게 배우고 적응할 수 있는 'How(어떻게)'에 대한 지혜를 조직과 구성원에게 이식하는 데 있다. 나아가 조직이 어떤 환경에 처하든 실재하는 현실에서 꼭 필요한 배움을 구하고 스스로 학습해 현장에 적용하는 것을 반복하며 성장할 수 있는 방법과 태도를 갖추는 것이 바로 애자일이 추구하는 목표다. 이런 관점에서는 하는 일과 교육, 학습이 분리될 수 없다. 일을 하면서 동시에 학습하는 것, 학습을 하다가 즉각 업무에 응용하는 것은 애자일에서는 조직 구성원의 의무인 동시에 권리다. 사내 교육팀이 조직별로 필요한 직무 교육 구성 및 스케줄을 짜고, 이수 여부를 독려하고 강제하는 시스템은 이런 관점에서는 오히려 일상적·상시적 학습을 방해하는 장애물이 된다.

일반 경영 시스템 안에서 일하는 한 직원이 업무를 추진하다가 회사 신제품의 기술적 특수성과 연계되어 해결하기 어려운 문제를 발견, 문제 해결에 필요한 학습을 시도한다고 가정해보자. 기존 시스템과 문화에서 이뤄지는 플로우는 다음과 같다.

1. 주변 친한 동료들에게 묻는다. 특수한 상황이고 처음 겪는 일이기에 본 업무를 하고 시간이 나면 해결안을 고민하겠다고 답한다.
2. 사내 인트라넷 교육 부문에 접속해 유관 학습이나 교육 프로그램이 있는지 찾는다.
3. 연관된 온라인 강좌가 있는 경우 클릭해서 본다. 필요한 부분이 나오는지 빠르게 확인하지만 대부분 원론적인 이야기나 정형화된 케이스를 이야기하기에 별다른 도움이 되지 않는다. 시스템 업데이트가 늦어서 해당 강좌는 심지어 필수이수 점수에 들어가지도 않는다.

4. 관련 오프라인 강좌가 있는지 찾는다. 오프라인 교육은 대부분 주제가 귀에 걸면 귀걸이, 코에 걸면 코걸이인 트렌디한 주제이기 때문에 이 역시 별다른 도움이 되지 않는다. 오프라인 강의를 듣더라도 기업 교육 시장 강사들은 강의에 특화된 전문 강사이지 해당 분야에 실질적인 전문성을 가진 전문가는 아니기에 문제 해결에 큰 도움이 되지 않는다.
5. 회사에서 직접 제공하는 온·오프라인 교육 프로그램 외에 연계해서 지원하는 프로그램이 있는지 찾는다(대부분 별로 없다).
6. 그와 병행해 회사에 한정 짓지 않고 실질적 도움을 받을 수 있을 것 같은 도서나 교육 프로그램을 광범위하게 찾는다. 찾아서 혹시나 회사 지원이나 교육 이수 사항에 포함되는지 확인했지만 역시나 되지 않는다(추후 반영해 달라고 신청할 수는 있지만 지원-심사-반영 시기까지 몇 개월이나 소요되고 대부분 잘 반영되지 않는다).
7. 평소 알고 지내던 유관 분야 전문가를 떠올린다. 그에게 연락해 대략적인 상황을 설명했더니 몇 가지 아이디어를 이야기해주었다. 솔직히 무슨 말을 하는지 잘 이해가 되지 않고 어려워 알겠다고 하고 끊는다.
8. 잠시 갈등하다가 안 해도 누가 뭐라고 하지 않을 문제를 해결한다고 굳이 내 돈까지 써가면서, 없는 전문가 인맥까지 동원해가면서, 무리할 필요가 있을까 하는 마음에 포기하고

상사에게 공을 넘긴다.

일과 학습이 분리된 시스템에서는 기업의 공식적 학습이 실제 업무에 제대로 기여하지 못한다. 이런 구조 하에서 움직이는 구성원 역시 능동적으로 문제 해결을 위한 직접적 학습이나 시도를 하기보다는 시스템이 허락하는 선에서 지원책을 구하다가 자신도 모르게 문제 해결에 소극적인 입장을 취하게 된다. 반면 동일한 문제라도 애자일 경영 시스템 안에서 일하는 직원의 행동 플로우는 좀 다르다. 과연 어떻게 다를까?

1. 문제 상황을 재정의한다. 신제품의 기술적 특수성이라 할지라도 a) 이것이 완전히 새로운 문제 영역에 해당하는지 b) 기존 문제 해결에 활용했던 스킬을 응용할 수 있는 범주인지 가설을 분류해본다.
2. 분류된 가설을 가지고 해당 영역에 도움을 줄 수 있는 사내/외 전문가 동료에게 피드백을 요청한다. 문제 상황과 사전에 스스로 생각한 접근법을 구체적으로 제시한다. 문제 정의가 명료할수록 동료들의 아이디어와 피드백이 빨라진다. 이때 직접적 접근법도 좋지만 간접적인 정보 -관련 도서, 정보 사이트(링크), 교육 프로그램 등- 에 대한 조언도 함께 구한다.
3. 동료의 피드백과 별개로 자신이 접근한 아이디어에 기반해

도움이 될 만한 정보를 자체적으로 수집한다. 이때 즉각적으로 필요하다고 판단되는 도서, 관련 사이트의 유료 정보, 교육 프로그램은 간단한 리포트만 작성하면 복잡한 승인 절차 없이 바로 구매하고 접근해 열람할 수 있다.

4. 2번과 3번에서 나오는 아이디어를 반복하며 시행착오를 거친다.
5. 문제를 해결한다.
6. 문제를 해결하는 2~4번 과정의 핵심 내용을 추려 전사 지혜 공유 채널을 통해 릴리즈한다.
7. 유사 문제를 겪었던 혹은 겪을 수도 있는 구성원들의 인정 Recognition, 그리고 추가적인 문제 해결 아이디어와 의견이 자유롭게 기재된다.
8. 리더는 문제 해결 과정과 결과에 대한 기록을 바탕으로 그의 노력을 칭찬함과 동시에 이 과정을 통해 얻은 교훈이 무엇인지, 좀 더 나은 대안은 없었는지 등에 대해 구체적으로 회고한다.

애자일 경영에서 학습 시스템의 핵심은 구성원이 접근 가능한 학습 프로그램 리스트가 아니다. 애자일의 학습 시스템은 실질적인 문제 해결을 위해 필요한 학습의 기회나 아이디어를 제공하는 사람 혹은 프로그램을 즉각적으로 '연결'해줄 수 있는가라는 질문을 전제로 구축된다. 물론 예전부터 축적되어 온 자체

학습 프로그램도 있겠지만 그보다 구성원들이 자발적으로 학습 프로그램을 찾거나 직접 만들고자 했을 때 쉽게 접근 가능하도록 '편의성'을 높이고, 동시에 그들 스스로 학습 생태계를 구축할 수 있는 열린 플랫폼을 설계하는 데 더 주안점을 둔다.

이런 시스템에 적응한 구성원은 문제가 발생했을 때, 문제 해결을 위한 즉각적이고 직접적인 학습과 적용 시도가 가능하다. '회사가 허용하는 학습 프로그램이 무엇인지' 고민할 필요 없이 '문제 해결을 위해 필요한 학습'에 대해 바로 생각할 수 있고, 이를 즉각적으로 이행할 수 있는 네트워크와 플랫폼을 지원하기 때문이다. 또한 학습과 적용, 상호 피드백을 반복하는 과정은 높은 소프트 스킬을 요구하고, 그 과정에서 스스로 무엇을 알고 모르는지를 자기 객관화하며, 부족한 부분을 보완하기 위한 계획과 계획의 실행 과정을 평가하는 전반의 '자기학습' 지혜를 체화시킨다.

> 이제 더는 평균의 시대가 강요하는 속박에 제한당할 필요가 없다.
> 시스템에 대한 순응이 아니라 개개인성을 중요시함으로써
> 평균주의의 독재에서 해방돼야 한다. 우리 앞에는 밝은 미래가
> 펼쳐져 있으며 그 시작점은 평균의 종말이다.
>
> – 토드 로즈의 《평균의 종말》 중에서

맥락에 맞는 유연한 적응이 핵심이다

: 문제 해결에 대한 관점

갈등과 실패: 피해야 할 것 vs. 당연한 것

정치학에서 갈등은 체제나 이데올로기의 생존을 설명하는 핵심 어젠다이다. 이러한 정치학적 관점에 따르면 민주주의가 많은 문제가 있음에도 불구하고 현대 세계에서 꾸준히 살아남을 수 있는 것은 갈등이나 균열을 자연스러운 것으로 받아들이고 그 안에서 끊임없이 해답을 찾는 구조를 갖고 있기 때문이다. 건강하고 성숙한 민주주의 체계라는 평가를 받는 국가들은 수많은 크고 작은 갈등과 실패, 그리고 부침을 겪지만 용케도 살아남아 진보한다. 반대로 공산주의가 막을 내린 이유는 현실에 존재하는 당연한 갈등을 부정했기 때문이다.

지금까지의 일반 경영은 인간을 합리적이고 완전한 존재로 보고 갈등과 실패를 용인하지 않았다. 이로 인해 기업 시스템은 이를 억압하거나 통제하거나 최대한 예방하는 방향으로 구축 및 운영돼 왔다. 구성원 개개인 차원에서 바라보면, 이런 현대 기업 경영의 특성은 구성원의 실수를 대하는 방식에도 그대로 전이된다. 현대 경영의 시각에서 구성원의 실수는 죄악시된다. 이는 앞서 설명한 고정 마인드셋의 관점과 일맥상통한다.《피플웨어》의 저자 톰 드마르코와 티모시 리스터는 "실수를 용납하지 않는 분위기가 자리 잡으면 사람들은 바로 방어적으로 변해 결과가 나쁠지도 모르는 일은 아예 시도하지 않는다"며 실수 부정 문화를 비판했다.

애자일 경영에서는 기업이 실수를 자연스러운 것으로 받아들이고 격려하는 문화를 만들어야 한다고 말한다. 애자일 경영에서 실수는 막아야 하는 부정적인 것이 아니라 막으려 해도 막을 수 없는 자연스러운 것이다. 우리는 실수를 자연스럽게 공유하고 협력해서 관리하는 방향으로 초점을 바꿔야 한다.

갈등 역시 마찬가지다. 마거릿 헤퍼넌은 저서《사소한 결정이 회사를 바꾼다》를 통해 오늘날 기업의 생산성을 혁신하는 핵심 요인은 조직 내 쌓이는 사회적 자본이라고 했다. 그리고 이는 역설적으로 갈등을 통해 얻을 수 있다고 설명한다. "많은 사람들이 관계가 위태로워질까 걱정하며 갈등을 피하려고 하지만, 역설적으로 함께 어려움을 헤쳐 나가는 동안 발생하는 진솔한 갈등은 오히려 사회적 유대감을 키운다. 논쟁을 피하면 아무것도 얻을 수 없다. 오직 양측이 활발히 논쟁에 참여할 경우에만 서로의 관점을 헤아리는 능력을 기를 수 있다."[21] 즉, 갈등은 잘만 다루면 사회적 자본을 만들어내고, 사회적 자본은 다시 안정적이고 건설적인 갈등을 만들어낸다는 것이다.

기업 경영 측면에서 갈등과 실수에 대한 관점 변화는 '리스크 매니지먼트Risk Management'와도 자연스레 연결된다. 오늘날의 변화무쌍한 경영환경은 비즈니스에 전혀 새로운 도전을 안겨주고 있다. 이 세계에서 변화는 기회인 동시에 위험이기도 하다. 상대적으로 예측 가능했던 산업시대에 비해 오늘날은 어떤 비즈니스를 하든, 거의 필연적으로 리스크를 감수해야 한다. 전통적인 일반 경영이 리스크를 대하는 방식은 각각의 리스크를 극복 가능한 것으로 보고 성공 계획을 수립하는 방식이다. 이들은 바라는 성과를 나열하고 그 성과의 달성을 공언한다.

애자일 경영이 취하는 리스크 관리는 오히려 '실패를 계획하는 것'에 가깝다. 총체적인 성공에 도달할 때까지 그 과정에서 발생하는 실패를 자연스럽게 받아들이면서 미래의 실패에 대비하는 것이다. 다시 말해 리스크를 감수한다는 것은 비용의 초과, 일정 지연 등이 발생할 수 있다는 사실을 인정하는 것이다. 때문에 애자일 경영에서는 발생 가능한 리스크를 수용하기 위한 충분한 시간과 비용, 나아가 이를 자연스럽게 받아들이는 문화를 추구한다.

《파이낸셜타임스》 수석 칼럼니스트인 팀 하포드Tim Harford는 저서 《어댑트Adapt》에서 소비에트 연방의 실패 원인을 '병리적 실험 불능성'에서 찾은 바 있다.[22] 이는 앞서 설명한 실패를 인정하지 않는 패턴과 유사한 해석이다. 공산주의를 상징하는 독재자의 신성 앞에서 실험하고 실패하고 시행착오를 겪는 모습은 있을 수 없는 일이기 때문이다. 우리는 이 사례를 통해 역설적으로 왜 실패를 인정하고 이를 기반으로 진화하는 시스템이 중요한지를 유추해 볼 수 있다.

전략: 정답(예측) vs. 가설(예상)

전략이란 무엇일까? 전략은 기본적으로 미래에 초점을 둔 개념이다. 아직 일어나지 않은 상황에 미리 대비해 행동하고 이를 기반으로 성공을 거두는 것이 목적이다. 우리가 전략을 바탕으로 오늘 무언가를 행한다면 그것은 사실상 위험이라는 살얼음판을 걷는 것과도 같다. 그러나 한편으로는 오늘의 의사결정과 행동은 당장 그 결과와 영향을 확인할 수 없는 것이기에 우리는 금방 위험을 망각한다. 더욱이 과학적 관리기법이 가진 정교한 느낌은 우리가 마치 모든 것을 정확히 예측할 수 있을 것만 같은 환상을 부여한다.

이 같은 이유로 대부분의 기업은 "우리가 미래를 예측할 수 있다"는 그릇된 가정 아래 짧게는 1년, 길게는 10년까지 내다보고 조직 내 핵심 인재를 투입해 전략을 기획하고 계획한다. 전통적 조직 관점에서 전략이란 예측과 통제식 접근을 통해 만들어진다. 전략 수립 과정에서 다양한 어림짐작의 가정을 통해 미래를 예측하고, 이를 바탕으로 목표를 도출하며, 그 목표에 도달하기 위한 방법을 계획한다. 이 과정에서 모든 가정과 예측들이 정확할 것이라고 전제한다. 그러나 모두 알다시피 미래는 우리가 예측할 수 있는 것보다 없는 것이 훨씬 많다. 우리는 산업이 어떻게 바뀌고 혁신의 기회가 언제 어디서 나타날지 제대로 예측하지 못한다. 나심 니콜라스 탈레브Nassim Nicholas Taleb는 저서《블랙스완Black Swan》을 통해 "우리는 진정한 의미에서 계획을 세울 수 없다. 미래를 알 수 없기 때문이다. 그렇다고 이것이 꼭 나쁜 소식은 아니다. 이런 한계를 염두에 두면서 계획을 세우면 되기 때문이다. 우리에게는 다만 그럴 수 있는 용기가 필요할 뿐이다"라고 주장했다.[23]

다시 원래의 질문으로 돌아가보자. 전략이란 과연 무엇일까? 전략이란 단어는 그리스어 Strategos에서 나온 것으로 군대를 의미하는 Stratos와 이끈다Lead는 의미를 가진 -ag가 합쳐진 용어다. 전략이라는 단어가 본격적으로 쓰이기 시작한 것은 클라우제비츠Carl von Clausewitz가《전쟁론On War》에서 전략을 언급한 다음이다. 전략은 이후 전장에서 승리하기 위한 계략을 뜻하는 보편적인 용어로 비단 군사 영역을 넘어 기업 및 사회의 보편화된 용어로 자리매김했다.

기업들이 클라우제비츠가 제시한 개념을 수용한 것이라면,

그가 과연 전략을 어떻게 규정했을지를 살펴보고 현재 쓰임과 비교하는 것은 전략의 본질을 탐구하는 좋은 시작점이다. 재미있게도 전략에 대한 그의 규정은 전통 기업이 전략을 수립하는 행태를 철저히 경계한다. 그가 《전쟁론》에서 제시한 전략은 '우연성 넘치는 전장에서 생존과 승리를 위한 유연성과 탄력성을 생명력으로 하는 이성적 사고'를 뜻한다.[24]

클라우제비츠는 전쟁은 극심한 불확실성과 우연의 산물이며, 전략은 이 모호함 속에서 방향성을 알려주는 희미한 불빛의 역할만 할 뿐, 이것이 진리가 되어서는 안 된다고 경고한다. 그에 따르면 전략은 적확한 의사결정을 위한 참고수단의 지위를 넘어선 안 되고, 이마저 끊임없이 변하는 전장상황에 맞춰 갱신돼야 한다.

> 전략은 전쟁을 위한 전반의 의사결정과 행동에 조용히 스며들어 조화를 이뤄야 한다. 전쟁은 대부분 어김없이 모호한 상황, 추상적인 가정, 미리 결정할 수 없는 불확실한 정보 속에서 이뤄진다. 그러므로 전략은 당연히 전투 현장 속에서 수립되어야 한다. 현장의 변화에 탄력적으로 대응하며 그 또한 창조적으로 변화시키는 것이 곧 전략이다. 전략이 교리화될수록 오히려 더 보편성과 절대성을 잃게 된다.
>
> – 클라우제비츠의 《전쟁론》 중에서[25]

전통적으로 현대 경영에서 기업 전략은 늘 '미래를 정확히 예측해야 하는 것'이었다. 예측Prediction이라는 단어는 라틴어가 그 어원으로, 직역하면 '예언'이라는 뜻과 같다. 그러나《전쟁론》에서도 알 수 있듯, 애초부터 전략의 본질은 예측이나 예언이 아니다. 오히려 예측 불가능한 환경에서 끊임없이 '가설(예상)'을 세우고 실험을 반복하는 '적응적 사고'에 가깝다.

●●●

조직이 효율적으로 작동하고 성장하기 위한 방법
: 관리에 대한 관점

조직과 의사결정 구조: 집중화 vs. 탈집중화

전통적인 일반 경영은 위계Hierarchy를 통한 조직화를 중요시했다. 조직 이론가 엘리엇 자크Elliott Jacques는 "새로운 형태의 조직에 대한 다양한 실험과 이론에도 불구하고 인류는 아직까지 전통적 권위주의 체계보다 더 나은 시스템을 개발하지 못했으며 관료제야말로 기업 조직 운영의 가장 적합한 대안이다"라고 주장한 바 있다.[26]

자크에 따르면 위계나 관료주의Bureaucrats 같은 말들이 현대에 들어설수록 부정적인 뉘앙스를 풍기지만 사실상 현재까지 시도된 조직화 중 가장 안정적이고 효율적인 구조이며 특히 거대 조직을 위해 고안된 가장 자연스러운 구조임은 부인할 수 없다. 그는 적절하게 구조화된 계층은 에너지와 창의성을 방출하고, 생산성을 합리적으로 높이며 조직의 사기와 의욕 또한 높일 수 있다고 말한다. 문제는 이런 위계조직의 장점이 역사상 제대로 작동한 적이 거의 없다는 것이다.

많은 사람들이 위계조직의 폐해를 잘 알면서도 조직 경영에 있어 불가피한 시스템이라고 받아들인다. 게리 하멜Gary Hamel 교수의 연구에 따르면 1983년 이후 미국 내 전 직종의 인력 증가가 44%인 반면 관리·감독·행정직 수는 100% 이상 증가했다.[27] 그는 이 연구를 바탕으로 "피터 드러커는 오늘날의 조직이 1980년대 후반에 비해 계층은 절반으로 단순화되고, 관리자는 3분의 1로 줄어들 것이라 했지만 그의 예측은 보기 좋게 빗나갔다. 관료주의는 끈질기게 살아남았다"라고 강조했다.[28]

위계조직이 그토록 많은 문제점을 낳고, 다수가 부정적으로 인식함에도 끈질기게 살아남은 이유는 무엇일까? 이에 대해 하멜은 ① 여전히 익숙하고 보편적인 시스템이며 ② 조직 변화 의사결정의 주체이기도 한 기존 관리자들의 이해관계를 대변하고 ③ 대담한 관리 혁신이 과연 가능한지에 대해 회의적이며 ④ 아쉬운 대로 잘 작동한다고 여겨지기 때문이라고 밝혔다.[29]

실제 우리나라 기업 현장에서 이를 바라보면 더욱 선명하게 보인다. 필자가 현장 실무자들을 대상으로 애자일 경영에 대한 컨설팅이나 강연을 할 때 가장 어려운 점은 '조직'을 다루는 것이다. 대다수의 경영자, 리더 심지어 일반 직원들에게까지 위계조직도는 너무 당연한 것이다. 그들에게 자포스, 슈퍼셀, 스포티파이 등의 조직이 가진 서클/수평형 조직도는 본 적도 들은 적도 없고, 알고 싶지도 않은 어렵고 생소한 접근에 불과한 경우가 많다. 이러한 이유로 애자일 경영을 추구한다고 하는 상당수의 기업조차 조직도가 획기적으로 변하는 것에 대해 강한 거부감을 느낀다.

일반적으로 조직은 의사결정에 있어 중앙집중화와 탈중앙화의 딜레마에 봉착하곤 한다. 중앙에서 결정을 내릴 경우 전체적인 균형감이 높아지고 소모적인 업무 중복을 피하며 조직 전체로 고정 자원을 분산함으로써 평균 비용을 낮출 수 있다. 때에 따라 단위조직에서 자체적으로 내려진 결정이 신속할 뿐 아니라 큰 그림이 명확하지 않을지언정 그보다 훨씬 나을 수도 있다는 국지적인 정보를 바탕으로 한다. 영국 경제학자 프리드리히 하이에크Friedrich Hayek는 "대부분의 사람이 중앙화된 지식의 가치를 과대평가하고 시간과 장소 같은 특별한 상황에 관한 지식은 간과하는 경향이 있다"고 지적했다.

이처럼 불편하지만, 한편으로는 익숙하고 불가피하다고 여겨지는 관성을 버리고 의사결정의 탈집중화를 고민해야 하는 이유는 무엇일까? 미국 건국 이래 가장 실패한 전쟁으로 여겨지는 베트남 전쟁이 주는 교훈을 통해 그 이유를 알아보자.

베트남 전쟁으로 미국은 무려 5만 8,315명이 전사 및 실종됐다. 부상 악화로 수년 후 사망해 집계가 안 됐거나 심한 부상을 입은 군인까지 합치면 참전병사 300만여 명의 15분의 1인 20만

명의 사상자가 발생했다. 살아 돌아온 군인들 상당수는 외상 후 스트레스 장애PTSD에 시달렸다. 미국은 압도적인 군사력을 가지고도 사상 처음으로 패배했고 이로 인해 정치·사회·경제적으로 큰 위기를 맞이했다. 미군이자 역사학자(트럼프 정부 국가안보보좌관이기도 했던)인 허버트 맥마스터Herbert Raymond McMaster는 저서 《직무유기Dereliction of Duty》에서 베트남전은 중앙집중화된 의사결정 구조에 의한 '완벽한(?) 탁상공론'이 불러온 참극 중의 참극이라 비판했다.

> 베트남전은 야전에서 진 것이 아니다. 뉴욕타임즈 1면, 대학 캠퍼스 여론에서 진 것도 아니다. 미국이 완전히 전쟁을 책임지려 한 1965년의 의사결정도 패배의 핵심 요인이 아니다. 베트남전은 그저 미국민들이 자신들이 전쟁에 돌입했다는 것을 깨닫기 한참 이전부터 진작에 워싱턴 D.C에서 패배한 전쟁이었다.
>
> – 허버트 맥마스터의 《직무유기》 중에서[30]

맥마스터의 연구 결과에 따르면 베트남전 당시 최상위 단계에서 내려진 의사결정 방식에는 치명적인 결함이 있었다. 당시 린든 존슨 대통령과 로버트 맥나마라 국방장관은 엄격하게 정의된 위계를 강요했고, 만장일치제를 고집했으며 최신 계량 기법을 이용한 정보의 중앙집중화된 분석이 가장 과학적이고 효과적이라는 사고를 지나치게 신봉했다. 그에 따르면 존 F. 케네디(35대)

와 린든 존슨(36대) 대통령은 전임 대통령인 아이젠하워(34대)가 세워놓은 합동참모본부의 역할을 전혀 신뢰하지 않고 외면했으며, 현장에서 직접 전투하는 군의 전문성, 그에 기반한 정세 판단과 의견을 철저히 외면했다. 국방장관과 그를 보좌하는 중앙집중 체계 내 군인들은 현장의 군을 대변하고 정치 지도자에게 직언을 해야 하는 책임을 '직무유기'했다. 정확한 정세 판단이나 대전략이 없는 상황에서 베트남전은 아주 지엽적인 부분에만 휘말린 채 결말 없는 소모전만 벌이게 됐다.

시스템: 닫힌 (저신뢰) 시스템 vs. 열린 (신뢰) 시스템

2016년 칸 영화제 황금종려상을 수상한 켄 로치Ken Loach 감독의 영화 〈나, 다니엘 블레이크I, Daniel Blake〉는 성실하고 소신 있게 살아온 평범한 노동자의 삶이 닫힌 시스템 사회 속에서 어떻게 파괴되는지를 담담히 그려냈다.

영화는 암흑 속에서 들려오는 다니엘 블레이크와 의료수당 지급 담당자와의 길고도 답답한 대화를 들려주는 것으로 시작한다. 한 번의 심장 쇼크로 인해 주치의로부터 업무 불가 판정을 받은 다니엘에게 담당자는 그의 건강 상태와는 상관없는 형식적인 질문들로 심사를 이끈다. 어이없는 심사에 화가 난 그가 유머 섞인 항변을 하곤 하지만, 그 결과는 잔인했다. 괘씸죄인 양 담당자가 그에게 심사 탈락을 결정한 것이다. 심사에서 탈락하게 되면 그는 다시 일을 해야만 한다. 그러나 주치의는 그의 건강 상태가 일을 할 수 없는 정도라며 허락하지 않는다. 그가 할 수 있는 것은 심사 결과에 항소하는 것뿐이다. 그런데 항소절차가 복잡하기 짝이 없다. 기약 없는 심사결과 통보순서를 기다려야 하는 것은 물론이고, 기관과 통화하기 위해선 두 시간의 연결대기음을 들으며 마냥 기다려야 한다. 힘든 시간을 버텨 통화를 하게 되면 또다시 불합리한 절차상의 순서가 통보된다. 전화로 해결하지 못한 그가 구직센터를 찾아가지만 그곳은 그의 마지막 자존감마저 앗아간다. 결국 다니엘은 의료수당을 받지 못한 채 죽음을 맞이한다. 장례식은 가장 비용이 저렴한 시간대인 오전 9시에 치러진다.

영화는 주인공이 속한 영국 사회 노동계급의 주거문제와 복지제도의 모순을 들춰내는 동시에 '닫힌 시스템'의 전형을 보여준다. 국민의 편의를 증대하기 위해 설계된 복지시스템은 오히려 (정당한) 국민을 잠재적 범죄자(부정 수급자)로 취급한다. 닫힌 시스템은 오로지 체리피커Cherry Picker*를 막기 위해 설계된 복잡하고 관료적이며 기계적인 절차로 이뤄져 있고, 이를 실행하는 센터 직원들의 인간성마저 '일차원적 인간**'으로 전락시킨다. 감

* **체리피커**: 신 포도 대신 체리만 골라먹는 사람으로 기업의 상품이나 서비스를 구매하지 않으면서 특별 서비스 혜택이나 사은품 등을 과도하게 챙기는, 자신의 실속만 차리는 소비자를 말한다.

독은 영화 제목부터 마지막 엔딩 씬 대사까지 '나, 다니엘 블레이크'를 반복하며, 시스템의 주인공은 '온전한 인격을 가정한 사람'이 되어야 함을 강조한다.

이런 비극은 현실에서도 자주 나타난다. 현대 사회를 지탱하는 대부분의 시스템은 인간에 대한 불신을 전제로 구축되어 있다. 간단히 기업의 근무시간 관리를 생각해보자. 기업은 직원이 근무를 태만하게 할 것이라 가정하고 출입카드를 동원해 출퇴근 시간을 확인한다. 매달 출퇴근 기록부를 뽑아 지각자들을 걸러내 경고한다. 그런데 가만히 보니 업무시간에 하라는 업무는 안 하고 딴 짓을 하는 것 같다. 출퇴근 시간만 기록하는 것은 무의미하다 느낀다. 주 52시간에 따른 업무 생산성 향상도 꾀할 겸 자리를 얼마나 비우는지 확인하고 기록할 수 있는 소프트웨어를 도입한다. 이제 직원들은 일정시간 이상 자리를 비우게 되면 컴퓨터에 알람이 뜨고 이는 서버에 고스란히 저장되어 얼마나 자리를 비웠는지 파악이 가능하다. 그래도 도무지 생산성이 오르는 것 같지 않다면 CCTV를 설치하면 된다. 이왕이면 고화질로 설치해 모니터로 감시할 수 있게 한다.

기업이 보편적으로 쓰고 있는 MBO Management by Object(목표

** 사회철학자 헤르베르트 마르쿠제(Herbert Marcuse)는 저서 《일차원적 인간(One-Dimensional Man)》을 통해 산업사회가 갖는 철학과 시스템이 우리로 하여금 획일적인 사고와 태도, 습관을 갖게 해 결국 일차원적 인간으로 전락시킨다고 비판했다.

관리)도 생각해보자. 기업은 직원이 자신의 앞가림을 제대로 하지 못할 것이라는 가정 하에 손수 목표를 할당한다. 적당한 목표는 직원들을 풀어지게 만들 수 있어 가능한 한 높은 목표와 많은 항목을 부여한다. 항목별로 복잡한 계산식을 부여해 최종 결과가 도출되는 과정을 알기 힘들게 한다. 최근에 유행하는 상시 성과 관리를 통해 관리자는 복잡한 KPIKey Performance Index(핵심성과지표)를 쥐고 수시로 직원을 압박하고 계량화해 점수 매긴다. "이 KPI는 도무지 제가 컨트롤 할 수 없어요", "이 목표수치는 현장 상황을 고려하지 않아 너무 높아요"와 같은 직원들의 볼멘소리는 철저히 무시한다. 기업의 눈에 직원은 자신에게 유리한 것만 하려 하는 이기적인 존재이기 때문에 틈을 보여선 안 된다.

이러한 저신뢰 사회는 인간에 대한 상호 모순적 가정을 품고 있다. 그들에게 인간은 호모 에코노미쿠스(이상)인 동시에 잠재적 범죄자 혹은 무능한 동물(현실)이다. 그 간극을 메우기 위한 조치로 제도는 갈수록 복잡해지고 비용은 증대되며, 조직의 긴장은 팽배해진다. 인간성이 제거된 저신뢰 사회와 테일러리즘에서 사람과 사람 간의 관계성에서 촉발되는 '문화'를 논한다는 것은 애초에 불가능한 일이다. 경영에 과학을 접목시키고자 했던 테일러리즘 연구자들은 조직이 문화에 속한 사람들의 집합이라는 점을 고려하지 않은 것이다.

조직 내 신뢰가 조직 성과창출에 매우 중요하다는 인식은 이미 광범위하게 퍼져 있다. 구글은 2012년부터 2015년 여름까지 조직성과에 미치는 가장 큰 요인이 무엇인지를 연구했다. "전체는 부분의 합보다 크다"는 아리스토텔레스의 말을 모토로 내걸고 '최고의 성과를 내는 팀'의 특성을 분석했다. 180여 개 팀을 연구해 얻은 높은 성과에 대한 최고의 예측변수는 '심리적 안전감Psychological Safety'이었다. 구성원 상호 간에 서로 상처받지 않고 자유스럽게 말하고 행동할 수 있느냐, 그래서 두려움 없이 기꺼이 위험을 감수할 수 있느냐와 같은 요소가 성과에 영향을 미친다는 것이다. 이것은 바꿔 말하면 신뢰 문화에 대한 이야기다.

애자일 경영은 이 같은 신뢰 기반의 열린 시스템을 추구한다. 조직 구성원을 잠재적 범죄자나 잠재적 낙오자로 전제하지 않는다. 직원을 자발적으로 일하는 사람으로 간주하고 열린 시스템 안에서 자유를 주었을 때 책임을 다할 수 있다고 가정한다. 과거나 지금이나 역사를 좀 더 세심하게 돌이켜보면 사회와 기업은 자발적으로 일터에 나서는 사람들, 스스로 창의적 에너지와 시간을 쏟고 개인의 유불리와 관계없이 해야 할 바를 하고 해결해야 할 일을 해결하느라 몰입한 사람들에 의해 성장했다.

애자일 경영을 추구하는 기업은 어른을 어른으로서 대할 때 어른은 어른다운 행동을 한다고 믿는다. 그 믿음이 힘을 발휘하는 순간, 개개인의 뇌에 특정 호르몬(옥시토신)이 급증하고 이는 사람의 행동에 (믿음에 보답하도록) 영향을 미치며, 문화를 창출한다. 그렇게 형성된 신뢰 문화는 다시 구성원에게 심리적 안전감을 부여하고, 구성원을 몰입하게 한다.

생산성: 빨리빨리 문화 vs. 슬랙 문화

"애자일이 대체 뭐에요? 우리 회사 시니어들이 요즘 가장 많이 하는 말이 "왜 이렇게 애자일 하지 못해? 애자일 하게 일하자"에요. 근데 그게 알고 보면 참 웃겨요. 그냥 자기가 시키는 거 '빨리' 달라는 거에요. 원하는 방향을 이야기해주면 많이 고민하지 말고 '빨리' 해줘라, 그것을 가지고 자신은 '빨리' 시니어 회의에서 피드백을 받고 다시 '빨리' 일을 시키겠다는 거죠. 주제에 대해서 제 지식과 경험을 바탕으로 좀 더 낫다고 생각하는 부분에 대해 의견을 내면 어김없이 이렇게 말해요. "일단 내가 시키는 대로 '애자일'하게 해주고, 시간이 남으면 그것도 '애자일'하게 해서 가져와봐." 제게 애자일은 그냥 '일을 빨리, 많이 해라. 상사 마음에 들 때까지 같은 보고서를 더 자주 반복적으로 고쳐라.' 그 이상도 이하도 아니에요."

– 애자일 경영을 도입한다고 하는 한 회사 직원의 인터뷰

애자일의 뜻인 '민첩함'에서 비롯되는 오해가 있다. 애자일을 접하는 많은 사람들이 애자일을 오로지 빨리 일하는 것으로 오해한다는 것이다. 혹자는 우리나라가 '빨리빨리' 문화를 가지고 있기 때문에 애자일 경영과 잘 맞는다는 주장까지 한다. 위의 인터뷰는 그런 우리의 사고가 현실에 드러난 실제 상황이다.

일반 경영은 전통적으로 빨리 일하는 것을 좋아한다. 많이 일하는 것도 좋아한다. 적은 인력으로 빨리 많이 일하는 것을 높

은 효율과 생산성을 달성하는 지름길로 여겼다. 이것은 어느덧 기업에서 당연한 문화로 자리 잡았다. 기업은 직원이 바쁘게 일하는 모습을 보면 안심하고 직원이 여유를 부릴 때 불안해한다.

최근 도래한 주 52시간 시대를 기업의 불안요소로 여기는 기업가들이 많다. 줄어든 업무시간만큼 일과시간의 업무 효율을 높이려는 기업의 강박적 움직임이 엿보인다. 근로시간을 단축하는 만큼 인력 활용도를 높여야 한다는 계산에 의해 직원의 업무시간 일거수일투족을 확인하고 기록하게끔 하며 쉬는 시간, 화장실 가는 시간, 티타임 시간 등까지 모두 통제하고 규범화해 운영하려는 기업의 움직임이 그것이다. 특히 애자일을 '민첩함' 또는 '빨리빨리' 문화로 오해해 애자일한 조직을 만들겠다며 애자일을 오용하고 있는 사례들도 있다. 하지만 정해진 시간 내에 직원들의 생산성을 높이겠다며 직원들의 일거수일투족을 관리 감독하려는 행위는 생산성에 전혀 도움이 되지 못한다.

대표 지금 몇 %로 일하고 계시죠?

직원 A클라이언트 업무 50%, B클라이언트 업무 30%, 나머지 일상적인 업무 정도로 사용하고 있습니다.

대표 생산성을 좀 더 늘려야겠군요. A업무 35%로 줄이시고, B업무 20%, 여기에 C클라이언트 하나 더 맡으셔야 할 것 같아요. 다 좋은데 생산성을 좀 늘리세요.

• • •

현업에서 종종 볼 수 있는 대화다. 조직 컨설팅에서 구조조정과 적정인력 산정 분배 프로젝트를 접근하는 방식 역시 이와 유사하다. 한 구성원의 업무량을 최대한 산술적으로 파악한 다음 이것을 덧셈 뺄셈해서 100%의 완벽한 경우의 수를 찾는다. 과연 적절한 접근일까?

톰 드마르코는 퍼즐 비유를 통해 전통적인 효율성 접근을 비판한다.[31] 아래 그림과 같은 퍼즐게임을 접한 적이 있을 것이다. 빈 공간을 활용해 숫자 블록을 옮겨 순서대로 정렬하는 것이 게임의 목표다. 만약 이 퍼즐에서 빈 공간을 없애면 어떨까? 그렇게 배치하면 공간 활용 효율성은 11.1% 향상된다. 낭비되는 공간이 사라짐에 따라 공간을 100% 사용할 수 있기 때문이다.

| 톰 드마르코의 퍼즐 비유 |

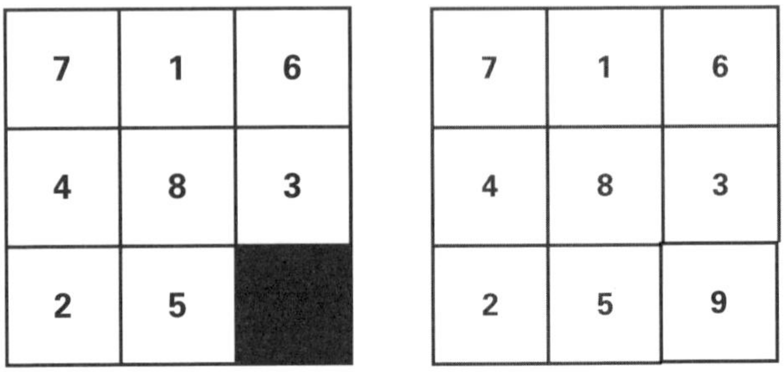

흔히 경영 컨설팅에서 진행하는 적정인력 재산정 프로젝트 방법론은 대개 이와 유사하다. 그런데 그런 배치는 단기/산술적으로 효율성 향상을 꾀한 것처럼 보이긴 하지만 결국 다른 것을 잃게 된다. 빈 공간이 없으면 블록을 움직일 수 없다. 공간을 100% 사용하는 것이 최적화된 것처럼 보이지만 결국 더 이상 배치를 변경할 방법이 없는 것이다. 마찬가지로 인력을 100% 사용하는 것이 곧 생산성을 극대화하는 것처럼 보이지만 이는 터질듯한 긴장과 불안, 갈등, 질적 저하, 처리 속도 저하 등 오히려 생산성 문제에 부딪히는 결과를 초래한다.

그렇다면 생산성 향상에 영향을 미치는 요소는 무엇일까? 《사소한 결정이 회사를 바꾼다》의 저자 마거릿 헤퍼넌은 조직 내 '사회적 자본'을 키우는 것이 가장 중요하다고 강조한다. 사회적 자본은 서로 편안한 마음으로 얼굴을 맞대고 대화를 나눌 여유를 통해 형성된다. 그는 사회적 자본을 설명하기 위해 스웨덴의 '피카'를 예로 든다.

'피카Fika'는 회사에서 동료들끼리 함께 시간을 보내는 것을 뜻하는 말이다. 커피나 케이크를 함께 먹으면서 직위를 떠나 업무나 업무 외의 사적인 이야기를 자유롭게 나누는 시간이다. 여기에는 함께한다는 의미가 포함돼 있어 단순히 커피를 마시는 휴식시간 이상의 의미를 지닌다.

알렉스 펜틀랜드Alex Pentland MIT 인간 역동성 연구소장도 대화 패턴 같은 상호작용 양상이 개인의 지능, 기술, 성격, 논의 내용 등 다른 모든 요소들을 합한 것과 동일하게 중요하다는 점을 발견했다. 회의에서 나누는 대화만이 아니라 가벼운 대화, 복도나 탕비실에서 주고받은 짧은 의견교환 등이 생산성의 차이를 가져옴을 발견했다.

조직 혁신 전문가 이가 야스요 역시 생산성은 단순히 비용 절감, 인력 효율성 극대화 등의 단선적인 노력보다 혁신을 추구함으로써 획기적으로 높일 수 있다고 했다. 그리고 그 혁신에 가장 먼저 필요한 것이 '시간적 여유'라고 주장한 바 있다.[32]

이처럼 생산성 향상을 위한 변화와 혁신에 반드시 필요한 촉매제나 여유를 톰 드마르코는 '슬랙Slack'이라 명명한다. 슬랙은 피카처럼 사람들이 여유로운 시간을 가지는 것을 뜻하며, 이는 조직이 효율적으로 작동하고 성장하기 위해 조직 내 모든 계층 사람들에게 꼭 필요한 요소이다.[33]

> "한푼을 아낀다고 한푼을 버는게 아니다. 슬랙도 마찬가지다.
> 당장의 슬랙을 줄이면 단기적으로는 효과를 얻는 것처럼
> 보여도 시간이 지날수록 오히려 더 나쁜 결과를
> 가져오게 된다. 슬랙은 곧 투자다."
>
> – 톰 드마르코의 《슬랙》 중에서

●●●

진정한 자유란?
: 자율에 대한 관점

자율의 인지적 오류: 개입 vs. 방임

국내 스타트업의 현실을 보자. 우리나라에서 생존하는 스타트업은 대부분 스케일업Scale-Up 과정에서 그들이 그토록 바라는 '자유'를 버리고 전형적인 통제 중심의 대기업 시스템을 도입한다. 겉으로 자율과 책임 문화를 추구한다는 성장 기업의 내면에는 규모가 커지면서 으레 찾아오는 혼란, 무질서, 비효율, 집단 갈등으로 인한 집단 퇴사 등의 심각한 조직 이슈가 고질적 문제로 자리하고 있다. 대기업 역시 사내 벤처 운영, 조직문화 혁신에 대한 부분적 실험 등을 오래 전부터 수행해 왔으나 대부분 기대한 만큼의 성공을 거두지 못하고 다시 회귀하는 사례가 빈번하다. 왜 일까.

물론 이유가 제각각 조금씩 다르겠지만, 공통적으로 드러나는 원인은 애자일 경영, 그 중에서도 문화적 프레임으로 가장 보편적인 '자율과 책임' 시스템을 조직에 이식시키려 할 때 '자율'에 대해 조직 리더와 구성원이 갖는 휴리스틱스Heuristics 혹은 인지적 편향*이 동시다발적으로 활성화된다는 것이다. 신뢰, 자율, 창발, 혁신, 실패 권장 등의 매력적인 단어들은 원래 그 개념의 본질이 조직 리더와 구성원에게 닿기도 전에 '연상적 활성화Associative Activation'와 '감정 휴리스틱Affect Heuristic', '확증 편향Confirmation Bias' 등에 의해 왜곡되어 퍼진다.

다음 두 가지 사례를 통해 구성원과 리더가 받아들이는 '자율'의 개념 차이를 알아보자. 우선, 구성원의 인지적 오류부터 살펴보자. 자율과 책임을 표방하는 P기업 인사팀에서 실제 벌어진 일을 일부 각색한 것이다.

[월요일(정기 주간 업무 공유 및 논의를 위한 회의)]

K팀장 각자 업무 공유합시다. Y씨는 어떻습니까?

Y팀원(신입 6개월차) 네, 루틴하게 진행되는 채용 인터뷰 스케줄링 작업 외에 특이사항 없습니다.

* **휴리스틱스와 인지적 편향**: 휴리스틱스는 불확실하고 복잡한 상황에서 부딪히는 문제를 가능한 한 빨리 풀기 위해 사용하는 주먹구구식 셈법이나 직관적 판단을 의미한다. 이는 빠른 의사결정을 내리는 정신적 지름길이긴 하지만 늘 옳지 않고 때로는 치명적 오류를 초래한다. 인지적 편향은 이런 휴리스틱스, 예측 가능한 패턴을 따르는 사고 방식에 의해 벌어지는 체계적 오류를 뜻한다.

K팀장 워크숍 때 채용부문 관련 개선 및 보완점을 Y씨께서 파악하기로 했는데, 얼마나 진행 중인가요?

Y팀원 아, 제가 요즘 좀 바빠서 아직 손을 못 댔습니다. 이번 주 목요일쯤 공유드리겠습니다.

K팀장 요즘 채용 진행 건도 한두 건 밖에 없고 특별히 바쁜 이슈는 없었던 것으로 아는데요?

Y팀원 (말을 바꿔서) 이런 기획이 처음이다 보니 좀 어렵더라고요. 좀 더 시간을 주시면 머릿속에 스파크가 튈 것 같습니다. 목요일에 공유드리겠습니다.

[목요일]

K팀장 Y씨, 지난 회의에 언급한 채용 관련 기획 말씀해주시겠어요.

Y팀원 제가 며칠만 더 고민하고 다음 주에 말씀드리면 안 될까요? 지금 외부 조직문화 교육 참석 건이 있어서 나가봐야 해서요.

K팀장 조직문화 교육이요?

Y팀원 유명강사인 ○○가 진행하는 교육인데 조직에 도움이 될 것 같아 신청했습니다.

K팀장 팀 방침에 따르면 교육 참석 등은 사전에 팀에 공유해 필요성을 논의하고 좋은 주제일 경우는 동료들과 함께 가는 것을 권장하고 있는데, 전 오늘 처음 듣네요?

Y팀원 권장사항이지 의무는 아닌 걸로 알고 있습니다.

K팀장 보니까 유료 교육이네요? 비용 승인이 필요할 텐데 어떻게 된 거죠?

Y팀원 법인카드로 했습니다. 자율문화면 재량껏 할 수 있다고 생각했습니다. 문제가 되면 안 그러겠습니다.

[금요일(채용 후보 추천 계약을 위한 헤드헌터 방문)]

L이사(헤드헌터사) (헤드헌터에게 회사 소개 후) 채용 후보자 관점에서 어떤 특장점이 있는지 회사에 대해서 소개해주시면 감사하겠습니다.

Y팀원 제 생각에는 점심 저녁 밥값을 주는 겁니다. 안마의자도 있고, 회사 위치도 강남과 가깝습니다.

[헤드헌터 미팅 후(1 대 1 미팅)]

K팀장 Y씨, 오늘 헤드헌터사와의 미팅에 함께 배석했던 G씨로부터 들었습니다. 외부에 회사 소개를 할 때 팀 차원에서 정한 가치 중심적 메시지*가 있는 데, 알고 계시죠?

Y팀원 알고 있습니다. 그대로 이야기 안 했다고 G씨께서 그러던가요?

K팀장 채용 담당자로서 업무 중에는 개인 이전에 자신이 회사의

* **가치 중심적 메시지**: 회사가 어떤 가치와 문화적인 프레임을 추구하고 이에 연계해 어떤 제도나 프로그램을 운용하는 지를 간략히 요약한 커뮤니케이션 메시지이다.

얼굴과도 같다는 마음가짐을 가지고 임해주시면 좋겠습니다. 회사의 운영 방침과 가치를 고려해 팀 차원에서 함께 정한 공식 메시지가 있다면 이를 준수하는 것도 하나의 책임입니다. Y씨도 공감하지 않으셨던가요?

Y팀원 솔직히 말씀드리면, 공감이 안 됩니다. 그리고 자율문화라고 하면서 왜 자꾸 간섭하고 저를 인정해주지 않으시죠? 다 좋게 끝난 것 같은데 왜 이리 저를 옥죄시는지 모르겠습니다.

(Y팀원은 동기인 H씨와 법인카드로 케이크와 음료를 결제한 후 커피숍에 앉아 "팀장이 자기를 싫어해서 일부러 자기 의견만 매번 묵살하고 자율을 강조하면서도 뭐든 자기 맘대로 하려고 해 스트레스가 이만저만이 아니다"고 한참을 떠들었다.)

• • •

위 사례에서 Y팀원은 K팀장이 자신이 무엇을 하든 무조건 믿고 내버려두길 바란다. 그에게 회사와 팀장은 자신의 창발적 아이디어를 인정하기는커녕 매번 '까기나 하는' 고리타분한 꼰대와도 같다. 정작 자신이 회사의 가치나 방침을 어기는 실수를 저지르는 것에 대해서는 자기 합리화한다. 각각의 단어들이 가진 의미 중에서 자신이 보고 싶은 것만 보고(확증 편향), 그것에 대한 피상적인 느낌을 연결해(연상적 활성화), 자신에게 유리한 방식으로 감정을 과장해서 인식에 탑재한다(감정 휴리스틱).

인지적 오류는 리더에게도 나타난다. 다음은 자율과 책임을 표방하는 W기업의 중간 리더와 필자가 인터뷰한 내용 중 일부다.

A리더 팀에서 리더로서의 제 임무는 구성원들의 의견을 잘 경청하고 이를 취합해 상부로 전달하는 것이라고 생각합니다. 이번 회사의 신사업 추진과 신규투자 유치 건에 대해서 팀 구성원들의 의견을 취합 후 명확히 반대 의사를 전달했습니다. 하지만 경영진, 리더십 팀의 최종 의사결정은 리스크를 감수하고 신사업 추진과 신규투자 유치를 하는 방향으로 결정되었습니다. 구성원들은 자신들의 의견이 반영되지 않았다고 많이 실망했습니다.

필자 리더십 팀 회의까지 했다는 것은 전체적으로 논의 후 최종 의사결정이 된 것이 아니던가요?

A리더 맞습니다. 개인적으론 경영진과 찬성 쪽 리더의 생각에 일리가 있다고 판단하지만 그래도 팀의 리더로서 팀의 의사결정을 존중하고 지켜야 할 의무가 있다고 생각해 팀 구성원들의 의견을 근거삼아 반대 의견을 전달했습니다.

필자 의사결정 이후 어떻게 행동하셨나요?

A리더 이미 위에서 결정된 사항이라 딱히 할 수 있는 일은 없었습니다. 그저 팀원들에게 의견을 전했지만 받아들여지지 않았다고, 미안하다고 전했습니다.

필자 신사업 투자는 어떻게 되었나요?

A리더 투자도 받고 매출도 바로 조금씩 발생하는 것 같은데, 급하게 하다 보니 체계도 없고, 신사업 추진 팀과의 정보교류도 없는 와중에 서비스 충돌 지점도 발생해서 갈등이 있습니다.

필자 경영진 리더십에 대한 구성원들의 인식이 좋지 않겠네요?

A리더 그렇죠. 팀원들은 신사업 할 역량도 안 되면서 하다가 우리 팀에 피해를 준다고 강력히 반발하는 상황입니다. 그런데 어찌 보면 그게 우리 팀 결속에는 반대급부로 도움이 되는 것 같기도 하고요(웃음).

• • •

뭔가 이상하지 않는가? P기업의 Y팀원이나 W기업의 A리더가 공통적으로 갖는 인지적 오류는 '애자일 경영 = 방임Non-Intervention'이라는 인식이다. 이는 아무런 기준점도 제한도 없이 직원을 한 명의 자유인으로 내버려두고 이러한 자연 상태의 구성원 모습을 최대한 보장할 때 아이디어는 창발하고, 혁신 문화가 창조될 것으로 기대한다.

하지만 그 결과는 어떤가? Y팀원은 K팀장 및 다른 인사팀, 나아가 회사와의 심각한 비생산적 갈등에 직면했다. A리더는 책무를 오롯이 팀원의 의견을 취합해 전달하는 것으로만 이해하고 회사의 방침과 전략, 관련 맥락을 팀원들에게 공유하고 공감을 도모하는, 리더로서 취해야 할 또 하나의 의무는 소홀히 하다가 팀을 스스로 고립된 섬으로 전락시켰다. 두 경우 모두 그들이 상상한 유토피아는 차치하고라도 회사 경영에 조금도 도움이 되지 않는 방향으로 흘렀다.

게리 피사노Gary P. Pisano 하버드 경영대학원 교수는 "대부분의 사람들이 혁신, 혁신문화 그리고 이를 위해 언급되는 다양한 방법론을 피상적으로 인식했을 때 우리가 어김없이 겪는 인지적 오해를 경계해야 한다"고 설명한다. 그의 입을 빌려 강조하자면, 애자일 경영은 그 기저의 속성이 가져다주는 '달콤함' 이면에 그 이상의 엄격하고 유쾌하지 않은 규범과 개입Intervention이 있다. 애자일 경영이 사실은 상당히 잔인하고 단호한 원칙과 결단, 행동을 수반한다는 사실을 우리가 제대로 이해하고 인정하지 못하면 기업은 애초에 애자일을 시도조차 하지 않는 것이 나을지도 모른다고 필자는 감히 주장하고 싶다.

실제 애자일 경영은 강력한 개입을 시행한다. 첫째, 조직이 추구하는 가치/눈높이와 맞지 않는다고 판별되는 구성원(예, 테이커 또는 썩은 사과)에 대해서는 엄격히 솎아낸다. 둘째, 채용의 기준과 문턱을 높여 애초부터 조직이 원하는 애자일 경영의 인재상(예, 기버)을 충족하는 인재만을 신중하게 뽑고자 한다.

이 같은 교훈은 경영학자 미첼 쿠지Mitchell Kusy와 심리학자 엘리자베스 홀로웨이Elizabeth Holloway가 제시한 '썩은 사과Bad Apple' 법칙과도 맞닿아 있다. 사과는 에틸렌이란 물질을 다량으로 분출하기 때문에 만약 썩은 사과를 다른 사과와 함께 보관하면 상자 전체가 금방 부패하게 된다. 연구자들은 조직의 썩은 사과는 건강한 조직도 빠르게 오염시키기 때문에 기업이 썩은 사과를 제대로 판별하고 솎아내는 행동을 강력히 실천해야 한다고 강조한다. 심리학자 로이 바우마이스터Roy Baumeister는 "나쁜 것은 좋은 것보다 강력한 영향력을 발휘하기 때문에 썩은 사과의 법칙을 지지하며 기업이 조직 내 테이커를 제거하는 것을 게을리 해서는 안 된다"고 주장한다.

"최고의 복지는 '좋은 동료'다."

– 넷플릭스 문화 기술서Netflix Culture Deck 〈자유와 책임Freedom & Responsibility〉

넷플릭스의 좋은 직장, 복지에 대한 상징적 정의다. 이 문구는 여기서 더 나아가 자유 이전에 책임, 좋은 동료로서의 자격 요건, 강한 개입을 위한 프레임워크 등을 구체적으로 담고 있다. 넷플릭스는 채용 과정에서 가능한 한 추구하는 가치에 부합하는 '좋은 동료'를 얻기 위해 업계 최고 대우를 표방하며 그만큼 까다롭고 입체적인 채용 절차를 거친다. 그렇게 채용된 구성원이라 할지라도 막상 조직문화에 적합하지 않고, 회사가 추구하는 가치에 부합하지 않는다고 판단되면 높은 비용 지불을 감수하고서라도 그들을 솎아낸다. 구글 역시 직원 친화적인 문화로 유명하지만 동시에 가장 입사하기 까다롭고 어려운 회사 중 하나로 꼽힌다. 결국 우리는 애자일 문화와 관련해 우리가 분별해야 할 오해와 편향에 대해 끊임없이 성찰하고 인식의 균형을 찾기 위한 개입 노력을 해야 한다.

It's AgileTime

일과 삶의 관계는 무엇인가?

워크 앤 라이프 밸런스 vs. 워크 앤 라이프 하모니

애자일이 유행하면서 다수의 미디어에서 애자일을 '워라밸 시대의 필수적인 대안'이라는 프레임으로 소개하는 모습을 볼 수 있다. 심지어 애자일 전문가라는 사람이 나와서 애자일 경영이 삶의 균형을 찾고 일 지옥으로부터 해방을 가져다줄 것처럼 이야기하는 장면에서는 실소가 나온다. 결론부터 말하자면 불행히도 그것은 애자일의 본질과 맥락을 잘못 짚은 것이다.

'일과 삶의 균형Work & Life Balance(워라밸)'은 1800년대 중반 미국의 저널리스트 폴 크라스너Paul Krassner에 의해 처음 등장했다가 1970년대 후반 영국에서 본격적으로 쓰이기 시작한 개념이다. 유럽을 비롯한 선진국에서는 수십 년 전부터 다뤄져 보편적인 개념이지만 우리나라에서는 노동시간 개선을 위한 캠페인 용어로 사용됐다. 이는 정부 주도로 전파됐고 최근 들어서는 주 52시간 정책 강화와 함께 우리나라 직장인의 새로운 라이프스타일로 자리 잡아가고 있다. 워라밸은 기본적으로 일과 삶을 별개로 떼어서 분리하는 철학이 내재되어 있다. 그리고 그 기저에는 직장에서의 성공 추구는 본인과 가족, 나아가 사회를 무시하는 제로섬 게임이라는 오랜 인식이 자리하고 있다. 따라서 우리는 의도적으로 삶을 별도로 떼어 저울추로 균형을 맞춰야 하는 것이다.

하지만 실제 애자일 경영이 내포한 일과 삶에 대한 생각은 워라밸과는 차이가 있다. 영미권에서 출발한 애자일은 워라밸에 최적화된 방법이라기보다는 기존 워라밸이 가진 경직성이 오히려 삶과 일의 의미를 피상적인 것으로 쇠퇴시키고 서구 사회의 생산성 및 경쟁력을 떨어뜨리고 있다는 문제의식 속에서 나온 대안에 가깝다.

애자일 경영은 '조직과 조직 구성원이 어떻게 하면 질적으로 일을 더 잘할 수 있을까?'에 초점이 맞춰져 있다. 즉, 애자일 경영은 '워크 앤 라이프 하모니Work & Life Harmony(워라하)'를 추구한다. 일과 삶을 분리해 별개의 것으로 보는 것이 아니라 일과 삶의 조화와 균형을 추구하는 것이다. 실제 사티아 나델라 마이크로소프트 CEO 역시 "조직 구성원이 내적 동기를 기반으로 일 자체에서 의미를 찾고 몰입하는 사람이라면 일에서 삶을 분리할 수 없다"고 말한다.[34] 또한 일과 삶에 대한 조직의 체계와 문화 역시 이분법적으로 나뉠 수 없다고 주장한다. 그래서 애자일 경영을 추구하는 기업은 높은 책임 아래 높은 수준의 근무 자율을 지향하는 경우가 많다.

워라밸은 특히 우리나라에서는 더더욱 '시간' 개념과 맞물려 있다. 워라밸의 핵심은 정해진 시간에 일하고 정해진 시간에 삶을 취하라는 것이다. 하지만 '워라하'의 핵심은 시간에 있지 않다. '가치'에 있다. 일과 삶이 조화를 이룬다는 것은 혼돈 속에서 자기 중심을 잡고 일과 삶의 양면에서 상대방에게 일관된 가치를 전달하고 관계를 맺는 것을 의미한다. 워라밸이 일과 삶을 시간을 기준으로 분리시켜 일과 분리된 여가 시간에 무엇을 할지에 대해 논하는 것이라면 '워라하'는 스스로에게 좀 더 포괄적이고 근원적이며 생산적인 질문을 던질 수 있게 한다. 시간은 이러한 질문에 답하고 행동하는 과정에서 나오는 결과일 뿐, 그것이 '조화'를 정의하는 기준이 될 수 없다.

워크 앤 라이프 하모니를 위한 핵심 질문

- 내 삶에서 어떤 면이 내가 하는 일에 가장 긍정적인 혹은 부정적인 영향을 미치는가?
- 내가 하는 일이 내 삶에 미치는 긍정적인 혹은 부정적인 영향은 무엇인가?
- 내가 하는 일과 관련해 내가 어떤 태도와 행동 변화를 해야 내 삶을 성장시킬 수 있을까?
- 내 삶에서 어떤 부분을 변화시켜야 일과 관련해 성장을 이룰 수 있는 부분이 있을까?

- 나의 잠재력을 최대한 발휘하려면 일과 삶 각각의 영역에서 나는 어떤 노력을 기울여야 하는가?
- 일과 삶의 영역에서 나는 내가 속한 조직에 내가 바라는 만큼 충분한 가치를 전달하고 있는가?
- 위와 같은 질문에 대해 나와 관계 맺는 사람들에게 솔직한 피드백을 받고 있는가? 혹은 솔직하고 진실한 피드백을 받을 수 있는 사람이 있는가?

4장

애자일 조직 만들기

필자는 사실상 새로운 것이 아닌, 오래된 애자일의 급격한 확산과 유행을 목도하면서 한 종교의 역사를 떠올렸다. 인류역사에서 오랫동안 소수 변방민족의 종교에 불과했고 그 안에서조차 박해받던 비주류 종교가 어떻게 갑자기 세계의 주류 종교 중 하나가 되었는지 (역법Calendar까지 점령할 정도로) 그리고 그 과정에서 어떤 그림자가 있었는지에 대한 맥락을 이해한다면 우리가 경영 패러다임으로서의 애자일을 어떻게 이해하고 무엇을 대비해야 하는지에 대한 지혜를 얻을 수 있으리라 생각한다.

기독교는 팔레스타인 지역 유대교에서 출발했지만, 예수에 대한 견해 차이로 유대교에서조차 배척받던 종교였다. 예수의 기독교는 당시로서는 매우 파격적이고 독특했다. 다양한 수호신을 숭배하던 문화권에서 유일신을 주장하며 복잡한 허례허식보다 사랑과 평등과 같은 본질적 가치를 추구하고 실천했다. 로마제국이 팽창하면서 노예제, 빈부격차 등 사회부조리 역시 심화되던 시기에 가치 중심적인 기독교는 도시의 수호신, 위정자를 무시한다는 비난 아래 수난을 겪으면서도 불안한 삶을 살던 민중을 중심으로 끈질기게 퍼져 나갔다.

그러나 기독교가 세계종교로 보편화된 것은 창발적 확산 때문은 아니다. 4세기 로마 콘스탄티누스 황제의 기독교 공인이 결정적 이유다. 로

•
•
•

마의 권력투쟁에서 승리해 로마제국을 지배하게 된 콘스탄티누스는 전쟁 도중 본 환영을 계기로 기독교를 받아들이는 밀라노 칙령을 발표했다. 밀라노 칙령이 발표되면서 기독교는 콘스탄티누스의 호의 아래 세력을 점점 키워 나갔다. 기독교인들은 빼앗겼던 시민권을 되찾고, 몰수당했던 교회의 재산을 되찾아 돌려받은 재산으로 많은 예배당을 세웠다. 그러나 로마의 공인과 동시에 급격히 세속화되고 부작용을 낳았다. 본질적 가치를 설파하던 종교는 어느덧 세속국가의 지배와 통치명분으로 옷을 갈아입고 이후 수많은 폭력과 살인의 광기의 한복판에 서게 된다.

역사는 기독교가 과거처럼 박해받지 않게 된 것이 은혜인지, 황제에게 보호받지 않았던 것이 더 큰 은혜인지 묻고 있다. 역사가 롤랜드 베인턴Roland Herbert Bainton은 로마의 기독교 공인사건에 대해 이렇게 평한다. "불로 시험을 받던 교회가 이제는 호의로 시험을 받았다." B. K. 카이퍼Barend Klaas Kuiper는 "교회는 양量에서는 얻었으나 질質에서는 잃었다"고 평하기도 했다.

혹자는 비약이라 폄훼할 수 있지만, 한 시대의 패러다임 전환은 종교와도 같은 파괴력과 영향력을 지니기에 감히 이 무거운 역사에 빗대어 애자일을 바라본다. 최초 애자일은 매우 창발적인 것이었다. 그리고 그 애자일은 적어도 경영이나 관리 차원에서는 전혀 관계없는 (그렇게 여겨진) 소프트웨어 개발자 집단에 의해 개발되었다. 그들은 그들 조직의 애질리티Agility를 구현하기 위해 모두가 믿고 따르던 주류 경영학 이론들을 버리고 오래전부터 있었으나 비웃음을 샀던 비주류 이론과 실험을 수용했다. 삶Life과 일Work, 사람People과 일터Workplace의 본질에 집중한 그들의 순수한 열정은 누가 시킨 적도 없음에도 세계 곳곳에 끈질기게 전파되었고 조금씩 확산되었다.

그러나 지금의 애자일 열풍은 결코 창발적인 확산에 의한 것만은 아니다. 주류 경영 전문가 사회 및 집단의 공인에 의한 것일 가능성이 높다. 뉴스 검색창에 '애자일'을 입력해보자. 2019년 한 해 재계 순위 최상위권 기업들이 모두 하나같이 '애자일'이라는 단어를 외친다. 소수 개발 집단의 독특한, 그러나 응집력 높고 본질에 충실한 아이디어는 갑자기 모두가 받아들여야 할 패러다임이 됐다. 그리고 지금은 그들마저도 혼란을 겪는다. 수많은 기업과 그들을 컨설팅하는 기업, 미디어 모두가 '애자일'과 관련해 단편적이고 평면적인, 때로는 본질과 어긋난 오류를 아무렇지 않게 쏟아낸다. 지금 이대로라면 애자일은 그저 강한 버즈워드Buzz Word 그 이상도 이하도 아닌 위치에 머물며, 애먼 조직과 조직 구성원을

•
•
•

귀찮게 할 가능성이 높다. 앞서 3장 '조직문화 혁신, 애자일 철학 이해가 먼저다'를 통해 애자일이 가진 작동 원리와 암묵적 기본 가정을 충실히 규명한 것도 이런 위험을 방지하기 위함이다.

애자일의 기본 철학에 대해 충분히 사유했다면 애자일이 스스로의 자각 없이 남의 손을 빌려 피상적으로 얻을 수 있는 것은 아니라는 점에 공감할 것이다. 이제 다음 단계는 애자일 철학에 맞는 기반 시스템을 구축하는 일이다. 이를 통해 우리는 비로소 수면 아래의 암묵적 가정을 현실이라는 수면 위로 끌어올릴 수 있다. 그러나 완벽한 것은 없다. 내로라하는 애자일 경영 기업마저도 여전히 끊임없이 시행착오를 겪으면서 조직을 발전시켜 나가고 있다. 애자일 경영 기업이 어떤 조직구조와 제도 및 프로세스를 바탕으로 조직을 운영하는지, 그 치열한 고민의 현장을 들여다보자.

애자일 조직의 특징

애자일 경영을 도입한 조직이 갖는 특징부터 알아보자.

첫째, **계획 세우기**Planning**에 과도한 시간과 비용을 투입하지 않는다.** 과거 기업들뿐만 아니라 현재도 많은 기업들이 일을 시작하기 전에 상당히 긴 시간을 계획 세우기에 투자한다. 마치 계획을 세우면 모든 일들이 계획처럼 된다고 생각하는 듯하다. 심지어 이들 중 상당수는 3~5개년 계획을 세우고 이에 맞는 전략을 수립하는 것을 당연시하고 있다.

특히 규모가 큰 기업일수록 길게는 10년 후 매출목표까지 설정하고 이를 달성하기 위한 세부 실행 목표를 만든다. 문제는 세부 계획을 세우는 데 상당히 많은 시간을 소비한다는 점이다. 맞지도 않는 공상과학 영화 같은 이야기를 몇 개월씩 공들여 만들어내던 것이 지금까지 조직에서의 전략 수립이었다. 지금도 대다수의 대기업은 10월을 전후해 내년도 사업계획을 세운다. 사실 말이 계획이지 전년도와 비교해 경영진이 사업부별로 강제 할당한 목표에 맞춰 숫자를 어림 추정하고 조정하는 것이 대부분이다. 불확실한 계획을 마치 확실한 것처럼 그럴싸하게 문서화해 경영진에게 보고하는 요식행위가 지금도 매년 이뤄지고 있다.

애자일 조직은 이런 중장기 전략에 대해 비판적이다. 한 치 앞도 내다보기 힘든 경제상황이 지속되는 상황에서 '예언'과도 같은 전략과 계획은 오히려 생존이나 승리를 어렵게 만든다고 인식한다. 전략 수립의 근거로 자주 사용되는 시장 예측의 가정들이 몇 개월만 지나도 유효하지 않은 시장 환경이다. 이는 장기 계획 수립을 무의미하게 만든다. 애자일 조직의 전략은 기본적인 조직의 가치관과 비전 아래 단위조직이 시장의 변화를 즉시 포착하고 이를 실행하기 위한 실질적인 실행 가이드를 수립, 지속적으로 업데이트하는 행위 자체가 된다.

둘째, **권한을 고객과 접점에 있는 조직과 구성원에게 상당 부분 위임한다.** 애자일 조직은 개인의 의사결정 권한을 늘려 직원이 자신의 판단력과 지능을 최대한 발현하도록 유도하고자 한다. 구조 사회학이나 게임이론에 따르면 개개인에게 좀 더 많은 기회를 주면 그들은 이를 두고 협력이라는 모험을 할 수 있게 되고 상호 분리된 고립에서 벗어날 수 있게 된다. 반대로 권한이 없으면 몸을 사릴 수밖에 없다. 애자일 조직은 권한을 위임받은 단위

조직이 중심이 되어 의사결정 및 업무가 이뤄지는 경향이 짙다. 프로젝트 중간에 문제가 생기거나 수정할 것이 생겨도 모든 것을 상부에 보고하고 지시받지 않는다. 경영진은 문제 상황의 해결 조력자는 될 수 있을지언정 직접적으로 개입해 명령하지 않는다. 이를 위해서는 조직 내 의사결정 층위Layer가 단순해져야 한다. 그래야 정보의 상호 흐름이 빨라지고, 접근 거리가 단축되면서 리더와 구성원 간의 신뢰를 바탕으로 개인의 권한을 강화하는 것이 상대적으로 수월해지기 때문이다.

셋째, **민첩하면서도 효과적인 의사결정이 이뤄진다.** 애자일 조직은 강력한 조직의 가치, 원칙 및 이에 기반한 조직 구성원 간의 룰 세팅Rule Setting을 통해 자신의 역할을 명확히 하면서도 그 안에서 상당한 수준의 자유와 재량권을 갖는다. 모든 구성원들에게는 자신의 과업을 온전히 책임질 수 있도록 높은 수준의 정보 공유가 이뤄지고, 권한 내의 의사결정 및 이행 실패나 실수에 대해 책임을 추궁하지 않는다. 조직과 구성원들은 이를 바탕으로 사전 목표와 예상한 과업 달성을 위해 안정적으로 정진하면서도 시장 상황 변화나 돌발적 변수에 흔들리거나 책임을 회피하지 않고 신속히 대응한다.

넷째, **정보가 모두에게 높은 수준으로 공유된다.** 기존 조직에서 주요 정보는 조직의 상부에서만 공유된다. 이는 때때로 정보의 격차가 권력의 격차를 부르는 현상을 만든다. 하지만 애자일 조직에서는 의사결정에 필요한 권한이 단위조직까지 내려와 있기 때문에 자연히 정보의 비대칭도 줄어든다. 기존 조직의 정보관리 초점은 정보가 가능한 한 빠짐없이 고유 의사결정 집단에 제공되어 그들이 모든 의사결정을 관장하는 것에 있었다면, 애자일 조직의 초점은 모두가 가능한 한 질적인 정보를 접해 최선의 의사결정을 내릴 수 있도록 돕는 것에 있다.

마지막으로 **애자일 경영은 결코 단순히 '빠른 속도'나 '저렴한 비용'을 뜻하지 않는다.** 기업들이 애자일 전환을 시도할 때 실패를 맛보는 이유는 애자일 방법론을 조직에 적용하면 결과물을 빨리 얻을 수 있고 예산을 절감할 수 있다고 생각하기 때문이다. 하지만 이로 인해 최종 결과물의 출시가 늦어지고 비용이 더 많이 들기도 한다. 애자일 조직의 목표는 '효율성'보다는 '효과성'에 있는데 이를 간과하는 경우가 많다. 단순히 속도에만 집중해 애자일 전환을 시도했다가 "애자일은 우리 조직에 맞지 않는다"라는 결론을 내리며 과거로 회귀하는 모습을 자주 볼 수 있다. 애자일 조직이 추구하는 '효과성'의 초점은 '고객 중심'과 '성장 마인드셋'에 있다. 모든 의사결정의 우선순위에는 고객이 있고 가장 중요한 것은 '성장'이다.

애자일 조직에서 오늘은 어제와 다르다. 오늘의 우리는 어제보다 더 성장하는 것이 목표이기 때문이다. 그러므로 애자일 조직에는 정답이 없다. 어제의 정답이 오늘은 오답이 될 수 있다. 피터 카펠리Peter Cappelli 와튼스쿨 교수는 이를 두고 "애자일을 적용하고 조직을 애자일하게 바꾸는 방법은 애자일 전환을 시도하는 기업의 수만큼 많을 것이다"라고 평한다.[1]

●●●

애자일 조직의 정답은 현장에 있다

시스템 사고의 교훈(3장, 인재에 대한 관점의 '평면 사고 vs. 시스템 사고' 참조)에 따르면 구조는 행동에 강한 영향을 미친다. 많은 연구자들은 동일한 구조 안에 있을 경우 사람이 바뀐다 할지라도 질적으로 유사한 결과를 만들어낸다는 사실을 실증했다. 그러므로 구조는 행동을 통제하는 기본적인 상호작용 메커니즘을 의미한다고도 할 수 있다. 인적 시스템에서 구조는 운영 정책이라는 의사결정 방식을 포함하는데 이를 통해 우리는 우리가 이해한 조직 내 규범 등을 행동으로 옮긴다.

일련의 견해는 애자일 철학을 조직에 이식시키는 데 있어 인적 시스템 중에서도 조직의 구조를 최우선으로 고민해야 한다는 것을 보여준다. 그래서일까, 실제 다수의 애자일 경영 기업과 이를 컨설팅하는 기업은 '조직구조'를 강조한다. 다만, 우리가 경계하는 바는 애자일 경영 조직에 마치 정답이 존재하는 것처럼

| 맥킨지의 애자일 조직 프레임워크 |

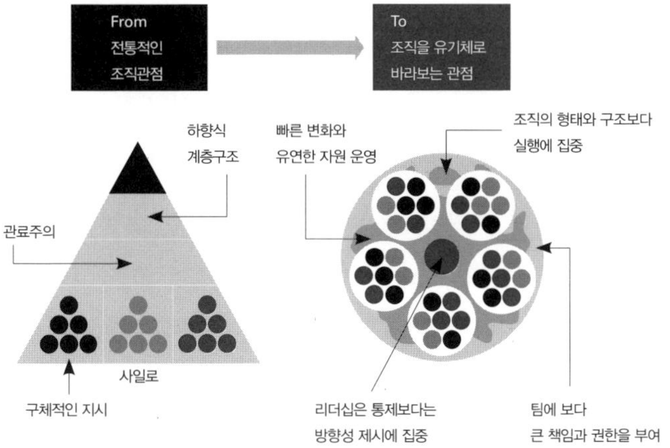

출처: 맥킨지앤드컴퍼니[2]

조직구조의 효과성을 단정짓고, 이를 주체적 고민 없이 피상적으로 받아들이는 '평면적 사고Flat Thinking' 경향이다.

"미래는 애자일 조직이 정답", "애자일 조직의 가장 큰 특징은 관리자가 없는 수평, 세포 조직", "○○○기업, 관리자 전원 해고, 관리자 없는 조직 혁신 실험 전개" 등의 자극적인 문구나 "맥킨지의 애자일 조직 프레임워크" 그림과 같은 조직 콘셉트는 그 자체만으로는 애자일 전환을 고려하는 기업에게 어떤 도움도 주지 못한다. 오히려 왜곡된 인식만 불러일으키거나 이를 정답으로 인식하고 무분별하게 적용할 경우 돌이킬 수 없는 부작용을 불러일으킬 수도 있다.

그렇게 보면 애초에 "애자일 경영을 위한 최적의 조직구조는 무엇인가?"라는 질문부터 잘못됐다. 적어도 애자일 경영을 추구하는 기업이 조직구조와 관련해 처음 던져야 하는 질문은 '조직구조에 접근하는 태도'에 대한 것이어야 한다.

이 질문의 핵심은 '필요충분구조'를 찾는 것이다. 필요충분구조는 조직 이론가 엘리엇 자크의 고전적 조직구조 프레임워크에 등장하는 개념이다. 그는 조직구조를 형식구조Formal Structure, 현실구조Extant Structure 그리고 필요충분구조Requisite Structure로 나눴다. 형식구조는 조직이 외부에 공표한 조직으로 대표적 예로 조직도를 들 수 있다. 이에 반해 현실구조는 조직 구성원의 정치적 역학관계Dynamics를 바탕으로 자생적으로 생겨난 비공식 조직을 덧입힌다.

형식구조와 현실구조의 간극이 클수록 기업의 조직 및 구성원에 대한 리더십은 약해진다. 이로 인해 경영층은 조직 구성원들을 신뢰하지 못하고, 더욱 감시하고, 압박하고 옥죄는 인위적인 형태로 통제력을 어떻게든 잃지 않으려 애쓴다. 결국 조직이 수직적 구조인지 수평적 구조인지보다 중요한 것은 조직이 그리는 이상(형식구조)과 현실(현실구조)의 간극을 파악하고 이를 부단히 좁히려 노력하는 것이다. 자크는 이 간극을 좁혀 '현장에서 조직의 목적에 부합해 제대로 작동하는 조직'을 필요충분구조라고 불렀다.

회사마다 추구하는 이상과 현실이 다 다르기 때문에 그사이 어딘가에 존재하는 필요충분구조의 모습도 다 다를 수밖에 없다. 우리가 다음에 제시하는 조직구조의 유형들 또한 정답이 아니다. 각 조직이 현실에 발을 딛고 조직의 애질리티를 구현하기 위해 적절히 참고할 수 있도록 그 맥락을 설명하고자 할 뿐이다. 필자는 이런 관점에서 기업의 이해를 돕기 위해 애자일 경영 조직을 스펙트럼화 하고 그 스펙트럼 안에서 이를 다시 인위적으로 반으로 쪼개 조직 유형을 제시한 다음, 그들이 조직구조의 혁신 혹은 개선을 통해 무엇만큼은 반드시 구현하고자 했는지, 그 목적과 전제를 추적하고자 한다.

애자일 경영 열풍 속에서 현재 가장 활발하게 논의, 적용되고 있는 대표적인 자율경영 조직 유형은 홀라크라시Holacracy와 스포티파이Spotify식 매트릭스 조직이다. 그럼, 애자일 경영 산맥의 한 축을 담당하는 '자율경영 조직Self Managed Organization'의 대표 유형부터 만나보자.

●●●

자율경영 조직의 유형

홀라크라시

홀라크라시Holacracy는 표준적인 자율경영 조직의 프레임워크 구축을 목적으로 브라이언 J. 로버트슨Brian J. Robertson이 창안한 조직구조 이론이다.[3] 2000년대 초반 구축된 이 시스템은 불과 십수 년이 지났을 뿐인데, 인터넷 공룡기업 자포스를 필두로 1천여 개 이상의 기업들이 도입하면서 자율경영 조직의 대표적 시스템으로 부상했다. 《하버드 비즈니스 리뷰》는 홀라크라시를 '가장 널리 알려지고 가장 구체화된 수평적 시스템'으로 평가하기도 했다.

홀라크라시는 영국 철학자이자 작가인 아서 쾨슬러Arthur Koestler가 1967년 저서 《기계 속의 유령The Ghost in the Machine》에서 '자율적이면서 자급자족적인 결합체'라는 의미로 소개한 신조어

'홀라키Holarchy'에서 비롯된 용어다. 그는 '홀론Holon'과 '홀라키'에 대해 다음과 같이 설명한다.[4]

홀론은 하나가 전체이면서 동시에 다른 전체의 부분으로서 존재하는 단위를 지칭한다. 그리고 archy는 질서를 의미한다. 하나의 전체이면서 동시에 부분인 홀론은 다른 홀론과 상호작용하면서 그들 간의 관계와 질서를 정립하며 홀라키로 진화한다. 로버트슨은 이 아이디어에 '통치', '지배'를 뜻하는 '크라시Cracy'를 덧붙여 '홀라키에 대한 거버넌스(-크라시)이자 홀라키에 의한 거버넌스'로 홀라크라시를 규정했다.

홀라크라시에서 가장 작은 단위인 홀론은 조직 구성원이 담당하는 역할Role이다. 조직 구성원은 조직 기능을 구동시키는 주체로 다양한 역할을 담당하면서 조직 안에 포함된다. 이 역할이 바로 회사의 부분이고, 홀라크라시 구조의 가장 기초적인 구성요소다. 홀라크라시는 조직 구성원 개인이 아니라 그들이 담당하는 역할에 권한을 분배한다. 단위 역할이 모여 보다 큰 책임을 위해 조직화될 경우 이를 서클Circle이라고 한다. 다시 말해 서클들 안에 그룹을 이루는 역할의 홀라키가 있고, 다시 이 서클들 자체는 더 넓은 서클(슈퍼서클Super Circle) 안에서 그룹을 이룬다. 이런 과정은 가장 큰 서클이 조직 전체를 포함할 때까지 계속된다. 홀라크라시 헌장은 이런 서클이 계층을 이룬 한 개의 독립적인 회사 단위를 GCCGeneral Company Circle, 통상적으로 복수의 회사가 그룹 형태로 묶여 있거나 이사회Board, 이해관계자를 포함한 가장 큰 서클을 앵커서클Anchor Circle이라고 부른다.

서클에는 리더십이 존재한다. 하나의 서클이 하위 서클을 포함할 때 슈퍼서클과 각 하위 서클은 링크Link라 불리는 두 개의 리더십 역할을 통해 연결된다. 링크는 연결된 두 서클의 입장을 각각 대변하며 서클 내외의 긴장을 해소하고 원활한 조직 운영을 리드한다. 하위 서클에서 슈퍼서클의 니즈를 대변하는 리드 링크Lead Link는 슈퍼서클에서 임명하며, 하위 서클들이 슈퍼서클의 목적, 전략, 그리고 보다 넓은 맥락에서의 니즈에 부합하도록 만드는 역할을 한다. 대표 링크Representative Link, Rep Link는 하위 서클에서 선출하며 슈퍼서클 내에서 하위 서클을 대변한다. 그들은 하위 서클에서 제시되는 핵심 견해를 슈퍼서클에 전달함으로써 슈퍼서클이 하위 서클에 이로운 환경이 되도록 만드는 데 일조한다. 크로스 링크Cross Link는 조직의 홀라키에서 서로 성격이 다른 서클들을 횡적으로 연결한다. 서로 이질적인 역할을 수행하다가 조직 내외 상황으로 인해 특정한 관계가 형성되고 이 과정에서 의견이나 역할이 충돌하면서 발생하는 긴장을 처리하는 통로가 된다.

각각의 서클은 기본적으로 자율성을 지니고 있지만, 그렇다고 해서 서클의 결정과 행동이 다른 서클로부터 완전히 독립되어 있는 것은 아니다. 각각의 서클은 그 자체가 하나의 홀론으로서 상호의존적이다. 우리 몸의 세포가 전체적인 시스템을 무시할 경우 암으로 발전하듯 '방임'으로서 자율을 해석하고 멋대로 행

| 홀라크라시 기본 구조 |

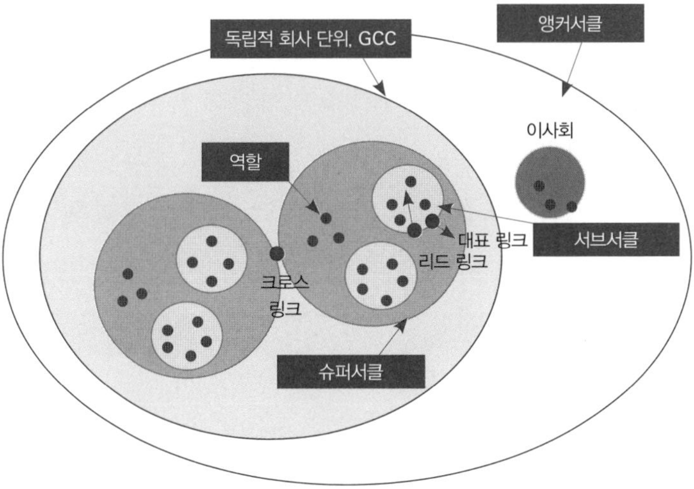

동하는 서클은 조직에서 살아남을 수 없다. 이 때문에 홀라크라시에서는 서클의 책무와 권한의 한계를 명확히 명문화해 규정하는 것이 강조된다.

여기서 우리는 지금까지 알려진 자율경영 조직에 대한 가장 큰 오해를 해소할 수 있다. 자율경영 조직이 "완전히 수평적이고 계층이 존재하지 않는다"는 주장에 대한 것이다. 자율경영 조직은 전통적인 위계조직에서의 명령과 통제 구조와는 근본적으로 다르지만, 많은 사람이 믿는 것처럼 완전히 수평적이고 비계층적인 조직구조는 아니다. '홀라크라시 기본 구조' 그림에서 보듯이 자기 경영 모델은 복잡한 중첩 구조로 이뤄진다. 하나의 앵커서클은 몇 개의 슈퍼서클을, 슈퍼서클은 다시 서브서클Sub-Circle을 포함하며, 여기에는 분명히 계층적 관계가 존재한다. 홀라크라시를 비롯한 자율경영 조직구조가 갖는 가장 큰 특징은 이처럼 계층이 존재하지 않는 것이 아니다. 완전 수평적인 것도 아니다. 오히려 홀라크라시가 주장하는 자율경영 조직구조의 본질은 '권력의 이동'이다.

홀라크라시는 '사람'이 갖는 권한과 책임을 '역할'과 '규칙'에 이양한다. 대부분의 일반 경영은 시간이 흐르면 자동적으로 주어지는 직급을 기반으로, 위로 올라갈수록 강력한 그러나 사실상 역할 및 책임이 모호한 독재적 권력을 갖게 된다. 홀라크라시는 각 역할별 권한과 책임, 역할 간 긴장 상황 시 문제 해결 프로세스, 역할을 부여할 수 있는 방법과 자격 등에 대한 룰을 명문화함으로써 비합리적 독재나 관료적 권력이 조직을 장악할 수 있는 여지를 없애고자 한다. 따라서 조직에서 권력이나 권한을 배정하는 프로세스를 의미하는 '거버넌스'를 구체적으로 정의하고 명시하는 것이 매우 중요하다. 역할 중심의 거버넌스는 한 리더의 권한이 아니라 거버넌스 회의를 통해 조직의 긴장 상황에서 각 역할 구성원들이 긴장해소를 위해 역할 구조를 명확히 하고 권한과 책임, 서로 간의 기대치를 조정하며 조직의 목적과 방향을 일치시키는 지속적인 프로세스다.

여기, 우리가 오해해서는 안 될 점이 또 하나 있다. 홀라크

| 홀라크라시 작동 방식 |

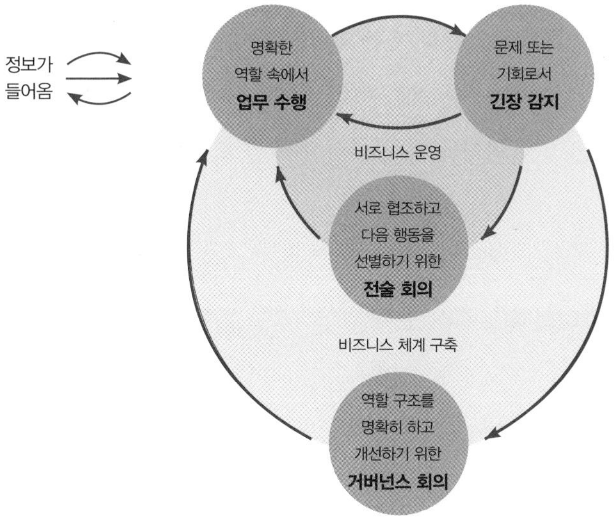

라시의 거버넌스는 조직 내 모든 의사결정이 다수결과 같은 합의로 이뤄지지 않는다. 오히려 각 역할이 어떤 수준에서 단독으로 의사결정이 가능하고, 어떤 경우에는 합의로 결과를 도출해야 하며, 어떤 상황에서는 또 다른 방법으로 의사결정을 해야 하는지 의사결정 패턴을 유형별로 명문화해 그 규칙을 따른다는 것에 의의를 두고 있다. 예를 들어 자포스의 홀라크라시에서 서클의 각 구성원은 변화를 제안할 수 있고 서클에 부정적인 영향을 미치지 않는 한 그 변화는 채택된다. 리드 링크는 합의 없이도 자

신의 책무로 누군가를 하나의 역할에서 해임할 수 있지만, 자신의 서클 내 역할 담당자에게 원하지 않는 프로젝트를 맡도록 강요할 수는 없다. 일련의 예는 홀라크라시가 추구하는 의사결정 방향성이 '규칙Rule'에 의한 역할, 책임, 의사결정 범위의 명확화이지, 자율적 합의의 차원이 아님을 여실히 보여준다.

스포티파이식 매트릭스 조직[5]

스포티파이Spotify는 1억 명 이상의 액티브 유저와 3천만 명 이상의 유료 사용자를 보유한 세계 최대 음악 스트리밍 서비스 회사다. 스포티파이는 2008년 출시 이후 '사용자에게 지속적으로 더 많은 가치를 제공하자'는 가치 중심적 비전 아래 애자일 경영 방식을 적용해 왔다. 그들이 추구하는 경영의 핵심은 바텀업Bottom-Up 방식의 혁신을 지속적으로 추구하고 고객 중심적 경영을 하는 것이다. 이런 철학을 바탕으로 구성한 단위조직에 가능한 독립적이고 자율적인 권한과 책임을 부여해 팀 스스로 고객 접점에서 '학습'과 '혁신'을 반복, 최선의 솔루션을 이끌어내는 것을 조직의 이상으로 두고 있다. 스포티파이는 사용자 경험에 맞춰 각 팀이 자기주도적으로 개선을 지속하고 실질적 운영과 자율적인 문화를 구현한 것이 스트리밍 시장의 절대강자로 자리잡을 수 있었던 절대적 이유라 자평한다. 그들이 창안한 '애자일 조직'은 맥킨지 컨설팅 등과 같은 글로벌 컨설팅 회사나 ING 등과 같은 글로벌 대기업을 통해 확산되고 있다.

스포티파이는 개발조직의 기본 단위를 '스쿼드Squad'로 구성해 운영한다. 스쿼드는 일반 기업의 단위조직인 '팀'과 유사하지만 동일 기능의 집합이 아닌, 작은 서비스를 독립적으로 책임질 수 있는 '다기능 팀Cross-Functional Team'에 가깝다. 스포티파이는 각 스쿼드가 조직의 가치 프레임워크 내에서 하나의 린 스타트업Lean Startup*이 되도록 장려한다. 스쿼드는 하나의 제품을 개발할 수 있는 역량을 가지고 있어 디자인과 개발, QAQuality Assurance부터 제품의 릴리즈까지 진행할 수 있다. 또한 회사의 비전, 가치, 방향성에 부합하는 한 일하는 방식 등은 스스로 정할 수 있는 권한과 책임을 갖는다. 때문에 IT조직으로서 애자일 소프트웨어 개발 방법론을 쓴다고 하더라도 어떤 스쿼드는 '스크럼'을 활용하기도 하고 어떤 스쿼드는 '칸반'을 사용하기도 한다.

이는 다시 뒤집어 말하면 독립적인 스쿼드라 할지라도 동시에 지켜야 할 목적과 원칙은 존재한다는 것을 의미한다. 예컨대 스쿼드는 목적상 '애자일 개발'을 제대로 구현하기 위해 조직된 것으로 개발 과정에서 '애자일 정신'을 침해하는 의사결정이

* **린 스타트업**: 단기간 동안 제품을 만들고 성과를 측정해 제품 개선에 반영하는 것을 반복하며 시장에서의 성공 확률을 높이는 경영 방법론이다. 일단 시제품을 제조해서 시장에 내놓고 반응을 살펴본 후 제품을 수정해 나가는 것이 핵심이다. 도요타의 린 제조 방식을 본 뜬 것으로 미국의 벤처 기업가 에릭 리스(Eric Ries)가 만들어 낸 개념이다.

| 스포티파이 기본 구조 |

P: 프로덕트 오너 ★: 챕터 리드

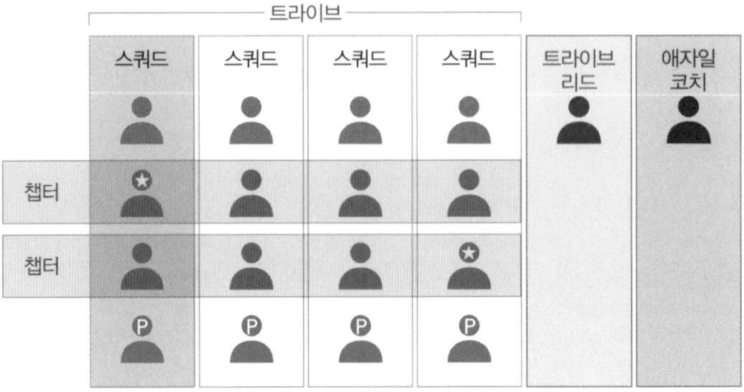

트라이브

동일한 미션을 가지는 업무관련성이 높은 스쿼드를 묶어 상위 조직화

- 일반적으로 약 150여 명으로 구성

트라이브 리드

- 업무 우선순위를 설정하며, 예산 할당, 다른 트라이브와의 업무 조율, 노하우, 인사이트 공유 등의 역할을 함

애자일 코치

- 높은 성과를 달성하기 위해 개인과 스쿼드를 코칭함

스쿼드

새로운 애자일 조직의 기본 단위

- 일반적으로 9명 이하로 구성되며, 자율성을 가진 조직
- 스쿼드 내 다양한 기능을 가진 구성원이 함께 일함
- 엔드유저에게 전달되는 하나의 서비스를 처음부터 끝까지 책임지고 개발하게 됨
- 미션이 변화됨에 따라 기능의 구성도 변화될 수 있음
- 미션을 완료하면 조직을 해체하게 됨

프로덕트 오너

(스쿼드 멤버로 그들의 리더를 의미하지는 않음, 일종의 중개자)

- 스쿼드의 업무를 조율하는 역할을 함
- 백로그와 to-do 리스트, 업무 우선순위를 선정함

챕터

스쿼드를 가로질러 동일한 직무 전문성을 가진 구성원들을 조직화

챕터 리드

- 하나의 챕터를 책임짐
- 챕터 멤버들에 대한 직무적 코칭과 개발, 직무상 발생하는 이슈 해소 및 협력, (필요시) 직무 수행 표준 등을 관리하는 역할을 수행함

출처: ING[6]

나, 스쿼드보다 상위 그룹의 방향과 동떨어진 독단적 행위를 하는 것까지 용인하는 것은 아니다. 애자일 경영 원칙과 마찬가지로 스쿼드 역시 '방임' 조직은 결코 아니라는 뜻이다.

스쿼드도 리더십이 존재한다. 프로덕트 오너Product Owner와 애자일 코치다. 프로덕트 오너는 스쿼드 전체 작업의 우선순위를 정하고 다른 스쿼드와 협업 시 스쿼드를 대표해 중개자가 된다. 애자일 코치는 회사가 추구하는 애자일이나 린 스타트업 방법론이 효과적으로 구현되고 조직 내 문화로 자리매김할 수 있도록 각 구성원들의 멘토이자 코치가 되어 구성원의 성장을 돕는 역할을 수행한다. 단, 이들 모두 직원들이 적어도 조직의 원칙을 벗어나지 않는 선에서 일하는 방식을 정하고 자율적으로 역할 및 책임을 감당하는 것에 대해 간섭하거나 개입할 권한은 없다.

스포티파이에는 약 30개 이상의 스쿼드가 있다. 이들을 하나의 작은 스타트업처럼 일하도록 하면서 동시에 회사의 가치와 방향성에 부합하는 조직으로 이끈다는 것은 매우 어려운 일이다. 이로 인해 스쿼드만으로 조직을 운영하지 않는다. 홀라크라시의 서클-슈퍼서클 관계와 마찬가지로, 스포티파이 조직 역시 동일한 미션을 가진, 업무관련성이 높은 스쿼드를 묶어 상위 조직화하는데, 이를 '트라이브Tribe'라 한다. 트라이브는 스쿼드의 집합인 동시에 필요한 스쿼드를 키워내는 인큐베이터로서의 역할을 한다.

트라이브 리드Tribe Lead는 회사 차원에서 부여된 미션과 가치가 각 스쿼드 안에 잘 녹아들고 있는지 점검하며 내재화를 꾀한다. 스쿼드 간 독립적으로 움직이면서 발생할 수 있는 의도치 않은 사일로Silo*를 방지하는 한편, 스쿼드가 그 미션에 맞춰 자기 경영 조직이자 린 스타트업으로서 온전히 기능할 수 있도록 외부 장애물을 막고 어려움을 지원하는 리더십 역할을 수행한다.

트라이브 리드 역시 역할 책임상 명확히 명시된 개입권한을 제외하고는 스쿼드의 자율성을 최대한 보장할 의무가 있다(원칙을 벗어난 명령과 통제는 부당행위로 간주된다). 소속 스쿼드 간 정보공유나 긴장 조율 역시 트라이브 리드의 명령과 통제 등과 같은 중앙집권적 의사결정으로 이뤄진다기보다는 정기 세미나와 같은 거버넌스 프로세스를 통해 이뤄진다고 이해하면 된다. 트라이브 리드는 이러한 절차가 매끄럽게 진행되고 유의미한 결론을 얻을 수 있도록 중재 및 지원하는 역할을 한다.

또한, 회사 내에는 복수의 트라이브가 존재한다. 이들 역시 완전히 독립해 모든 것에서 방임적 자유를 누리는 것은 아니기에 연결고리가 필요하다. 트라이브는 회사의 목적과 연결된 관련 업무 추진 과정에서 상호 긴장과 협력을 논의하는 공식 정기 회의체 구성 및 운영으로 이 이슈를 해소한다.

* **사일로**: 업무 효율화 측면에서 부서 또는 조직 단위로 IT 인프라나 자체 솔루션을 구축해 사용하다 보면 나타나는 문제로, 각 부서나 사업 단위별로 서로 교류하지 않아 데이터가 일치하지 않거나, 자기 부서의 내부 이익만을 추구하는 조직 간 이기주의가 생기는 현상을 말한다. 원래 사일로는 곡식을 저장해두는 원통형의 독립된 구조물인데 그 폐쇄성이 조직 이기주의와 같다 하여 붙여진 이름이다.

| 길드 |

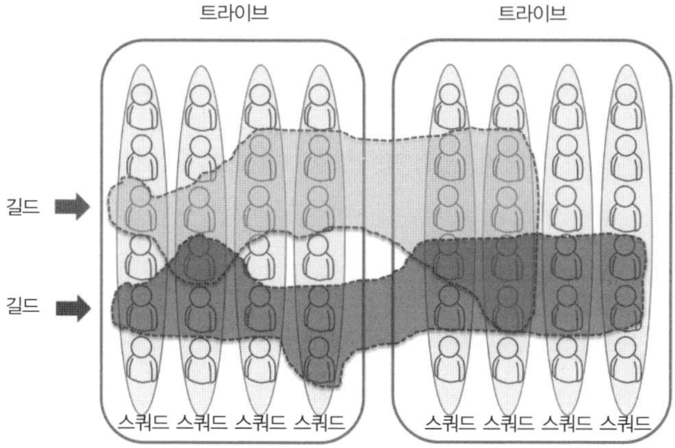

출처: Crisp[7]

트라이브와 트라이브를 연결하고 나아가 회사의 사회적 연결성을 높이는 중요한 연결고리가 바로 '길드Guild'라 불리는 커뮤니티다. 길드는 트라이브를 뛰어넘어 공통의 관심사를 가진 구성원들이 운영한다. 웹 기술 길드, 애자일 코치 길드, 조직 인사이트 길드 등 업무와 조직 운영 등 회사 내 주요 지식과 정보와 관련된 어젠다를 중심으로 구성된다. 관련 분야에 속한 구성원은 자동으로 길드에 배정이 되지만 그렇지 않더라도 관심만 있다면 누구나 참여 가능하다.

스포티파이는 길드를 통해 트라이브를 비공식적인 네트워

크의 힘(자발적 참여 유도)으로 연결하면서도 생산적인 '어젠다'를 중심으로 구성원을 조직화함으로써 조직 내 '사회적 자본'을 높이는 효과를 기대한다. 길드의 리더십인 길드 코디네이터Guild Coordinator는 길드의 행정적 운영을 관리하고, 세부 어젠다에 대한 생산적 토론과 정리, 공유가 활발히 이뤄질 수 있도록 조율하는 조력자 역할을 수행한다.

물론, 스포티파이에도 문제점은 있다. 스쿼드가 지향하는 소규모 다기능조직이 복수로 존재함으로써 갖는 고질적 문제다. 동일한 직무 기능이 모여 있지 않고 각 스쿼드로 분할되면서 발생할 수 있는 '비효율 문제'가 그것이다. 예를 들어 스쿼드 A에서 어떤 문제를 해결하기 위해서 시간을 소비하고 있는데, 그 문제가 스쿼드 B에서 지난주에 이미 해결한 것이라든지, 2~3명의 동일 직무 전문가가 모이면 1시간이면 해결할 일을 스쿼드 내 단독 담당자가 4~5시간에 걸쳐 해결한다든지 하는 사례가 발생한다. 실제 실무 영역에서 매우 빈번하게 발생하기도 하거니와 이슈 상당 부분이 직무 전문성을 필요로 하는 것이기에 일종의 제너럴리스트인 트라이브 리드가 모든 비효율을 효과적으로 해결할 수는 없는 것이다.

이 때문에 트라이브 내에는 스쿼드를 가로질러 동일한 직무 전문성을 가진 구성원들을 조직화한 챕터Chapter가 존재한다. 이들은 한 트라이브 내에 존재하는 같은 직군의 조직으로 웹 개발자 챕터, 테스터 챕터, 백엔드 챕터 등이 있다. 챕터는 정기, 수시로 모여 해당 분야의 전문적인 내용이나 자신의 분야에서 발생한 이슈를 상시 공유한다. 챕터 역시 리더십이 존재한다. 챕터 리드Chapter Lead는 트라이브 내 동일 직군 구성원, 즉 챕터 멤버들에 대한 직무적 코칭과 개발, 직무상 발생하는 이슈 해소 및 협력, (필요시) 직무 수행 표준 등을 관리하는 역할을 한다.

매트릭스 조직의 부활

사실 조직 설계에 대해 관심과 지식이 있는 독자라면, 스포티파이 조직구조를 두고 어떤 기시감을 느꼈을 것이다. 각각의 명칭과 가시화 방식만 조금 달라졌을 뿐 이미 널리 알려진 '매트릭스 조직Matrix Organization'과 매우 유사한 구조를 보이고 있기 때문이다. 결론부터 이야기하자면 맞다. 스포티파이의 애자일 조직에는 기존 매트릭스 조직 이론이 상당 부분 반영되어 있다. 이 사실은 조직의 인사 담당자들에게는 더 흥미롭게 다가오는 부분이다. 왜냐하면 스포티파이 애자일 조직이 각광받는 지금, 매트릭스 조직은 많은 이들에게 '실패한 조직이론'으로 여겨지고 있기 때문이다. 우리는 왜 매트릭스 조직에는 인상을 찌푸리면서도 스포티파이의 애자일 조직에는 열광할까? 화려한 재포장에 우리의 집단 휴리스틱스가 발동한 결과일까? 아니면 그럴 만한 이유가 있는 것일까?

1969년은 아폴로 11호가 달 표면에 착륙했다가 무사히 지구로 귀환했던 기념비적 사건이 일어난 해다. 당시 전문가들은 아폴로 11호의 성공을 미 항공우주국NASA의 매트릭스 구조 덕분이라고 평가했다. 제한된 시간과 자원을 최대한 효율적으로 활용하기 위한 프로젝트 조직과 리더, 첨단 기술을 다루는 전문가들이 모인 기능 조직이라는 두 개의 축이 공존하는 매트릭스 구조가 있었기에 소련보다 앞서서 성공할 수 있었다는 것이 당시 언론들의 분석이다. 이후 매트릭스 구조는 수많은 기업들이 앞 다투어 도입하는 하나의 시대적 트렌드가 되었다. 1970~1980년대는 가히 매트릭스 전성시대라 할만 했다.

하지만 안타깝게도 대부분의 기업들은 매트릭스 조직을 제대로 작동시키는 데 실패했다. 기대했던 효과를 얻지 못했다. 오히려 역할 및 책임의 모호성으로 인한 혼란, 빈번하게 발생하는 갈등 해소의 실패, 의사결정 속도의 저하, 사내 정치적 균열 등 부작용이 순작용보다 더 크게 나타났다. 기업에서는 물론 경영학자들 사이에서도 매트릭스 구조는 이론적으로는 훌륭하지만, 너무나 복잡해서 현실에서 효과적으로 운영한다는 것은 사실상 불가능하다는 주장이 강하게 제기됐다. 피터 드러커와 함께 현대 경영학의 창시자로 불리는 톰 피터스Thomas J. Peters와 그의 동료 로버트 워터먼Robert Waterman은 저서 《초우량 기업의 조건In Search of Excellence》에서 매트릭스 조직에 대해 "초우량 기업 중에서 매트릭스 구조를 선택한 기업은 단 하나도 없었다"[8]며 사실상 사망

| 인텔의 하이브리드 조직 모델(예) |

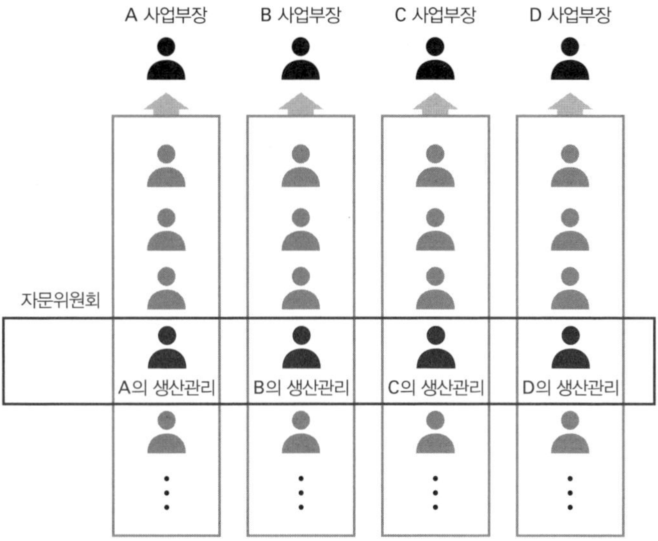

선고를 내렸다.

하지만 매트릭스 조직은 사망선고 이후에도 완전히 사망하지는 않았다. 일부 초우량 기업들 사이에서는 매트릭스 조직이 폐기되지 않고 오히려 재조명받기도 했다. 그중 대표적인 회사로 '인텔Intel'을 들 수 있다. 실리콘밸리 기업들의 경영 시스템의 기초를 다졌다는 평가를 받는 인텔의 앤드루 그로브Andrew S. Grove 전 CEO는 갈수록 복잡한 경영환경에서 조직이 커질수록 매트릭스식 '하이브리드 조직Hybrid Organization'은 필수적으로 기업이 고려해야 하는 조직이라고 주장했다.[9] 그가 저서《하이 아웃풋 매니지먼트High Output Management》에서 조직에 대해 설명한 부분의 일부만 봐도 우리는 이것이 스포티파이의 조직 얼개와 매우 흡사함을 이해할 수 있다.

그로브는 매트릭스 조직을 도입한 대부분 기업이 실패한 결정적인 이유가 매트릭스 시스템 자체에 있다고 보지 않았다. 이 시스템이 '너무 이상적인 꿈'과 같다는 비판에 대해서도 현실에서 오히려 필연적으로 부딪히는 문제를 '현실적으로' 해결하기 위한 대안이라고 맞섰다. 그는 매트릭스 조직이 실패한 이유는 매트릭스 구조 자체가 아니라 당대 조직 구성원들이 경영에 대해 갖고 있던 관념과 이로부터 비롯된 '약한 조직문화' 때문이라고 봤다.

> 인텔이 모호함을 좋아해서 하이브리드 조직을 갖춘 것은 아니다. 인텔에서 모든 것을 시도해 봤지만 하이브리드 조직이 아닌 모델은 비록 모호함은 덜했지만 제대로 작동하지 않았다. 엄격한 기능조직은 조직을 시장과 동떨어지게 하고 고객이 무엇을 원하는지 알 수 없게 만들었다. 반면 지나치게 미션 중심적인 조직은 과도한 업무 분산으로 심각한 비효율과 전반적 성과저하를 낳았다. 하이브리드 조직과 이에 수반되는 이중보고 체계는 마치 민주주의처럼 그 자체로 완벽하지는 않다. 그저 비즈니스를 조직화하는 최상의 방법일 뿐이다.
>
> – 앤드루 그로브의《하이 아웃풋 매니지먼트》중에서[10]

조직이론의 대가인 제이 R. 갈브레이스Jay R. Galbraith 역시 비슷한 관점에서 매트릭스 조직을 바라본다. 그로브나 갈브레이스가 바라보는 매트릭스 조직은 꿈같은 조직이라기보다는 복잡성 높은 현대 경영에서 기업이 생존하기 위해 현실적으로 필요한 필요충분구조(엘리엇 자크의 프레임)에 가깝다. 그는 "기업이란 구조적 불확실성 속에서 활동하는 실체로 유일무이한 단일구조로는 결코 문제를 해결할 수 없다. 왜냐하면 오늘날의 기업들은 전 세계에 펼쳐 있는 사업의 기회를 포착하고, 현지 고객들의 욕구와 수요에 대한 파악과 함께 국가 간 또는 사업 간 공동구매나 기술적 효율성을 제고시키기 위한 수단으로 복합적인 조직구조를 갖춰야 하기 때문이다"고 말한다.[11]

갈브레이스는 지난 시절 매트릭스형 조직구조가 실패한 것도 사실 매트릭스 조직 자체의 결함이라기보다는 매트릭스 조직 운영을 위해 기업이 구비해야 할 조직적 역량은 간과한 채 복합 조직구조만을 구축하려 했기 때문이라 일갈한다. 매트릭스 조직의 개념을 정확하게 이해하고 적용하지 못한 경영자들의 잘못이라는 것이다. 그는 기업이 매트릭스 조직 자체에만 집중해 완벽한 구조의 프로세스를 만들기 위해 골몰하기보다는 복합 조직구조에 대응할 수 있는 조직 역량(특히 소프트 스킬 역량)을 쌓는 것이 반드시 필요하다고 강조한다.

"그간 기업은 매트릭스 조직을 도입한다고 하면서 단순히 사각형과 선을 그리며 조직구조 그 자체에만 신경을 썼을 뿐, 매트릭스에 내재한 복잡성을 해결할 '상호 협력'을 이끌어낼 수 있는 리더십, 제도, 조직문화 등을 구축하는 데에는 별반 노력을 기울이지 않았다. 매트릭스 구조를 움직이게 하는 것은 구조 자체가 아니다. 매트릭스에 얽힌 리더-구성원 간의 관계와 커뮤니케이션의 문제다. 조직 운영 과정에서 발생하는 모호함, 긴장, 갈등에 대해 어떻게 조직 구성원이 논의하고 협의할 수 있는지에 달려 있다. 따라서 조직 정책 역시 조직 구성원 간의 신뢰를 구축하고 사회적 자본을 생성할 수 있는 방향으로 초점이 맞춰져야 한다."[12]

다시 첫 질문으로 돌아가보자. "우리는 왜 매트릭스 조직에는 인상을 찌푸리면서 스포티파이의 애자일 조직에는 열광하는가?" 이에 대한 답은 이렇다. "우리는 매트릭스 조직에 대해 상당 부분 오해하고 있다. 당신이 스포티파이의 애자일 조직에 열광한다면, 매트릭스 조직에 대해서도 관대해야 한다." 만약 기업 경영자가 매트릭스 조직에 대해 강력한 회의를 품고 있으면서 스포티파이의 애자일 조직에 관심을 보인다면 그 조직의 구조 개선은 시작도 전에 '실패'로 정해진 것이나 다름없다.

스포티파이의 애자일 조직이 현재까지도 성공적으로 유지되고 있다면 그것은 완전히 새로운 조직구조 메커니즘을 창조한 결과라기보다는 매트릭스 조직이 추구하는 본질을 충분히 인식하고 이를 구현할 수 있는 조직 역량과 문화를 우선 갖추었다고 하는 것이 좀 더 정확한 표현일 것이다.

스포티파이식 매트릭스 조직이 일반 매트릭스 조직과 다른 점이 있다면 최소단위조직에 규모의 개념을 도입한 것이다. 스포티파이는 소프트웨어 개발 방법론으로서의 애자일 도입과 맞물려 독립적으로 움직일 수 있는 다기능 최소단위조직을 자율경영이 가능한 수준으로 최대한 작게 쪼개고, 최소단위조직 간의 그룹도 100~150여 명 규모를 넘지 않도록 던바의 수Dunbar's Number* 를 적용해 조직 반응성을 극대화하고자 했다. 이 과정에서 구성원 간의 공식적 및 비공식적 협력과 연대를 자극하고, 그 가운데에서도 개인의 성장을 촉진하는 창의적인 운영 시스템(챕터 운영, 일하는 방식과 관련한 코칭-멘토링 전담 애자일 코치 등)과 새로운 명칭을 더함으로써 소위 '하이브리드 조직의 하이브리드'를 창조한 것이다.

* **던바의 수**: 아무리 발이 넓은 사람이라도 진정한 사회적 관계를 맺는 사람은 150명을 넘지 못하다는 것으로, 문화인류학자인 옥스퍼드대학교 로빈 던바(Robin Dunbar) 교수가 주장한 가설이다.

자율경영 조직에 대한 기업의 바람직한 접근 태도

홀라크라시와 스포티파이식 매트릭스 조직은 그 취지와 목적만큼은 '애자일 경영'을 추구하는 조직이 지향해야 할 '순수 자기조직화'에 가깝고, 실제 제대로 작동하는 기업 사례가 하나둘씩 나타나고 있다는 측면에서 큰 의의가 있다. 다만, 이와 동시에 우려스러운 점은, 경영진들이 이런 애자일 경영 성공 사례라는 인공물을(3장 '도입부' 참고) 우상으로 섬기는 순간 본래의 목적을 달성하기는커녕 더 큰 혼란 속으로 빨려 들어갈 수 있다는 점이다.

특히 최근 애자일 전문가 집단이 스포티파이의 애자일 조직이 전사적 애자일 경영을 위해서라면 반드시 따라해야 할 정답으로 기업을 설득하는 것은 문제다. 그들의 논리에 따르면 기업이 애자일 경영을 하기 위해서는 일단 조직부터 바꿔야 한다. 애자일 경영이 '유행'이 되는 순간 이 접근은 단기적으로는 전문가와 기업 간 윈-윈 전략이 된다. 하지만 진정한 애자일 경영과는 더욱 멀어지게 된다.

가장 바꾸기 어려운 조직을 바꾸는 것, 그것도 전에는 없던 방식으로 뒤엎는 것은 말 그대로 '파괴적 변화'다. 기업은 이를 두고 혁신을 위한 조치라 홍보한다. 이 자체가 결코 나쁜 것은 아니다. 필자도 이 책을 관통해 문화를 근본적으로 변화시키기 위해선 구조의 변화가 필수라고 강변하고 있고 실제 그렇게 믿고 있다. 하지만 리더십 파이프라인이 근본적으로 애자일의 근본 바탕이 되는 속성에 대해 충분히 숙고하고 조직 경영 방향에 대한 눈높이를 일치시키기도 전에 새로운 패러다임이라는 이유로 외부 전문가의 손을 빌려 피상적으로 조직에 손을 대는 것은 말 그대로 '파괴적'인 결과를 낳을 수도 있다는 점을 경영진이라면 반드시 숙고해야 한다.

국내 기업 현장에서 기존에 통용되던 질서를 바꾸는 것은 생각 이상으로 힘들다. 멀게는 동양 유교문화 전통, 가깝게는 일본식 연공서열 중심 경영에 물든 수직적 관료주의, 재벌 기업 중심 오너 경영에서 비롯된 군대식 상명하복 조직문화가 여전히 팽배한 가운데 대화, 합의, 논의, 토론, 피드백과 같은 소프트 스킬이 필수적인 자율경영 조직은 리더뿐 아니라 일반 구성원에게도 쉽지 않은 도전이기 때문이다. 이는 꼭 국내 대기업들만의 이야기가 아니다. '한국의 실리콘밸리 혁신기업'을 꿈꾸는 스타트업 상당수 역시 유사한 문제에 직면해 있는 것이 현실이다.

스타트업은 이미 자율경영 조직 형태로 애자일 경영을 하고 있다?

대다수 스타트업은 적어도 겉으로 보기에는 수평 문화를 추구한다. 실리콘밸리 기업이 갖고 있는 특징적인 제도나 프로그램 등도 적극적으로 도입해 활용하는 것처럼 보인다. 하지만 그 내부로 한 발짝만 발을 들여놓고 보면 현실은 그렇지 않은 경우가 많다. 스타트업 경영자 대부분은 실리콘밸리의 화려해 보이는 인공물을 피상적으로 취할 뿐 각각의 제도, 프로그램이 가진 저변의 암묵적 가정, 이 암묵적 가정이 의도하는 태도와 행동에 대해서는 무지한 경우가 많다.

직급이 없고, 출퇴근이 자유롭고, 식사가 풍성하게 제공되고, 사무 공간이 편안하고, 내가 원하는 컴퓨터 기종을 자유롭게 선택할 수 있고, 실리콘밸리 회사 대부분이 쓴다는 OKR Objective Key Results을 도입하고, 커뮤니케이션 도구로 메신저 슬랙Slack을 쓰고, 업무도구로 지라JIRA를 쓰지만 정작 왜 이런 제도와 프로그램, 도구가 만들어졌는지는 잘 모른다. 젊은 스타트업 경영자들은 넷플릭스의 문화 기술서에 들어 있는 〈자유와 책임〉을 차용해 넷플릭스처럼 멋진 회사의 가치를 만들고 SNS 채널에 적극 알리는 것에는 열심이지만 정작 그 문화적 가치관에 따라 행동하고 조치하는 것에는 별 관심이 없다. 이런 현실에서 구축된 그들이 자랑하는 '수평 문화'는 혹여 시장이나 투자자들에게 비즈니스 잠재력을 인정받아 조직을 스케일업하는 순간이 오면 모래성처럼 무너진다. 질서는 무너지고, 걷잡을 수 없는 혼란이 찾아온다.

스타트업 시장을 옆에서 지켜보면, 많은 스타트업이 자신의 비즈니스 모델이 시장의 반응을 얻고 수익을 창출하면서 약 50~100명 규모를 넘어서는 성장기에 직면하는 순간 일종의 '패닉'에 빠져드는 것 같다. 투자자들의 기대를 충족시켜야 한다는 압박과 두려움, 이제 본격적으로 성장궤도에 오를 수 있다는 설렘이 교차하는 상황 속에서 빠른 속도로 규모가 늘어나고 있는 조직을 어떻게 다룰 것인가 하는 문제가 덧붙여지면서 자신도 모르게 조급하고 초조함을 노출하게 된다. 리더의 불안함은 조직 전체로 빠르게 감염된다.

스타트업의 출발과 초기 성공의 이유는 대부분 '혁신'을 이뤘기 때문이다. 그들은 기존 기업이 간과한 부분을 찾아내 매우 세련되게 혁신하는 과정을 통해 시장에 자리 잡는다. 그러나 초기 성공을 가져다주는 혁신은 대부분 '운영 프로세스'나 '제품' 혹은 '비즈니스 모델'의 혁신이다. 초기 창업자는 일차적으로는 그러한 혁신에만 몰입하면 됐다. 현실적으로 한 두 명으로 시작하는 스타트업이 처음부터 혁신의 최상위 계층인 조직 관리를 고민하기는 쉽지 않다. 일단 생존이 가장 큰 고민인 상황이 계속되기 때문이다. 그러다 갑자기 조직이 커지는 순간, 즉 비즈니스 모델을 다루는 인력이 더 이상 몇 명의 창업자 그룹의 개인적 소통과 통솔의 범위를 넘어서는 순간, 필연적으로 '관리'의 문제에 봉착하게 된다.

| 스타트업 과정 |

창업 초기	스케일업 과정 | 변화 관리	
방임 (Non-Intervention)	**혼돈 (Chaos)**	**명령과 통제 (Command&Control)**
• 마음이 맞는 소수의 친한 사람끼리 모여 자유롭게 업무하는 특성상 특별한 규범 없이 자연스럽게 협력	• 동상이몽(同床異夢): 다양한 사람이 유입되면서 상호 다른 가치관과 행동이 부딪힘	• 전통적 조직 관리 방식인 명령과 통제 중심으로 조직 재편
• 경영진 포함 조직과 인사 운영에 대한 철학, 전문성 보유인력 없음 (먹고사는 것이 최우선이라는 명분)	• '도대체 통제가 되지 않아!' 라는 목소리가 동시다발적으로 발생 (리더, 팀원 계층 관계없이 발생)	• 전통적 조직 관리 방식에 익숙한 대기업 출신 관리자를 영입해 위계 조직구조 및 각종 운영 시스템 이식
• 투자, 홍보/브랜딩 등을 위해 유행하는 제도나 프로그램 등을 차용하나 그 정확한 맥락은 모른 채 조직적 방임	• 자율과 책임 문화가 우리나라 조직에 맞지 않는다 결론 (사실은 한번도 자율과 책임 문화를 구축한 적이 없음)	• 채찍과 당근 중심 운영체제 전환, 내적 동기 중시하는 인재 이탈 및 조직 내, 조직 간 경쟁 심화, 관료적 조직문화

혼란이 지속되다 보면 그들은 어느덧 "자율과 책임은 조직이 작을 때나 하는 거지 큰 조직에서는 어쩔 수 없네"라는 잘못된 결론을 내린다. 그들의 관점에 따르면 애자일 경영은 매우 작은 조직에서나 실현 가능한 것이다. 여기에 "우리도 이제 잘 나간다. 조직/인사 책임자를 뽑아야 할 시점이 왔다. 우리를 제대로 관리해줄 대기업 출신 혹은 대기업 컨설팅 경험이 많은 컨설턴트를 영입하자"는 허영심도 리더십을 자극한다. 어느 스타트업 리더의 인터뷰를 살펴보자.

"우리는 서비스에 대한 확신이 있었습니다. 막연히 잘될 거라고 생각했습니다. 물론 시행착오도 많았고 얘기하기도 벅찬 우여곡절도 많았지만, 실제 우리 서비스는 어느 정도 성공했다고 자부합니다. 그런데 진짜 문제는 그 다음부터였습니다. 규모가 커지면서 어떤 사람을 채용해야 하는지, 직원들과 어떻게 소통해야 하고 이들에게 어떻게 책임과 권한, 역할을 부여해야 하는지 또 어떻게 평가해서 얼마만큼의 보상을 해야 하는지…… 서비스를 다루는 것보다 훨씬 어렵고 복잡한 일로 다가왔습니다. 지금 생각해보면 그 시점에서 우리는 결코 하지 말아야 할 일을 했습니다. 하지만 그때 당시에는 막연히 그것이 최선이라고 생각했습니다. 유명 대기업에서 조직을 다룬 경험이 많다는 사람을 데려온 겁니다. 그땐 그것을 하나의 훈장이자 스타트업 성공의 척도로 느끼고, 심지어 자랑삼아 주변에 전파하기까지 했습니다. 그는 자신이 경험한 조직의 구조와 체계를 충실히 우리 조직에 이식해주었습니다.

그런데 역설적으로 그렇게 관리하는 순간 조직이 더 관리되지 않는 느낌이었습니다. 구성원의 턴오버는 심해졌고, 일에 대한 만족도도 떨어졌습니다. 끈끈한 무언가가 사라지는 느낌이었습니다. 무엇보다 심각한 건 저마저 회사가 재미없어졌다는 겁니다. 하루는 나간다는 직원(매우 유능한 친구였습니다)을 붙잡고 왜 나가려 하는지 물었는데, 머리를 한 대 맞은 느낌이었습니다. 그 친구가 한 말은 뭐 별거 없습니다. 한마디였죠."

"더이상 '스타트업'이 아닌 것 같아서요."

– 한 스타트업의 창업 멤버이자 경영진으로 일하고 있는 L의 인터뷰

이런 유형의 스타트업은 사실 '애자일 경영', 그 중에서도 '자율경영 조직'을 제대로 시도해 본 적이 없다. 그저 사람이 적어서 나타나는 자연스러운 특징이 애자일 경영의 모습이 보여주는 특징과 우연히 겹쳤을 뿐이다. 이런 기업은 조직이 커지는 속도에 비례해 빠르게 관료화된다. 그것이 한국 스타트업 다수가 처한 현실이다.

창업 초반 강한 개입이 질서 있는 자유를 만든다

확률적 사고에 기반해 진정한 애자일 경영을 구현할 수 있는 가능성이 높은 그룹은 여전히 창업 집단이다. 창업 초기와 성장기

특유의 에너지가 조직 내 응축되어 있고, 고정된 조직논리나 문화가 갖춰져 있지 않은 상태라 관리 체계 및 문화 구축 과정에서 구성원의 저항을 최소화할 수 있고 창조적 실험이 가능한 조건을 가지고 있기 때문이다.

그렇다면 과연 어떤 접근을 취하면 좋을까? 어떻게 하면 조직 규모와 관계없이 기업이 애자일 경영을, 그것도 홀라크라시나 스포티파이식 매트릭스 조직과 같은 자율경영 조직 형태로 유지할 수 있을까?

한마디로 '역발상'이 필요하다. 다시 말해 창업 초기부터 강한 개입을 시도해야 한다. 친하다는 이유로, 원래 마음이 맞았다는 이유로, 서로를 배려한다는 이유로 조직 운영에 대한 의사결정과 관련한 사소한 의견 충돌이나 갈등을 모른척하면 안 된다. 지인들과 창업을 했다고 해도 창업을 한 순간 그곳은 회사지 동아리가 아니다. 보스턴 컨설팅그룹BCG 시니어 파트너인 이브 모리유Yves Morieux는 서로를 좋아하고 배려하는 부드러운 방법이 때로는 협력이 아닌 외면을 초래할 수 있다고 경고하기도 했다.

> 서로를 좋아하고 배려함으로써 우리가 하나가 되고 더 잘 협력한다는 사고 접근법은 때로는 위험합니다. 역효과를 낳기까지 합니다. 예를 들어 보겠습니다. 저희 집에는 TV가 2대 있습니다. 왜일까요? 바로 아내와 제가 TV를 보기 위해 협의하거나 논의하지 않아도 되기 때문입니다. 아내에게 어떤 거래를 강요하지 않기 위해서죠. "당신은 내가 원하

는 축구게임을 봐야해 그게 싫으면 책을 읽거나 아니면 다른 방으로 가는 게 어때?" 이와 같이 아내와 협의하지 않는 이유는 아내를 사랑하기 때문입니다. 우리는 서로를 좋아할수록 진지한 협력을 피합니다. 서로 쉽지 않은 타협을 하며 관계에 부담을 주고 싶지 않으니까요. 그래서 TV를 한 대 더 사는 것입니다.

– 이브 모리유, 피터 톨먼의 《심플이 살린다》 중에서[13]

경영자들은 창업 초기 작은 균열을 배려나 관계라는 이름으로 묵과하거나 이를 통해 차츰 각자의 영역을 보전해주는 방식으로(담당할 조직을 나눠 서로 터치하지 않기로 한다든지) 문제를 해결하려 한다. 하지만 이는 절대 해서는 안 되는 행동이다. 오히려 초반에 냉정할 정도로, '극단적인 솔직함Radical Candor'을 기반으로 조직의 비전과 추구하는 가치를 규명하고 지속적으로 논의해 나가야 한다.

이를 위해선 절대적으로 경영진이 조직과 조직 운영 시스템에 대한 철학과 전문성을 보유해야 한다. 최소한 '리더라면 조직에 대한 철학과 소양을 갖추는 것이 중요하다'라는 명제가 생존의 논리 앞에서 우선순위에 밀리지는 않게 해야 한다. 특히 '복잡하고 모호한 환경에서 살아남기 위해선 애자일 경영이 필수'라는 명제에 동의한다면 더더욱 조직에 대한 철학이 후순위가 되어서는 안 된다.

자포스 토니 셰이의 확신

자포스Zappos는 작은 온라인 쇼핑몰에서 출발해 세계 최대 종합 유통 쇼핑몰로 성장한 회사다. 1999년 설립 후 성장을 거듭하다 2009년, 12억 달러(한화 약 1조 3천억 원)에 아마존에 인수됐다. 인수된 바로 다음 해에 인수금액인 12억 달러의 매출을 기록하며 전 세계의 주목을 받았다. 특히 자포스는 창업 초기 훌륭한 조직 문화를 가진 기업으로 유명해졌다. 미국의 최장수 비즈니스 잡지 《포춘》에서 뽑은 '일하기 좋은 기업'에 선정(2012년 6위 등)되는 등 특유의 활기찬 문화로 정평이 났었다. 물론 회사의 성장과 함께 조직의 외형이 급성장하면서 조직 내 위계가 선명해지고, 관료주의와 권력 다툼과 같은 부작용이 발생하기도 했다.

하지만 자포스가 일반 기업과 달랐던 것은 최고경영자 토니 셰이Tony Hsieh가 오랫동안 조직의 발전 방향에 대해 고민해 왔다는 점이다. 특히 그는 조직 운영체계와 문화가 기업 생존과 직결되어 있다고 믿었다. 그래서 나름의 방식으로 창업 초기부터 '문화'를 관리하기 위해 노력해 왔지만 회사가 커지면서 조직 운영체계를 혁신하지 않고는 자포스 역시 관료주의의 그늘을 벗어날 수 없다는 것을 깨닫게 되었다. 이후 자포스에 맞는 자율경영 조직을 고안해 내는데 이것이 앞서 설명한 '홀라크라시'다.

셰이는 홀라크라시 조직으로의 점진적 변화를 위해 2012년부터 2년 여간 시범조직을 운영하고 임직원 대상 교육을 실시하며, 충분한 준비 과정을 거쳐 2015년, 홀라크라시를 전면 도입했다. 그러나 충분히 준비 기간을 거쳤다고 생각했는데도 이후 수 년 간의 변화 관리 기간 동안 심각한 후유증에 시달려야 했다. 기존의 위계 구조, 조직 논리와 다른 홀라크라시의 용어, 규칙, 리더십에 대한 이해 등은 상당수 구성원들에게 충격을 안겼기 때문이다.

그럼에도 셰이의 생각은 확고했다. 2015년 초 그는 자율경영 조직이 잘 맞지 않는 사람은 퇴직금 혜택을 받고 회사를 떠나라고 강력히 권고했고, 그 해 조직의 18%인 약 270명 이상이 퇴사했다. 그 외 퇴직금 혜택 없이 이직한 직원도 11%나 됐다. 2016년 자포스는《포춘》에서 선정한 일하기 좋은 기업 리스트에서도 그 이름이 사라진다.

자포스는 사실 엄청난 도박을 한 셈이다. 당장 눈에 보이는 퇴직자들의 퇴직금만 어림잡아 계산해도 2015년 한 해에 변화 관리 비용으로만 120억 달러 이상*을 쏟아부었다. 이는 조직 변화로 인한 희망퇴직자의 평균 퇴직금만 대략적으로 추정 계산한 것으로 기타 퇴직 프로그램 혜택을 받지 않고 퇴사한 인력(11%, 약 165명) 중 조직 변화가 영향을 미친 구성원의 퇴직 비용, 퇴직자 중 창립 초기부터 자포스의 성장에 주요 역할을 했고 일반 구

* 자포스의 평균임금을 약 7만 5천 달러로 계산(www.payscale.com Data 참조), 평균 근속 연수는 미국 주요 IT기업의 평균 근속 연수인 약 3년을 대입(스톡옵션 베스팅 기간과 겹치는 경향이 있음)해 토니 셰이가 공언한 +3개월치 원칙을 가정했다.

성원들의 지지도 많이 받았던 능력 있는 관리자가 많았다는 점을 고려한 추가 비용, 홀라크라시로의 변화를 위한 교육 및 컨설팅 비용, 나간 만큼 새로 유입된 인력에 대한 육성 및 적응 비용, 남은 구성원의 단기적 스트레스 지수 비용의 환산 등 부가적 비용까지 추정한다면 수백억 원의 비용이 조직 변화 관리에 들어갔음을 짐작할 수 있다.

자포스는 그래도 행복한 경우다. 여전히 진통을 겪고 있지만 현재는 홀라크라시가 어느 정도 안정화되었다는 평가를 받고 있기 때문이다. 사실 대다수 기업은 그만큼의 비용을 쏟아붓고도 변화 관리에 실패하는 경우가 많다. 특히 한국에서 기존 관료주의 문화가 강했던 기업이 자율경영 조직으로의 변혁적 구조 변화를 제대로 수행할 수 있을 것인가 라고 묻는다면, 천문학적 비용을 들여도 쉽지 않은 행보가 될 것이라는 것이 전문가들의 생각이다.

2016년 《포춘》에서 선정한 일하기 좋은 기업에 자포스가 탈락한 후 동 미디어와 가진 인터뷰에서 토니 셰이는 "홀라크라시 도입을 후회하지 않는가?"라는 질문에 대해 "유일한 후회는 좀 더 빨리 실천하지 못한 것이다"라며 홀라크라시에 대한 확신을 드러내기도 했다.[14]

그래서 시작이 중요하다. 비즈니스 생존의 기본은 비즈니스 모델과 기술에만 있는 것이 아니라 조직과 조직 운영 시스템에 대한 철학이 그 못지않게 중요하다. 이러한 인식이 창업자의 관념에 기본으로 자리해야 한다. 시작부터 조직 전문가를 영입하는 것은 물리적으로 불가능할지라도, 창업 초기부터 조직과 운영체계를 고민하는 것이 '배부른 고민'이라는 어리석은 목소리에 흔들려선 안 된다. 적어도 앞서 설명한 애자일 경영이 가진 기본 철학에 대해서만이라도 창업 멤버들이 진지하게 고민하고 집중해야 한다.

창업 초기, 강한 개입을 통해 조직구조, 운영체계에 대한 명확한 그림을 정립하고, 동시에 문화적 일체감을 형성한 기업은 사업이 성장하고 조직이 커지는 과정에서도 '질서 있는 자유'를 누릴 수 있다. 처음부터 강력한 문화적 가치관, 거버넌스 프로세스를 바탕으로 운영체계를 스스로 업데이트해 나가며 혼란을 최소화한다. 나아가 권한을 가지고 독립하더라도 원조직의 강한 원칙과 가치관을 중심으로 협력하고 스스로 진화한다. 자연스러운 자율경영 조직화가 가능한 것이다.

슈퍼셀의 업사이드 다운 조직 모델

'클래시 오브 클랜Clash of Clan'으로 잘 알려진 핀란드의 게임회사 '슈퍼셀Supercell'*은 이런 메커니즘을 잘 이해하고 창업 초기부터 지금까지 본래의 원칙을 크게 벗어나지 않고 지속 성장하고 있는 회사다. 슈퍼셀의 CEO인 일카 파나넨Ilkka Paananen은 슈퍼셀 창업 전인 2000년에 수미아Sumea라는 모바일 게임회사를 창업해 디지털 초콜렛Digital Chocolate이라는 회사에 2004년 매각했다.

이후 2011년까지 디지털 초콜렛에서 일하며 조직구조와 운영에 대한 나름의 확고한 철학을 쌓았다. 그는 디지털 초콜렛에서 여러 프로젝트를 진행하면서 성공하는 게임은 유난하다 싶을 정도로 함께 잘 지내는 팀에서 나온다는 사실을 깨달았다. 이런 패턴에 주목한 그는 평범한 조직구조 내에서 성공을 견인하는 소수의 조직이 갖는 특성을 찾아내 슈퍼셀의 조직체계에 반영하고자 했다.

파나넨은 슈퍼셀을 창업하며 초기 팀 구성에 많은 신경을 썼다. 10년 이상의 개발 경험뿐 아니라 자신이 구상하는 조직 운영 방식에 충분히 동의하며 함께 나아가 이를 발전시킬 수 있는 성숙한 인력들로 초기 팀을 꾸렸다. 그가 구상한 조직구조는 전형적인 삼각형 구조 방식을 뒤집은 역삼각형Upside-Down 구조였다. 이 구조의 조직에서 경영진의 역할은 우수한 팀을 구성하고, 그들이 최선을 다해 성공에 이를 수 있도록 지원하는 것이라고 정의했다. 각각의 조직은 스스로 게임 하나를 만들 수 있는 수준의 규모로 조직하고 '셀Cell'이라 이름 붙였다. 기업명을 보라. 짐작이 가지 않는가? 그는 조직 철학 자체를 기업명에 담았다.

* 슈퍼셀은 클래시 오브 클랜, 클래시 로얄, 붐 비치, 그리고 헤이데이와 같은 모바일 게임들의 성공으로 명성을 떨치고 있는 유니콘 기업이다. 2017년 매출액 20억 달러(약 2조 1,600억 원)에, 8.1억 달러(약 8,775억 원)의 순이익을 냈다. 2016년 1인당 매출액은 약 125억 원으로 글로벌 기업 전체를 통틀어 가장 높은 생산성을 가진 회사 중 하나다.

| 슈퍼셀의 업사이드 다운 조직 모델 |

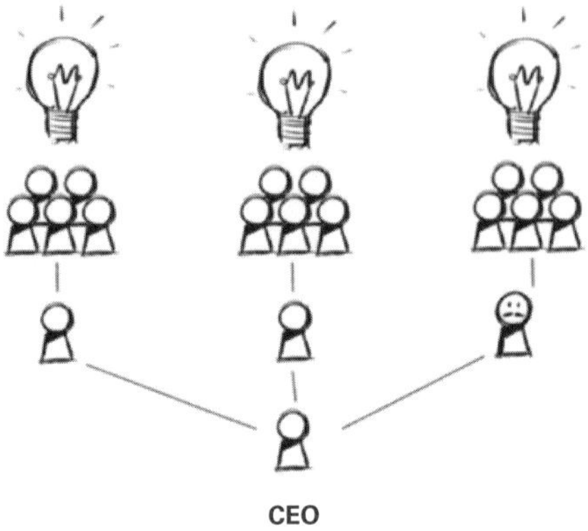

출처: 가마수트라[15]

파나넨은 슈퍼셀의 개발자들을 약 10여 명 내외의 셀로 조직해 각각의 셀들이 자신의 게임 아이디어를 내고 독립적으로 게임을 만들도록 했다. 게임이 재미있으면 팀 전체가 게임을 같이 해본다. 팀 전체가 좋아하면, 핀란드, 캐나다 등 몇몇 나라의 앱 스토어에 시범적으로 올려본다. 여기서 성공하면 전 세계 앱 스토어에 올린다. 이 과정을 충실히 반복하면서 자연스럽게 생존하는 게임과 실패하는 게임을 거른다(진화의 자연선택 메커니즘과 유사하다). 물론 실패해도 괜찮다. 슈퍼셀은 실패한 게임을 만든 조직에 파티를 열어준다. 그 이유는 명확하다. 실패 자체를 축하하

는 것이 아니라 실패를 통한 배움을 축하하는 것이다.[16]

슈퍼셀은 성공비결을 '문화, 운, 실패'로 요약한다. 실패를 독려하며, 그런 분위기 속에서 실패를 생산적인 교훈으로 발전시킬 수 있는 문화, 반드시 집중해야 할 일은 하되 아닌 것에 대해서는 명확히 아니라고 말할 수 있는 문화, 그럼에도 불구하고 발생하는 성공은 어느 정도는 운에 의한 것임을 인정하는 문화, 대신 훈련을 많이 할수록 운이 따른다는 말이 있듯 행운을 많이 끌어들일 수 있도록 다양한 조건들을 유리하게 만들어놓는 책임문화가 슈퍼셀에선 강조된다.

초기 명확한 조직 철학과 원칙, 구조를 바탕으로 출발한 슈퍼셀은 특별한 조직 이슈 없이 자율경영 조직으로서 매우 생산적인 행보를 보이고 있다. 파나넨은 그럼에도 불구하고 문화적 가치관, 프레임 유지에는 조직 전체가 지속적이고 의식적인 노력을 기울여 개입해야 한다고 강조한다.

"우리는 전통적인 조직구조와 운영 방식이 호시탐탐 회사를 장악할 기회를 노린다는 것을 잊어선 안 됩니다. 우리 각각은 조직이 그렇게 회귀하려는 유혹에 대해 인지하고 끊임없이 맞서 싸워야 합니다. 아이러니한 것은 우리는 슈퍼셀 특유의 자율경영 조직으로 큰 성공을 거뒀지만 정작 그 성공의 달콤함이 우리 마음에 전통적 방식으로 회귀하고자 하는 유혹으로 다가온다는 것입니다. 우리는 이 위험에 굴복해서는 안 됩니다."[17]

It's AgileTime

애자일 경영은 제조업과 무관한 이야기다?!
모닝스타 이야기[18]

애자일이 유행하면서 자주 듣는 이야기가 있다. 바로 "애자일은 IT업종에서나 가능한 거 아닌가?"라는 말이다. 실제 애자일 경영을 잘 정착시킨 사례들을 찾다보면 대부분 IT 관련 기업이라서 이런 오해가 생기는 듯하다. 이는 실제 필자가 제조업 기반 스타트업에 '자유와 책임' 프레임을 구체화하고자 할 때 가장 강력히 도전받았던 부분이기도 하다. 하지만 애자일 철학에 근거해 사람에 대한 평균주의에서 벗어나 구성원의 개개인성을 강조하는 애자일 경영을 적용하는 일은, 토드 로즈의 표현을 빌리자면 "전 세계 모든 국가의 모든 업종의 모든 기업이 이용 가능한 선택이다."[19]

가장 강력하게 테일러리즘의 영향을 받는 업종이 제조업이다. 그런 제조업에서도 애자일을 적용한 성공 사례들이 나오고 있다. 그중 대표적인 성공 사례는 세계 최대 규모의 토마토 가공

회사 '모닝스타Morning Star'다.

모닝스타는 1970년 크리스 루퍼Chris Rufer가 트럭 한 대로 토마토를 운반하는 자영업을 시작하면서 출발한 회사다. 현재는 캘리포니아에 본사를 두고 미국에서 연간 소비되는 토마토의 40% 이상을 생산하는 자타공인 세계 최대 규모의 토마토 가공회사로 도약했다.

얼핏 보기에 해당 산업은 테일러리즘식 프로세스가 필수일 것처럼 보인다. 다양한 곳에 펴져 있는 토마토 산지로부터 토마토를 가져와 복잡한 처리 과정을 거쳐 이를 대량 가공하고 다시 각 소비지로 내보내는 일련의 과정에서 '효율성'과 '낮은 가격'은 경쟁력의 필수요인이기 때문이다. 그러나 정작 이 회사가 돌아가는 방식은 상상을 초월한다.

모닝스타에는 정해진 직함이 없다. 사실상 위계서열이 없다. '규격화'되고 '표준화된' 인간보다 직원 개개인의 개성을 중요시하면서 개개인의 능력을 북돋워주기 위해 할 수 있는 모든 일을 한다. 이른바 '자율 관리'라는 철학을 정립해 직원들에게 가능한 한 많은 권한과 책임을 부여하기 위해 애쓰고 있다. 모닝스타에서는 누구나 '책임'을 다하기 위해 노력하는 한 동등한 '자유'를 누린다.

나의 상사는 내가 정한 목표다

모닝스타의 모든 직원들은 '토마토 제품 및 서비스를 생산하며 고객을 위한 품질과 서비스의 기대 수준을 꾸준히 충족시킨다'는 회사의 목표를 개인적으로 어떻게 달성할 것인지에 대한 '사명 선언문Mission Statement'을 개인별로 작성한다. 각 직원들은 이를 통해 회사의 목표에 자신이 어떻게 기여를 할 것인지 스스로 계획하고 설명하고 포부와 목표도 밝힌다. 이때 해당 직원의 목표와 활동에 영향을 받을만한 모든 직원들이 그 선언문에 서명을 해줘야 한다. 사명 선언문을 작성함으로써 직원들에게 임무 완수를 위한 다양하고 막대한 자유재량권이 주어지지만, 동시에 포부와 목표를 달성하거나 달성하지 못한 것에 대해서는 동료 직원들에게 책임감을 느끼게 된다.

나는 모든 직원들의 리더이자 팔로워이다

모닝스타의 모든 직원들은 자신의 업무로 인해 가장 많은 영향을 받는 동료 직원들과 매년 '동료 양해각서Colleague Letter of Understanding, CLOU'를 체결한다. 실마리를 뜻하는 '클루'로 발음되는 양해각서는 임무를 달성하기 위한 운영 계획을 말한다. CLOU는 최대 30개의 활동 영역을 다루고 이와 관련한 성과지표를 직원이 주도적으로 측정한다. 각 직원이 체결하는 CLOU를 모두 합하면 약 3천여 개의 공식적 관계가 직원들 사이에 수립된다.

CLOU는 매년 변하는 직원 역량과 이해관계를 반영해 모습을 바꾼다. 시간이 지나면서 숙련된 직원들은 보다 복잡하고 고차원적인 업무를 수행하고 기본이 되는 단순 업무는 신입사원에게 물려준다. 홀라크라시와 마찬가지로 업무 과정에서 자연스러운 '구조'를 만들어낸다. 직원들은 서로 보고서를 공유하고 업무를 수행하면서 문제를 논의하거나 도움을 주고받는다. 이는 서로를 향한 자발적 지시사항으로 관계에 유연성을 제공한다. 누구나 리더가 되기도 하고, 팔로워가 되기도 한다.

모든 직원은 진정한 권한을 갖는다

모닝스타에는 중앙에서 관리하는 조달 부서가 없고 각종 경비 지출을 승인하는 임원도 없다. 필요하다면 누구라도 구매요청서를 작성할 수 있다. 그렇다고 아무렇게나 구매하는 것은 아니다. CLOU를 통해 서로 영향을 받는 직원들끼리 정기적으로 만나 구매력을 효율적으로 사용하고 있는지 점검한다. 자금부서 역할은 예산을 정하는 것보다 필요한 자금을 마련해주는 것이다. 이는 인력 및 고용 결정에도 적용된다. 업무량이 지나치게 많아 추가 인력이 필요하거나 새로운 업무가 생겨 이를 수행할 사람이 필요할 때 고용 절차를 진행하는 책임 역시 직원에게 있다.

원칙을 강요하지 않는다. 동료의 협력과 지지가 필요할 뿐이다

테일러리즘은 노동자가 정해진 원칙을 벗어나는 것을 극도로 경계한다. 하지만 모닝스타는 그 반대다. 모닝스타는 표준화된 방법을 강요하지 않는다. 덕분에 직원들은 자신의 기술을 발전시키고 경험을 쌓아가면서 이전보다 더 막중한 책임을 맡게 될 기회를 갖는다. 직원들이 각자 잘하는 일을 해야 한다고 생각해 그들을 특정 업무에 가둬두지도 않기 때문에 직원들이 부서를 막론하고 어느 부분에서든 개선 방안을 제시할 수 있다. 설령 매우 단순한 반복 작업이라 할지라도 직원이 이에 대한 직무 방법을 변경해 좀 더 의미 있고 결과적으로 나은 방법을 찾을 수 있다면 이를 고민하고 방법을 변화시킬 수 있는 재량권이 주어진다. 그렇다고 무조건 그런 권한이 주어지는 것은 아니다. 먼저 '동료의 지지'를 받아내야 한다. 직원은 자신이 주체적인 고민과 연구를 통해 무언가를 변경하고자 한다면 적어도 이를 수행함으로써 영향을 받는 동료들에게 아이디어를 직접 설명하고 지지를 구할 의무를 갖는다.

소속감과 신뢰에 기반한 목적의식은 모닝스타를 성공으로 이끄는 핵심 축이다. 여기서 말하는 목적의식은 아이디어를 제안해 회사에 보탬이 될 수 있다는 의식, 그 아이디어가 귀 기울이게 되는 좋은 아이디어라면 동료들이 당연히 지지해줄 것이며, 실행될 것이라는 의식이다. 임시직 노동자도 조립라인 실험을 감행할 수 있고 일용직 노동자도 사업에 중대한 장비를 고칠 수 있는 모닝스타에서는 혁신이 빈번하고도 유기적으로 일어난다. 애자일이 품고 있는 철학에 대해 진지하게 고려하면, 혁신은 조직망 곳곳에서 수시로 일어나기 마련이다. 모든 직원들이 자주적 주체자로 거듭나 자신의 직무를 수행해 회사에 기여할 최상의 방법을 파악하면서 직무에 임하게 되기 때문이다.

승진이 아닌 가치를 향한 경쟁을 추구한다

모닝스타에는 위계질서도 없고 직함도 없기 때문에 '승진'을 통해 올라갈 사다리도 없다. 그렇다고 모든 사람들이 동등한 레벨에 있고 동등한 대우를 받는 것은 아니다. 어느 분야에서든 보다 뛰어나고 유능하다고 인정받는 동료가 있다. 이러한 역량 차이는 급여 수준에 반영된다. 경쟁의 목표는 누가 요직에 앉는가보다 누가 보다 더 많은 실질적 가치창출을 하는가이다. 이는 재무적 가치뿐 아니라 모닝스타의 '자율 관리' 철학을 수호하는 가치 차원에서 다뤄진다. 남보다 앞서 가려는 직원은 새로운 기술을 습득하거나 동료에게 도움을 주는 새로운 방법을 발견해야 한다.

●●●

전통 조직구조 안에서의 애자일 전환

스타트업이든 대기업이든 조직의 철학이나 가치관에 대한 강력한 개입 없이 자율경영 조직 형태로 구조적 전환을 시도하면 어떻게 될까? 가치와 문화의 통합이 배제된 애자일 조직화는 심각한 조직 분열을 야기할 가능성이 매우 높다. 각 조직은 리더십의 방임 속에 자연스럽게 형성된 각자의 문화로 '민첩하게' 수렴할 것이다.

그중 가끔 아주 운이 좋은 경우, 애자일 문화를 가진 조직이 등장할 수도 있겠지만, 이런 환경에서는 애자일 조직이 운 좋게 등장해도 문제다. 그 조직은 다른 조직으로부터 튄다고 공격받거나 역으로 다른 조직으로부터 스스로를 보호하기 위해 폐쇄적인 성향을 보이게 된다. 한 스타트업 관계자의 인터뷰를 들어보자 (보안을 위해 일부 각색했다).

필자 무엇을 고려해 조직 개편을 진행하셨습니까?

관계자 이번 조직 개편의 콘셉트는 제품군입니다. 제품별로 집중하고 민첩하게 대응할 수 있도록 소프트웨어 제품 조직, 하드웨어 제품 조직, 연구소로 분리했습니다.

필자 각 조직을 경영진께서 나누어 맡으신 것 같습니다.

관계자 네, 소프트웨어 조직은 CTO, 하드웨어 조직은 COO, 연구소는 CEO가 맡았습니다. 독립적으로 민첩하게 의사결정하고 대응하기 위함입니다.

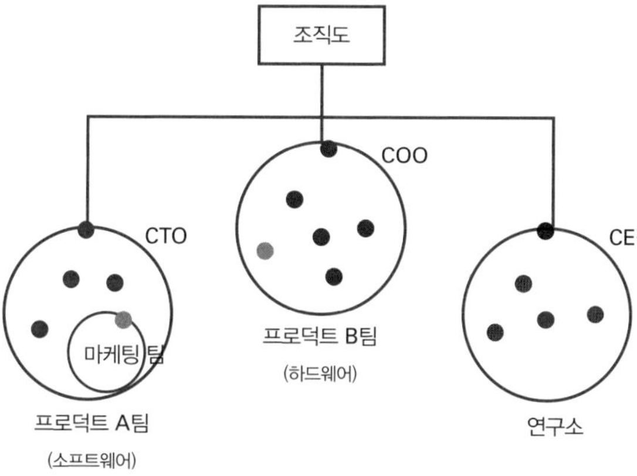

필자 마케팅 조직은 소프트웨어 조직에만 있네요.

관계자 네, 소프트웨어는 상용화를 해 본격적인 마케팅이 필요하고 하드웨어는 개발 단계라 상대적으로 중요도가 덜해 일단 소프트웨어 조직 산하에 두되 역할/책임은 전사를 다 담당하는 것으로 했습니다.

• • •

이 기업의 조직 개편 결과는 어떻게 됐을까? 불과 몇 개월도 되지 않아 각 조직 간의 사일로 현상이 심화됐다. 프로덕트 A팀과 B팀 간의 정보 교류는 거의 없어지고 오히려 상대 조직에 대한 뒷담화와 근거 없는 루머들이 생겨났다. 각각의 리더가 하나의 조직을 맡아 담당하다 보니 경영자로서의 역할보다 해당 조직을 대변하는 리더로서의 역할이 커지면서 자연스럽게 경영진 내 갈등과 의견대립도 심화됐다. 그러다 보니 각자 담당한 조직의 주요 정보를 경영진끼리도 제대로 공유하지 않는 문화가 생겨났다.

마케팅 조직은 온전히 프로덕트 A팀만의 마케팅 조직이 됐다. 프로덕트 B팀 역시 시제품을 홍보하기 위한 고객 초청행사를 열거나 제품 홍보 자료를 만드는 등 마케팅 업무가 필요함에도 마케팅 조직에 요구하기 어려워졌다. 마케팅 조직 역시 프로덕트 A팀의 일만을 처리하기도 바쁜 상황이라 자연스럽게 프로덕트 B팀의 일에는 관심을 갖기 어려웠다.

시간이 흐르면서 사일로 현상은 갈수록 악화됐고 조직 간의 갈등과 긴장을 제대로 조율하지 못한다는 불만과 비판의 화살이 경영진에게 쏠리기 시작했다. 급기야는 퇴진을 요구하는 목소리까지 공공연하게 노출됐다.

이런 현상은 글로벌 대기업에서도 발생한다. 우리에게 아주 익숙한 두 글로벌 기업도 비슷한 이슈를 겪은 바 있다. 바로 소니SONY와 마이크로소프트MS가 그 주인공이다.

왜 소니는 실패했고 마이크로소프트는 부활했을까?

소니는 한때 스티브 잡스가 칭송해 마지않는 혁신기업이자 일본 하이테크 제조업의 상징이었다. 높은 기술력과 도전 정신으로 첨단제품을 쏟아냈던 소니는 2000년대 초반부터 이상 징후를 보이며 추락한다. 2003년에는 기대 밖의 순이익 예상 및 영업이익 적자로 주가가 30% 가까이 폭락하는 '소니 쇼크SONY Shock'가 발생하기도 했다. 그 여파로 2003년 10월에 2만 명을 해고해야 했고 2005년 9월에는 추가로 1만 명을 더 해고했다.

1990년대 후반까지 극찬을 받던 소니가 왜 불과 10여 년 만에 실패의 길을 걸었을까? 1998년부터 2005년까지 소니의 대표 브랜드 '바이오VAIO' 개발 현장에서 근무했던 미야자키 타쿠마는 그 이유를 '정체성'과 '컴퍼니 제도'에서 찾았다.[20] 문어발식으로 급격하게 사업 확장이 일어나면서 '장인정신'으로 수렴되던 소니만의 기업 정체성이 흔들리기 시작했다. 이 과정에서 당시 CEO였던 이데이 노부유키는 각 사업부와 제품담당 조직을 독립적 회사처럼 운영하도록 하는 독립채산제를 도입했다. 이는 일본 교세라 그룹의 이나모리 가즈오 회장이 만든 '아메바 경영'*의 영향을 받은 것으로 풀이된다. 소니는 컴퍼니 제도를 통해 각 사업부가 급속한 환경 변화에 신속하게 대응할 수 있도록 한 것이다. 제도 도입 당시 전 세계 언론은 "역시 소니"라며 찬사를 보내기도 했다. 그러나 이후 상황은 예상과 다르게 흘러갔다. 사업 부서 사이에 갈등이 커졌고 각 조직이 각자의 목적을 추구함으로써 사업 조직 사이에 불필요한 경쟁이 촉발됐다.

이 제도의 도입이 가져온 가장 큰 폐해는 연구 개발 인력의 축소였다. 컴퍼니 제도 도입으로 전사적인 차원에서 이루어지던 '과감한 투자'가 사라진 것이다. 구체적으로 말하면 소니의 기술력을 뒷받침하고 있던 R&D에 대한 투자가 축소된 것이다. 각 사업부가 독립채산제를 도입함으로써 자신들이 연구개발비를 지급한 기술에 대해서는 다른 부서에서 사용할 수 없게 한다든지 사용하고 싶으면 비용을 지불하게 하는 등과 같은 병폐가 나타나게 됐다.

2005년 이데이 노부유키가 퇴진함과 동시에 소니의 컴퍼니 제도는 폐지됐다. 이에 대해 아메바 경영의 창시자인 이나모리 가즈오 회장은 "아메바 경영에서는 자신의 조직을 지키려는

* **아메바 경영**: 단위조직으로 조직을 분리해 관리회계상 독립적 손익계산을 하는 독립채산제 회사체로 조직을 운영하는 방법이다. 전 직원으로 하여금 경영자 의식을 갖게 하고 동시에 경영의 효율성을 제고하려는 목적과 형식 차원에서 애자일 조직과 연계된 부분이 많다. 그러나 독립적인 관리회계를 통한 운영 방식에 초점이 더 맞추어져 있어서 '자율경영 조직'의 예로 언급하지는 않았다.

생각이 남보다 배 이상 강해지기 때문에 부문 간 분쟁이 격심해지고 회사 전체의 조화가 깨지기 쉽다"며 "강력한 철학과 공동체 정신을 기반으로 최고 경영자 및 리더십 그룹이 분쟁해결과 통합 조정기능을 제대로 수행해야 한다"고 설명한다.[21]

비슷한 시기에 마이크로소프트 역시 유사한 문제에 부딪혔다. 당시 마이크로소프트 조직은 전략상으로는 발 빠른 변화 적응 및 민첩한 시장 대응을 위해 '미션' 중심의 조직구조를 취하고 있었다. 각 제품별 사업 조직이 하나의 회사처럼 독립적으로 행동함으로써 각 사업 및 제품 특성에 맞춰 성과를 극대화하려는 시도였다. 하지만 조직구조가 지향하는 바와는 다른, 경쟁 중심적 가치관과 테일러리즘식 운영 시스템이 순식간에 조직을 내부 전쟁터로 만들어놓았다. 조직구조와 조직 철학의 불합치가 부른 비극이라 할 수 있다.

마이크로소프트의 상황을 잘 보여주는 그림이 있다. 소프트웨어 개발자이자 만화가인 마누 코르넷Manu Cornet이 그린 이 그림은 과거 마이크로소프트를 상징하는 그림으로 두고두고 남아 회자되고 있다.

내부적으로 문제를 인식한 마이크로소프트가 변화를 시도한 것은 2013년경이다. 이때 표면적으로 보면 애자일 경영 철학과 정반대인 것처럼 보이는 의사결정을 내린다. 기존 제품 및 서비스 중심의 매트릭스 조직을 기능 중심 구조로 바꾸는 조직 개편을 단행한 것이다. 그리고 조직 개편과 함께 사티아 나델라가

| 마누 코르넷의 마이크로소프트 조직 풍자 카툰 |

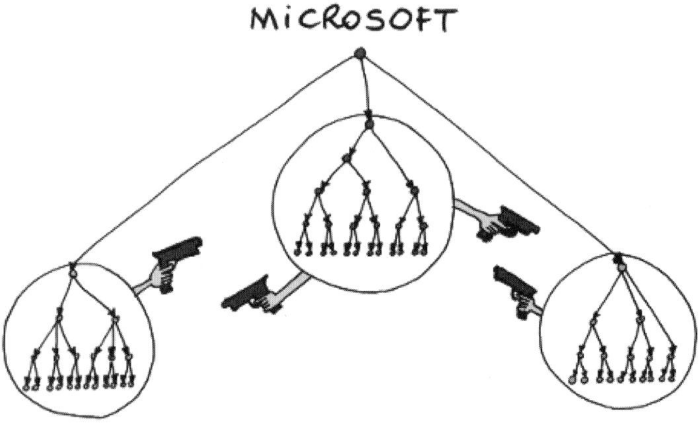

출처: 위키피디아[22]

마이크로소프트의 3대 CEO로 취임했다.

나델라는 마이크로소프트의 CEO로 취임한 이후 지속적으로 '가치와 문화의 통합'에 힘썼다. 겉으로만 보면 중앙집권적인 전통 조직구조로의 전환을 시도한 것으로 보이지만 그가 생각하는 애자일의 가치와 문화를 조직에 불어넣기 위한 일련의 준비 작업이었다. 취임 초기, '하나의 마이크로소프트One Microsoft'를 위한 '성취Achievement, 성장Growth, 공감Emphaty'*이라는 가치 중심적 키워드를 비즈니스와 조직/인사 관리 시스템 전반에 이식함으로써 기업의 '정신'을 통합하고자 했다. 전통 구조를 활용하는 대신 내부의 층위를 상당 부분 없애고, 메시지 통로를 톱다운 일변도가 아닌 상호 적극적 피드백이 가능한 쌍방통로로 재구축함으로써 '역설적인' 효과를 거뒀다. 그가 취임하고 5년이 지난 후, 마이크로소프트는 애플을 제치고 16년 만에 미국 뉴욕 증시 시가총액 1위(2018년 11월 30일 기준)를 탈환, 그 가치를 이어가고 있다.

나델라 취임 이후 변화된 마이크로소프트의 조직구조를 살펴보면 3가지 특징이 보인다.

첫째, 핵심 기능 조직을 베이스로, 조직이 지향하는 미션에 부합하는 조직끼리 전략적으로 그룹화한 '하이브리드 조직(일종의 매트릭스 조직)'을 지향한다.

둘째, 매트릭스 형태의 거시 조직이 민첩하게 구동할 수 있

* 사티아 나델라가 주장한 가치 중심적 키워드는 우선 '성취'로, 그는 취임 후 마이크로소프트의 미션을 "모든 개인과 모든 조직이 더 많은 성과를 달성할 수 있도록 지원하자"라는 가치 중심적인 표현으로 바꿨다. 새로 정의한 조직의 사명 선언문은 조직 구성원 및 조직을 둘러싼 이해관계자가 거대한 열망과 변화를 불러일으키는 목적(Massive Transformation Purpose, MTP)을 상기시킬 수 있도록 구성됐다. MTP는 학문 간 경계를 넘는 융합, 미래에 대한 통찰력, 기업가와 창업 정신을 함양하는 데 교육의 중점을 두는 실리콘밸리 기반의 싱크탱크 교육재단인 싱귤래리티대학의 글로벌 대사인 살림 이스마일(Salim Ismail)의 저서 《기하급수 시대가 온다(Exponential Organizations)》에서 제시된 개념이다. 그는 100개의 매우 혁신적인 성장을 기록한 기업의 공통적 특징 중 하나가 강력한 변화에 대한 열망, 의지를 불러일으키는 목적, 가치를 구체적으로 기술한 미션을 가지고 있는 것이라 주장했다.
두 번째로, 진정한 혁신을 위해서는 성공을 재정의해야 한다고 주장했다. 그가 재정의한 성공은 구성원 각자가 '성장 마인드셋'을 갖는 것이다.
마지막으로, '공감' 능력이 단순하게 개인의 삶이나 기업의 문화를 바꾸는 것에 그치지 않고 이 사회를 변화시킬 수 있다고 말했다.[23]

도록 조직 내부의 불필요한 위계와 계층을 대폭 축소하고 조직을 회사의 전략 변화 방향성 및 추구하는 가치에 부합하도록 최적화하는 과정을 지속한다. 나델라 취임 이후 마이크로소프트는 조직 방향성에 맞지 않는 조직은 과감히 없애거나 재조직화했다. 주기적으로 조직 내 인력을 변화하는 환경에 맞게 재배치하는 과정을 거치며, 이 과정에서 의사결정과 정보의 흐름이 좀 더 민첩하게 이뤄질 수 있도록 구조를 손봤다. 2019년 마이크로소프트는 '클라우드 성장의 가속화 및 조직 모델 단순화'[24]를 조직 개편 방향성으로 삼아 또 한 번의 점진적 구조 개선을 시행했다.

셋째, 변화를 지원하는 견고한 운영 철학 및 시스템을 함께 갖춘다. 앞선 자율경영 조직의 '매트릭스 조직의 부활' 부분에서 설명했듯, 결국 매트릭스 구조의 성패는 조직구조 자체가 아니라 목적에 맞게 운영할 수 있는 높은 조직 역량에 의해 좌우된다. 마이크로소프트는 목적과 의도에 맞는 조직 운영을 위해 미션과 성공, 리더십에 대한 재정립부터 성과 관리, 예산 접근 방식, 조직 내 정보 시스템까지 애자일 경영이 요구하는 형태로 개혁을 시행했다.

마이크로소프트는 오랜 기간 애자일 경영과는 대척점에 있던 복잡도 높은 대규모 조직을 애자일 경영 조직으로 '전환'하는 데 실마리를 제공한다는 점에서 큰 의의가 있다. 마이크로소프트는 좀 더 애자일하기 위해 역설적으로 전통 조직구조를 활용해 조직에 새롭고 강력한 가치관을 이식하는 조직 통합을 꾀했다.

이를 바탕으로 다시 하이브리드 조직으로 나아가는, 설계 목적에 부합하면서도 현실에서 실질적으로 작동하도록 조직 역량과 운영 시스템을 정렬Alignment했고 현재까지 성공적으로 조직을 운영 중이다.

애자일 전환의 핵심
: 변화 관리

애자일 전환에 성공한 다양한 기업들의 사례에서 도출할 수 있는 인사이트는 무엇일까? 앞선 기업들은 단순히 좋은 메커니즘의 조직을 설계하는 데 그치지 않고 지속적인 개선을 통해 조직을 운영해 왔다. 그리고 그 안에서 나름의 노하우를 갖추고 '변화 관리Change Management'에 대한 역량을 쌓았다. 여기서 변화 관리란 기업에 일어나는 중대한 변화를 기업 성과가 향상되는 방향으로 관리하는 것을 말한다.

변화 관리가 중요한 이유는 대다수의 혁신적 시도가 혁신을 받아들이는 조직 구성원들이 이를 제대로 받아들이지 못해서 실패하기 때문이다. 실제 애자일 관리 소프트웨어업체 버전원이 진행한 설문조사에 따르면 애자일 경영으로의 전환을 시도하는 대다수의 기업들은 애자일 경영의 가치가 기존 기업문화와 충돌하거나(63%), 애자일 방법에 대한 내부 경험이 부족해(47%) 전환에 실패했다. 이는 결국 완벽한 시스템을 도입하는 것보다 그 이후에 발생하는 변화로 인해 발생하는 다양한 문제들을 어떻게 관리하느냐가 더 중요하다는 뜻이다.

그렇다면 변화 관리를 위한 역량을 조직 내에 체화하는 데 중요한 요소는 무엇일까? 바로 조직 운영이다. 그리고 그 조직 운영의 핵심은 '사람'이다.

운영의 중요성을 설명하기 위해 사례를 들어보도록 하자. 한 때 일본의 유통업계에서는 '이세탄 방식'이라는 업무 방식이 유행했다. 이는 일본 이세탄 백화점 직원들의 업무 방식을 말한다. 이세탄 방식은 직원들이 각각 자신의 '머천다이징 노트'를 항상 소지하면서 백화점의 완벽한 상품 구성을 위해 끊임없이 생각하고 노력하는 방식이다. 직원들은 자신의 분석 결과를 바탕으로 현장에서 상품을 구성하고 실제 판매 결과를 통해 피드백을 받으면서 백화점 매대와 '키즈존', '이벤트존' 등 상품 체험 공간을 바꿔 나간다. 이는 2000년대 초반 이세탄 백화점이 다른 경쟁업체에 비해 불리한 입지여건에도 불구하고 승승장구하며 날로 번창하는 원동력이었다. 이세탄 신주쿠점은 연간 3천만 명의 방문 고객을 유치할 정도였다. 그러자 일본 내 많은 백화점들이 이세탄 방식을 벤치마킹했고, 유통업계 사이에 유행처럼 번지기 시작했다.

그러나 결과적으로 벤치마킹에 성공한 곳은 단 한 곳도 없었다. 대표적인 곳이 '오다큐 백화점'이다. 이들은 2004년 이세탄의 사장 출신인 가케이를 비롯해 주요 임직원들을 영입, 의욕적으로 이세탄 방식 도입을 추진했다. 하지만 오다큐 백화점은 오다큐 전철의 자회사로 공기업 문화가 강한 '철밥통' 기업이다. 직원들은 매출 증가가 전혀 절박하지 않았다. 불리한 매장 위치를 상품 구성으로 극복해야 살아남을 수 있다는 간절함 또한 없었다. 당연히 직원들은 새로 도입한 이세탄 방식에 시큰둥했고, 오히려 "귀찮게 이런 걸 왜하냐"라는 의견도 많았다. 결국 오다큐 백화점은 2008년 이세탄 방식을 철회했고 이세탄 출신 임직원들은 전원 사표를 냈다. 조직의 차이를 고려하지 않은 단순한 모방의 결말이었다.

제조업 혁신의 대명사인 도요타 역시 마찬가지다. 제조업체 중 도요타의 TPS Toyota Production System(도요타 생산 시스템)를 벤치마킹하지 않은 곳은 거의 없다고 봐도 무방하다. 하지만 전 세계에서 도요타 방식을 성공적으로 도입한 회사는 딱 한 군데라고 한다. 어딜까. 바로 도요타 자신이다. 왜 그럴까. 의외로 간단하다. 다들 TPS의 하드웨어적인 실천법에만 집중했기 때문이다.

일반적으로 도요타하면 정교한 매뉴얼로 정평이 나 있다. 그래서 도요타를 배우려는 기업들은 도요타의 매뉴얼을 그대로 가져오는 것에 집중한다. 하지만 그들이 베끼려고 하는 매뉴얼은 그저 특정 시점의 스냅샷일 뿐이다. 다시 말해 도요타의 매뉴얼은 수시로 변하고 발전한다. 도요타에서 서비스 엔지니어로 10년 가까이 일한 바 있는 《도요타 생각》의 저자 하라 마사히코는 "도요타의 획기적인 시스템은 직원들의 일에 대한 생각에서부터 나온다. 다시 말해 직원들의 마인드셋이 중요하다. 이 시스템을 이루는 기초를 이해하지 못하고는 도요타 시스템을 적용해도 성공하기 어렵다"고 설명하기도 했다.[25]

앞의 두 사례를 굳이 장황하게 설명하는 이유는 애자일 경영을 도입하려는 대다수의 기업들의 모습이 이세탄 백화점이나 도요타를 벤치마킹하려던 과거의 회사들과 비슷하기 때문이다. 아무리 완벽한 조직 설계를 하고 시스템을 이식한다 해도 그 시스템을 움직이는 사람들이 준비가 되어 있지 않다면 시스템은 제대로 돌아가지 않는다. 애자일 경영을 도입하려면 조직 내 구성원들이 혼란을 겪지 않게 하기 위한 명확한 규범과 평가 및 보상 제도 등이 마련되어야만 한다.

프레임워크 내 자율 보장하기

애자일 경영을 도입하려는 기업들이 가장 고민하는 것이 바로 조직 운영의 문제다. 특히 어떻게 직원들에게 조직의 변화를 이해시키고 동기부여시키느냐는 거다.

앞서 강조했듯이 조직 구성원들이 역량을 최대한 발휘하고 참신한 아이디어를 만들어낼 수 있게 하기 위해서는 일정 수준 이상의 자율이 보장돼야 한다. 이는 애자일 경영 철학과도 일치한다. 하지만 실제 현업 리더들은 직원들에게 자율성을 부여하는 것과 운영상 질서를 잡는 것 사이의 긴장 상태를 해결하는 데 어려움을 겪는다. 리더들이 자율과 통제를 제로섬Zero-Sum 관계라고 생각해 양 극단을 계속 오가고 있기 때문일 수도 있다. 하지만 오히려 잘 설계된 가이드라인은 자율성을 저해하지 않으면서 적절한 통제를 가능하게 한다.

대표적으로 넷플릭스를 들 수 있다. 넷플릭스의 최고인재책임자로 일했던 패티 맥코드Patty McCord가 쓴 《파워풀Powerful》이 많은 사람들의 관심을 받으면서 넷플릭스식 자율문화에도 관심이 모아졌다. 넷플릭스는 경영에 대해 방관적 접근법을 취하며, 경영진은 직원들이 매번 어떤 허락을 얻기 위해 이것저것 물어보지 않아도 될 때 최선의 성과를 낸다고 믿는다. 이것이 기본적으로 넷플릭스에 대해 보통의 사람들이 갖는 생각이다.

하지만 실제 넷플릭스의 조직문화는 완전 자율을 추구하지 않는다. 그보다는 적절한 수준의 자유와 책임의 혼합이라고 보는 것이 타당하다. 즉, 직원은 문화기술서에 나와 있는 전략적 우선순위 내에서 자유롭게 자신의 판단에 따라 행동한다. 이 문서에는 회사의 철학에 대한 주요 질의응답이나 효율성보다 유연성을 더 중시하고 규칙을 최소화하기 위한 지침 등이 적혀 있다. 그 결과 넷플릭스에는 새로운 영화뿐만 아니라 TV 콘텐츠에서 혁신적인 소셜미디어 광고에 이르기까지 직원들이 아이디어를 낸 이니셔티브Initiative가 넘쳐난다. 또한 휴가기간, 육아휴직, 출장경비 등을 인사 팀이 통제하지 않는다. 직원 스스로 관리가 가능하다고 믿기 때문이다. 넷플릭스는 직원이 자신의 의견을 표현하고 자신의 관점을 주장하도록 권장한다.

여기까지 읽고 나면 이런 생각이 들 수 있다. 넷플릭스와 같은 규모의, 그것도 IT기업이나 전문 서비스 기업에서나 가능한 이야기가 아니냐는 반론이다. 하지만 이미 애자일 경영이 소수 스타트업의 전유물이 아니라고 설명했던 대로 '자율과 책임' 역시 일부 기업들의 전유물은 아니다.

대표적인 예로 미국 알래스카항공 사례를 보자. 항공산업은 안전이 중시되어 규제가 많고 수익이 낮은 산업이다. 알래스카항공은 규모 자체가 큰 항공사도 아니었다. 그러나 1990년대 경쟁 항공사들과는 다르게 현장 직원들에게 재량권을 부여함으로써 경쟁사 대비 '고객 서비스 중심 항공사'라는 뚜렷한 이미지를 만들었다. 이 같은 이미지는 알래스카항공이 고객과 접점에 있는 직원들에게 최대한의 자율권을 보장해줬기 때문이다. 이때까지만 해도 알래스카항공은 만족도와 충성도가 높은 고객층을 유지하기 위해 승객들의 요구를 들어주고, 적절한 보상을 해주는 데 최선을 다할 것을 직원들에게 요구했다. 하지만 문제가 생겼다. 직원들이 정확한 기준 없이 고객의 요구를 들어주는 데만 혈안이 되다보니 회사의 방향성이나 이익에 맞지 않는 고객의 요구까지 들어주는 사례들이 발생했다.

그러던 중 2000년 1월 알래스카항공 261편 항공기가 태평

양 한 가운데 추락하면서 88명 승객 전원이 사망하는 사고가 발생했다. 이 추락사고를 계기로 알래스카항공에 문화적 변화가 시작됐다. 성장계획을 축소하고 안전담당 부사장을 임명하고 항공기 유지보수 인력 200명을 추가 고용하는 등 안전에 더 초점을 맞추기 시작한 것이다. 당시는 9·11테러 직후라 항공 수요는 급감한 반면 보안 관련 비용은 크게 증가해 알래스카항공 역시 2001년에 4,300만 달러 적자를 입었고 다른 미국 항공사들은 이보다 더 사정이 안 좋았다. 회사가 어려워지면서 안전·비용·성과 개선에 대한 상당한 압력이 가해지자 알래스카항공은 자율과 통제가 상충한다는 전통적 가정을 받아들이고 통제 중심 문화로 변화를 시도한다.

변화를 상징하는 대표적 사례가 바로 '플레이북'이다. 알래스카항공은 사고 몇 년 후, 안전 및 정시출발률 성과를 개선하고자 매우 세세하게 정의된 플레이북을 만들었다. 그 결과 운영의 효율성이 높아지고 순이익도 2006년 1억 3,800만 달러에서 2014년 5억 7,100만 달러로 증가했다. 하지만 알래스카항공의 개성이자 경쟁력이라고 할 수 있는 '고객 중심' 전통이 사라졌다. 수익은 개선됐지만 회사의 색깔을 잃어버린 것이다.

알래스카항공은 2014년부터 다시 회사 본연의 색깔을 찾기 위한 노력에 들어간다. 우수한 고객 서비스 중심 항공사라는 명성을 되찾고자 일선 직원들에게 자율성을 보장하는 문화로 회귀하기로 한 것이다. 단, 이번에는 명확하게 경계선을 만들기로 한다. 과거의 실수를 되풀이하지 않기 위해 알래스카항공의 리더십 팀은 디즈니 연구소를 벤치마킹한다. 디즈니 연구소는 훌륭한 고객 경험을 위해 고객 경험을 극대화하는 '4가지 열쇠'를 강조했다. 알래스카항공은 여기에서 영감을 얻어 자사의 서비스 기준을 '안전, 보살핌, 서비스 전달, 설명'으로 규정하고 각 기준에 대해 직원의 태도 및 행동에 대한 광범위한 가이드라인을 만든다.

물론 단순히 가이드라인을 만드는 것만으로는 충분치 않다. 알래스카항공의 리더들도 이를 잘 알고 있었다. 그들은 현장 직원들이 회사의 서비스 기준을 완전히 습득해야 이를 바탕으로 자율적으로 고객을 응대할 수 있다는 것을 경험을 통해 배운 것이다. 그래서 최고경영진까지 참여하는 포괄적인 트레이닝 프로그램을 개발해 직원들을 교육했다. 알래스카항공은 학습에 몰입할 수 있도록 설계된 공간에서 회사의 핵심 가치와 역사를 가르치고 회사가 생각하는 참모습과 '미래의 성공은 오랫동안 이어져 내려온 고객 중심 가치에 기반한다'는 철학을 전달하기 위해 노력했다. 그 결과 알래스카항공은 2017년 JD파워 소비자만족 평가에서 전통 항공사 중 최고등급을 받았다.

작동하는 프레임워크 만들기

알래스카항공이 과거의 영광을 되찾으면서도 직원들에게 자유를 최대한 보장하는 데서 오는 부작용을 최소화할 수 있었던 것은 잘 짜여진 프레임워크 덕분이다. 그렇다면 이런 프레임워크는 어떻게 만들 수 있을까? 란제이 굴라티Ranjay Gulati 하버드 경영대학원 교수가《하버드 비즈니스 리뷰》에 기고한 글에서 프레임워크를 만드는 3가지 핵심 요인을 정의한 내용을 바탕으로 살펴보자.

우선, 가장 중요한 것은 회사의 목적을 제대로 기술하는 것이다. 이는 조직이 존재하는 이유를 요약해 보여준다. 알래스카항공은 직원들이 동의할 수 있는 하나의 목표를 만들기 위해 회사 내 성과가 좋고 평판도 좋은 20여 명의 일선 직원과 8명의 관리자로 팀을 구성했다. 그리고 이들에게 회사의 목표를 기술하는 일을 맡겼다. 그렇게 나온 결과물이 '개별화된 운송과 특별한 여행경험을 제공하기 위해 더 높은 수준으로 나아가기'다.

하지만 이런 목표는 추상적이다. 이를 현실에 적용하려면, 그 다음으로 조직의 목표를 반영하는 행동규범 수립이 필요하다. 회사의 이해관계를 자세히 설명함으로써 직원들이 회사의 이해관계에 맞게 행동하고 시간 및 여타 자원을 현명히 사용할 수 있다. 알래스카항공의 경우, 안전이 가장 우선이고, 그 다음으로 보살핌, 그리고 서비스 전달, 마지막으로 설명 순이다. 또한 '더 높은 수준으로 나아가기'란 안전이나 효율성을 희생하지 않으면서 고객을 위해 한 걸음 더 나아가는 것을 뜻한다.

마지막으로 조직의 목적과 우선순위를 기반으로 한 단순한 일련의 원칙이 있어야 한다. 원칙은 직원들이 자신의 일상 업무에서 합리적 선택을 내릴 수 있도록 돕는다. 하나의 원칙은 하나 이상의 상황에 적용되어야 하며, 긍정적 가이드라인뿐 아니라 행동을 제한하는 가이드라인도 포함될 수 있다.

이상적으로는 목적, 우선순위, 원칙이라는 3단계가 각각 조직 내 모든 직원의 피드백을 통해 지속적으로 재정의되고 변경돼야 한다. 그렇지 않으면 프레임워크가 현실에 적용되지 못하거나, 이해관계를 반영하지 못하거나, 일관성을 잃게 된다.

애자일 전환의 핵심
: 성과 관리

여러분이 기업의 리더라고 가정해보자. 이 책을 읽고 애자일 경영의 기본 철학과 애자일 조직을 만드는 방법에 대해 이해를 한 당신은 회사에 애자일 경영을 도입하려고 한다. 직원들의 공감을 얻기 위해 직원들을 한 곳에 모아두고 애자일 경영이 왜 중요하고 어떤 의미가 있으며 우리의 일하는 방식이나 성과에 어떤 영향을 미칠지 설명한다. 그리고 직원들에게 "혹시 질문 있나요?"라고 묻는다면 가장 먼저 받게 될 질문은 아마 "그럼 우리는 어떤 기준으로 평가를 받나요?"일 것이다. 그만큼 직원들에게 중요한 것은 평가다. 따라서 변화 관리와 함께 조직의 혁신에 있어서 가장 중요하게 다뤄져야 할 부분이 바로 '성과 관리'다.

그간 기업은 정교한 목표를 수립하고 직원이 해야 할 행동을 정의하고, 사전 규정된 프로토콜에 따라 직원의 성과를 예측하고 계량해 점수화 혹은 등급화하고자 했다. 그리고 그 결과를 통계적, 수학적 정규분포에 적용해 구성원의 보상과 승진 등에 반영했다.

하지만 어찌된 일인지 이런 시도는 매번 수포로 돌아가고 말았다. 사실 애자일 경영이 각광을 받기 이전부터 이미 기존의 성과주의 중심의 성과 관리 시스템은 현장에서 한계를 드러내고 있었다. 2014년 딜로이트가 실시한 '글로벌 인적 자본 동향Global Human Capital Trend'에 따르면 조사대상 90개 나라 2,500개 조직에서 현재의 성과 관리 시스템과 프로세스가 가치 있다고 응답한 비율은 단 6%에 불과했다.

애자일 경영 철학 내 성과 관리(이하 애자일 성과 관리)는 테일러식 합리주의가 주창했던 계량, 예측, 경쟁, 효율이라는 키워드 속에 가려진 진실을 인정하는 것에서 출발한다. 그 진실은 경영 활동이 조직 내 인간의 상호 교류와 교감과 같은 감정의 흐름 속에서 이뤄진다는 것을 인정하는 데에서 출발한다는 것이다.

기존의 성과 관리 체계가 '동기부여 = 금전적 보상'이라는 단선적 전제 아래 조직됐다면 애자일 성과 관리는 구성원의 내적, 심리적 동기부여에 주목함으로써 구성원별로 동기부여를 추동하는 맥락의 이해 폭을 넓히고자 한다.

스택랭킹 시스템 의심하기

랭크 앤드 양크 혹은 스택랭킹 등으로 불리는 상대평가 시스템은 명칭은 다르지만 결국 매년 직원들을 평가해 구성원의 성과를 강제 서열화하고 이에 따른 차별적 인사 관리를 한다는 공통적 골조를 갖고 있다. 여기에는 구성원의 성과를 정확히 측정해 비교하는 것이 가능한 테일러식 합리주의에 경제학의 파레토 법칙과 수학의 정규분포가 덧입혀져 있다. 언뜻 보기에는 상당히 과학적인 느낌이 든다.

하지만 최근 연구들에 따르면 이 같은 상대평가 시스템이 과학적 근거가 없는 일종의 휴리스틱스에 가깝다는 것이 드러나고 있다. HR 컨설턴트이자 버신 바이 딜로이트Bersin by Deloitte의 설립자 겸 회장인 조시 버신Josh Bersin은 상대평가 시스템에 대해 “이것은 사실상 특정 시대와 지역에서 활동했던 비즈니스 리더(예, 잭 웰치)의 성공담에 의존한 것에 지나지 않는다”고 평하기도 했다. 실제 상대평가 시스템의 상징과도 같은 기업인 GE나 마이크로소프트는 이미 수년 전 상대평가를 폐기했다. 왜 그럴까.

직원들을 줄 세우는 랭킹 시스템의 가장 큰 문제는 구성원의 협업과 팀워크 구축을 방해할 뿐만 아니라 외부 경쟁 환경에 대한 대응력도 떨어뜨린다는 점이다. 갈수록 변화의 속도가 빨라지는 경영환경에서 구성원 간 협업 필요성과 전문 직무 간 융합이 어느 때보다 강조된다. 이런 상황에서 정규분포 곡선Bell Curve

을 따르는 상대평가 시스템은 오히려 과도한 경쟁과 갈등을 유발해 조직의 생산성과 몰입을 떨어뜨린다.

또한 성과 관리의 핵심 아이디어인 정규분포 자체가 과학적이지 않다는 연구 결과들도 속속 나오고 있다. 라즐로 복Laszlo Bock 전 구글 CHO(최고인적자원책임자)의 저서 《구글의 아침은 자유가 시작된다Work Rules》에 따르면 인간의 심리, 행동요인 그리고 환경적 불확실성이 복합적으로 활성화되는 기업 경영 활동에서 조직 구성원이 이뤄내는 성취는 대부분의 직무 영역에서 정규분포가 아닌 멱함수 분포*를 따른다. 이를 조금 더 쉽게 설명하면, 실제 조직의 실질적 성과를 견인하는 구성원은 정규분포 곡선에서 추산하는 비율보다 훨씬 낮고, 이들이 창출하는 성과는 반대로 정규분포에서 예측하는 기여보다 훨씬 높다.

글로벌 컨설팅펌 맥킨지가 2016년 발간한 〈성과 관리 보고

* **멱함수 분포**: 멱 법칙(Power Law)은 한 수가 다른 수의 거듭제곱으로 표현되는 두 수의 함수적 관계를 의미한다. 가령, 특정 인구수를 가지는 도시들의 숫자는 인구수의 거듭제곱에 반비례해 나타나게 된다. 뿐만 아니라 매우 다양한 분야에서 하지만 지극히 제한된 범위에서 근사적으로 멱 법칙이 성립하는 사례를 찾아볼 수 있다. 지진의 강도, 달의 크레이터, 태양 플레어, 다양한 종의 사냥 패턴, 신경 개체군의 활동 패턴 크기, 대다수 언어에서의 단어 사용 빈도, 성씨의 빈도, 유기체 계통 분기군의 종의 다양성, 정전, 전쟁 등이 그에 해당한다. 우리에게 익숙한 정규분포가 랜덤 네트워크로 벨 커브 형태를 띈다면 멱함수 분포는 척도 없는 네트워크에 비유할 수 있다. 척도 없는 네트워크는 주요 거대 지점에 모이는 항공 교통로를 떠올리면 이해가 쉽다. 즉, 물리적 연결 제약이 적은 네트워크에서는 소수의 노드에 쏠림 현상이 벌어지며 이는 극심한 빈익빈 부익부 형태의 분포를 나타낸다.

서〉에 따르면, 멱함수 법칙에 근거한 최신 성과 관리에서 중요한 것은 첫째, 내부의 극소수인 초고성과 인력을 파악해 제대로 관리하는 것이며, 둘째, 그 이외의 구성원들에 대해서는 성과의 강제적 우열분류에 천착하기보다는 실질적 성과창출을 독려하기 위한 '성과 개발' 관점으로 인적 관리 초점을 변화시키는 일이다.

동기부여를 위한 진정한 보상 고민하기

상대평가 시스템과 함께 애자일 경영을 추구하는 조직이 운영을 위해 다시 한번 생각해봐야 할 것은 동기부여와 보상 정책이다. 지금까지 대다수의 조직은 상대평가를 통해 직원들을 줄 세운 후 순위에 따라 차등적으로 보상했다. 그러나 3장 '조직문화 혁신, 애자일 철학 이해가 먼저다'에서 살펴본 것처럼 금전적 보상 차별화와 경쟁 강화는 구성원의 성과를 높여주는 진정한 동기부여 요소가 아닐 가능성이 높다.

실제 최신 연구에서는 금전적 보상이 성과의 질적 향상을 제대로 담보하지 못하고, 오히려 방해할 수 있다고 경구하고 있다. 앞서 언급한 댄 애리얼리 듀크대학교 행동경제학과 교수는 금전적 보상이 단순하고 기계적인 업무에는 효과가 있지만 복합적 사고를 요하는 문제 해결과 같은 업무에는 방해가 된다는 것을 실험을 통해 입증했다. 그중 대표적인 실험이 이스라엘 인텔 공장 직원들을 대상으로 진행한 연구다.

애리얼리는 인텔 공장 직원을 3그룹으로 나눠 인센티브를 걸었다. 생산 실적이 평소보다 좋으면 1번 그룹에게는 30달러의 보너스를, 2번 그룹에게는 피자 한 판을, 3번 그룹에게는 직속 상사의 격려 메시지를 제공하겠다고 약속했다. 첫 날, 각 그룹의 생산성은 4.9%, 6.7%, 6.6% 올랐다. 예상 외로 30달러 보너스보다 상사의 격려가 더 큰 동기부여를 하는 것으로 나타났다. 더 놀라운 일은 5주 후에 벌어졌다. 같은 인센티브를 걸고 5주를 일하게 하자 1번 그룹의 생산성은 평소 대비 6.5% 떨어지고, 2번 그룹의 생산성도 2.1% 하락한 반면, 3번 그룹의 생산성은 0.64%가 올랐다. 단기적인 효과가 있을 것처럼 보였던 돈과 피자 같은 금전적 보상이 장기적으론 생산성을 파괴하는 결과를 나타낸 것이다. 흔히 상식으로 생각하던 금전적 보상이 동기부여에 긍정적 영향을 미치지 않는다는 대표적인 연구다.

일련의 실험 결과는 심리학 개념인 '주의분산 효과Distraction Effect'가 무엇인지를 보여준다. 애리얼리는 "금전적 보상은 주의력을 떨어뜨릴 뿐만 아니라 직원들의 정신과 집중력을 점령한다. 직원들은 보상을 받게 될 미래의 상황과 보상을 받지 못하게 될 때 느낄 후회를 떠올리며 결국 눈앞의 업무에 집중하지 못하게 된다"고 설명했다.

변동성이 작은 경영환경에서는 과거의 보상 방식이 동기부여에 기여할 수도 있다. 하지만 최근의 기업 환경은 'VUCA시대'

로 부를 만큼 변동성이 크고 복잡한 상황이다. 이런 시대에 기업은 과거보다 훨씬 더 복잡하고 어려운 문제들을 풀어야 한다. 예전과 같이 단순 효율 중심의 성과주의는 VUCA시대에는 맞지 않는 옷이 되어버렸다.

이와 같은 이유로 애자일 성과 관리 실천 기업들은 단기적인 성과와 보상의 관계를 상대적으로 완화시키려는 경향을 보인다. 이들은 과거와 같이 틀에 박힌 상대평가 시스템을 통해 나온 결과를 보상에 바로 대입하는 관행을 버리고 성과 리뷰 결과를 보상을 결정하는 주요 참고자료로 활용한다. 그리고 보상 위원회에서 합리적인 논의와 합의를 통해 구성원의 보상 수준을 최종 결정하도록 권장하고 있다. 구글은 성과 리뷰가 보상과 직결되어 있다는 구성원의 인식 고리를 끊기 위해 성과 리뷰 시기와 보상 논의 시기를 완전히 분리해 적용하고 있다.

목표관리의 본질에 집중하기(MBO보다는 OKR)

최근까지도 다수의 기업들이 KPI Key Performance Index와 MBO Management by Objectives를 글로벌 표준으로 여겨왔다. 하지만 애자일 경영을 바탕으로 업무 효율성과 혁신적 조직문화를 이룩한 글로벌 기업들은 OKR Objective Key Result이라는 성과 관리 기법을 사용하고 있다.

국내 기업 대다수가 활용 중인 MBO 메커니즘의 골조는 탑다운Top-Down과 순차적 세분화Cascading*라는 특징이 강한 반면, OKR은 구성원의 내재적 동기부여를 우선 강조하는 바텀업Bottom-Up 차원에서의 목표 수립이 강조된다. 경영진을 중심으로 목표를 설정하고 이를 강제 할당하는 현 MBO 체계는 매우 체계적이고 정교해 보이지만 그것을 하나하나 구현하기는 매우 복잡하고 난해하다. 할당된 KPI의 속성 역시 개인이 직·간접적으로 컨트롤하기 어려운 지표가 부여되는 경우가 부지기수다. 이와 비교해 OKR은 다음과 같은 주목할 특징을 가진다.

첫째, **설정되는 성과지표가 조직과 구성원 개인의 이상과 직접적으로 연계돼 있다.** OKR은 이름처럼 Objective와 Key Result로 구성된다. 구성원은 MBO의 KPI와 유사한 점검지표Key Result를 도출하기 이전에 조직 혹은 개인이 추구하는 이상적이고 추상적인 목표를 가정한다. 이 목표는 구성원 스스로 주체적으로 공개된 기업의 비전과 자신이 속한 조직 및 개인의 역할, 그리고 내재적 포부를 종합해 설정한다. 개별 지표를 설정하기 이전에 일을 하는 목적과 직무를 통해 얻고자 하는 포부를 먼저 생각함으로써 '성과'에 대한 방향성을 내재화하고, 스스로를 동기부여

* **순차적 세분화**: 사업본부의 성과지표를 하위 팀 단위로, 다시 이를 개인 단위로 분해해 나가는 과정이다.

하는 것이다. 이렇게 목표를 세운 다음에야 비로소 이를 현실화시키기 위한 점검지표를 3~5개 수준으로 명확화해 점검지표로 삼는다.

둘째, **목표 수준은 달성 불가능한 최대한의 포부를 기준으로 삼는다.** OKR을 잘 활용하는 기업으로 유명한 구글의 전 CHO인 라즐로 복은 목표를 정할 때 의도적으로 달성하기 어려운 야심찬 목표를 세우라고 조언한다. 달성하기 어려운 목표를 정하고 이를 달성하기 위해 정진하다 보면 100% 달성은 불가능하지만 목표를 낮게 측정하는 것보다 실제 달성도를 높일 수 있다는 것이다. 100을 달성하기 위해서는 120을 꿈꿔야만 한다는 생각이 스스로에게 내재적 동기부여가 되어 조직이 혁신할 수 있다는 사고가 구글의 OKR에 내재돼 있는 것이다.

테슬라, 구글, 애플, 넷플릭스 등 대표적으로 애자일 성과주의를 도입한 기업들이 일반 기업들보다 혁신성이 높은 이유는 달성하기 어려운 꿈을 목표로 삼도록 만드는 시스템에 있다. 포부를 목표로 삼는다는 것이 어찌 보면 당연한 이야기처럼 들리지만, 엄격한 상호 경쟁과 이를 통한 보상 차별화를 강화하는 현재의 MBO 체제에서는 순수한 포부를 목표로 삼기 어렵다. 경쟁과 보상이 직결된 MBO 체제에서 목표의 미덕은 달성 가능성이기 때문이다.

셋째, **조직 상위목표 연계와 목표 적정성 검증은 투명한 시장 논리로 해결한다.** 앞서 설명한 대로 MBO는 목표를 순차적으로 세분화한다. 쉽게 말하면, 목표가 위에서 정해져서 아래로 내려간다. 전사의 목표가 정해지면 이를 사업본부별로 내리고 사업본부의 성과지표가 하위 팀 단위를 거쳐 개인까지 분화해 내려간다. 이 방법은 효율적이고 개인의 목표와 조직의 목표가 잘 연계될 수 있다는 장점이 있지만 개인의 목표를 위해 할당하다 보니 동기부여 측면에서는 효과가 떨어진다. 이를 보완하기 위해 애자일 성과 관리를 표방하는 조직은 조직과 개인의 모든 목표Objectives와 핵심 결과Key Result를 누구든지 열람할 수 있도록 완전 개방하고 이를 조율할 수 있는 논의의 장을 온·오프라인상에 항상 마련한다. 그리고 이를 지원하는 독립적 조언자Advisor를 둠으로써 자연스럽게 상호 검증이 이뤄질 수 있도록 유도한다. OKR은 건강한 동료 간 압박Peer Pressure 아래 목표와의 적절한 연계를 자율적으로 이룰 수 있다는 믿음이 전제돼 있다.

넷째, **OKR은 기존 MBO보다 점검주기가 짧다.** 전통적 MBO는 기본적으로 연단위의 기간을 두고 목표를 설정 및 관리해 왔다. 반면에 OKR 적용 기업들은 목표와 핵심 결과를 시장 및 업무 환경과 맥락에 맞춰 유연하게 상시적으로 수정 및 보완하고 진행 상황을 점검한다. 그러나 이 역시도 요즘처럼 불확실성이 높아지는 경영환경에 맞지 않다는 것이 애자일 성과 관리를 도입한 기업들의 주장이다.

우리가 간과하지 말아야 할 것은 OKR도 무조건 따라해야 할 진리는 아니라는 것이다. 실제 애자일 경영을 추구하는 기업 중 개인 차원의 OKR을 시행하지 않거나, 아예 OKR 자체를 폐지하는 기업들도 있다. 대표적인 사례가 스포티파이이다.

스포티파이는 2013년 개인 차원의 OKR이 더 이상 회사 환경에 맞지 않음을 선언하고 이를 폐지한다고 발표했다. 스포티파이에 따르면 개인 차원의 OKR은 조직에 가치를 부여하기보다는 오히려 조직의 민첩함을 떨어뜨렸다. 스포티파이 경영진은 OKR이 회사 수준에서 일반적인 목표와 결과를 시각화해 모든 사람이 한마음으로 움직이게 하는 데 효과적인 제도이긴 하지만 이를 과도하게 개별화할 경우 오히려 협력을 방해하고 불필요한 에너지를 소모하는 결과를 초래했다고 밝혔다.

스포티파이는 자사의 HR 블로그에 포스팅한 "왜 개별 OKR이 조직을 위해 작동하지 않는가"라는 글에서 OKR이라는 형식보다 중요한 것은 '실제 비즈니스 환경 아래 민첩함을 유지하게끔 하는 목표 관리가 무엇인지, 그 본질에 집중하는 것'이라 밝혔다. 그들이 내놓은 답은 '단순화'와 '우선순위'였다.

조직 단위에서 지금 해야 할 우선순위에 초점을 맞춰 구성원이 가야 할 방향을 명확히 하고, 그 이유를 이해하게끔 커뮤니케이션 하는 것이 스포티파이가 도출한 새로운 목표 관리 방식이었던 것이다. 개인에게는 회사/조직이 가고 있는 방향과 현재의 우선순위가 무엇인지, 정확히 알고 있는지 확인한 다음, 자율적으로 스스로 일하는 방식을 관리하고 책임질 수 있도록 한다.

커뮤니케이션 디자인하기

애자일 성과 관리는 기존의 합리주의 성과 관리에 행동경제학과 심리학 패러다임이 덧붙여진 것이다. 이 때문에 구성원의 심리와 인식에 큰 작용을 하는 기업 내부의 '커뮤니케이션과 메시지'를 중요하게 생각한다. 이는 기존의 합리주의 경영과 애자일 경영의 결정적 차이이기도 하다.

지금껏 구성원에게 어떤 형태로 메시지를 전달하는가의 문제는 기업 경영에서 부차적이고 덜 중요한 것으로 간주돼 왔다. 그러나 애자일 성과 관리를 도입하고 적용하는 대부분의 기업들은 이와 같은 기존의 행태를 뒤엎고 커뮤니케이션 디자인Communication Design에 큰 신경을 쓰고 있다. 기업 외적으로 제품 디자인, 광보 및 홍보 메시지 프레임, 기업 아이덴티티CI 등 고객과의 접점에 대한 포괄적이고 전략적인 커뮤니케이션이 어느 때보다 중요시되는 이 시대에 기업 내적인 리더십과 소통에 대한 '디자인'이 강조되는 것은 어쩌면 매우 당연하고, 오히려 진작 주목됐어야 할 영역이 아니었나 생각한다.

기업의 노력을 살펴보면 먼저, GE의 경우 평가와 관련된 용어에 대한 구성원의 인식을 고려해 성과 리뷰Performance Review를 성과 개발Performance Development로 명명했으며 피드백을 통찰Insight로, 목표Goal를 우선순위Priorities로 대체해 사용하고 있다. 어도비나 마이크로소프트 등은 체크인Check-In이라는 용어를 통해 전형적인 '평가'나 '피드백'이란 용어가 기존 체계와 맞물려 가져오는 고전적 인식을 전환하고자 노력하고 있다. 넷플릭스도 강점과 약점 같은 비판적인 느낌을 주는 단어들 대신 Stop, Start, Continue와 같은 용어를 통해 구성원들이 자연스럽게 피드백 문화에 녹아들 수 있도록 하고 있다. 성과 관리 전문기업 주가타Zugata는 구성원의 성과 리뷰에 대해 '애쓰고 있다Work On It', '잘하고 있다Rocking It'라는 2가지 표현만으로 피드백을 제공하기도 한다.

커뮤니케이션 디자인이 단지 구성원이 접하는 용어에 국한된 것은 아니다. 궁극적으로는 리더와 구성원 상호 간의 커뮤니케이션 태도나 방법에도 중요한 영향을 미친다. 예컨대 권위주의적이고 성차별적 발언을 일삼는 리더가 자신의 방식과 태도로 구성원을 피드백한다면, 구성원 입장에서는 그 시간들이 지옥과도 같이 여겨질 수 있기 때문이다.

자연스럽고 진정성 있게 평가하기

애자일 경영 조직에서는 평가에 대한 메커니즘도 바뀐다. 애자일 경영에서 평가는 평가라는 행위 그 자체보다 실질적인 성장을 도출하는 데 무엇이 필요한지를 찾는 데 집중한다. 인간이 비합리적이고 비이성적임을 감안할 때 "정확하게 평가하고 보상하면 구성원에게 동기가 부여되고, 이는 실질적 성과로 이어진다"는 기존 가정이 사실은 틀렸음을 받아들이고 변화를 도모하는 것이다.

이 때문에 애자일 성과 관리를 도입한 기업들은 공통적으로 피드백을 강조한다. 개인과 조직의 실질적 동기부여를 추동하기 위해서는 우선적으로 조직 그리고 개개인에 대해 알아야 하는 것이 필수다. 이 과정에서 상호 소통과 제안, 행동을 통해 궁극적으로 보다 생산적인 성과를 도모할 수 있다는 사고가 애자일 성과 관리에 내재돼 있다.

여기에서 조금 어려운, 그러나 매우 중요시되는 특성을 키워드로 요약하면 '자연스러움Natural'과 '진정성 있는Authentic'이 있다. 기존의 기업 피드백은 다분히 형식적이고 인위적인 절차에 짓눌려 피드백 본연의 역할을 수행하지 못한 채 억지스러운 글짓기 정도로 추락한 측면이 있다. 반면에 애자일 성과 관리를 실천하는 기업은 어떻게 하면 업무 과정 중 자연스럽고 진정성 있는 피드백을 유도할 수 있을지 고민하고 프로세스를 개선한다.

어도비나 마이크로소프트, GE 등이 피드백을 강조하면서 동시에 이것이 비공식적이면서도 일상 활동이 되어야 함을 강조하는 것 역시 그 연장선상에 있다. 애자일 성과 관리 기업들은 공식적으로 진행하던 평가 리뷰 세션을 분기에서 반기 혹은 연 1회로 줄이는 대신 자연스러운 일상적 피드백은 강화 및 장려한다.

한 때 애자일 성과 관리를 도입하려던 국내 기업 대부분이 큰 성공을 거두지 못한 가장 큰 이유가 이 맥락을 제대로 파악하지 못했기 때문이다. 이들 기업은 상시적인 피드백을 '평가주기의 축소'로 해석해 공식 평가주기를 1년에서 반기, 분기, 심하게는 월단위로 쪼개어 결과적으로 구성원들의 실무적 부담만 가중시키고 말았다.

애자일 경영은 직원을 어떻게 대할까?

애자일 경영의 기저에 깔린 기본 전제는 이렇다. 조직 내 직원들은 각 분야에 있어 최고 전문가이고, 이들은 자유재량 속에서 스스로 목표를 정하고 책임을 진다. 또한 애자일 조직이 갖는 기본 철학과 회사의 목표를 잘 이해하고 있으며, 최고의 인재들과 함께 일한다는 자부심을 통해 스스로를 동기부여한다. 하지만 실제 조직을 운영하다 보면 이런 가치들에 부합하지 않는 직원들이 있게 마련이다. 특히 기존 조직을 애자일 경영 조직으로 전환하려고 할수록 새로운 방향성에 맞지 않는 직원들을 어떻게 대할지에 대한 고민이 생겨날 수밖에 없다.

실패는 OK 무능함은 NO

애자일 경영이 추구하는 '실수를 권장하고 갈등을 당연한 것으로 받아들이는 문화'에 한 걸음 더 들어가보자. 애자일 경영이라고 해서 모든 실수와 갈등이 용인되는 것은 아니다. 권장되는 것은 실패를 통해 배움을 얻고 이를 성장으로 이어 나갈 수 있는 정상적인 피드백 루프 안에서의 생산적 실수와 창의적 갈등에 한한다. 실패를 통해 궁극적으로 배운 게 있다면 그 실패는 축하해야 마땅하지만, 여기서 축하할 대상은 실패 자체가 아니라 학습임을 잊어선 안 된다. 무능하고 무책임함에서 비롯된 실수와 실패가 용인될 공간은 애자일 경영에 없다. 분식회계, 부실공사 등과 같이 비즈니스 윤리를 배신한 행위가 실수로 포장되어 용서받을 여지도 없다. 악의적인 루머를 양산하거나 권력형 성희롱을 가하는 행동, 이로 인해 발생한 조직 갈등이 '당연한 것'으로 포장되는 것은 더더욱 애자일 경영과 거리가 멀다. 그러므로 실패와 갈등을 긍정하는 조직에는 매우 유능하고 성숙한 '좋은 동료'가 필요하다. 애자일 경영 조직이 리스크 테이킹이나 실패를 장려하는 이유 역시 직원들의 우수함을 믿기 때문이다.

애자일 조직은 각 분야 최고 전문가이자 유능한 직원들이 함께 모여 일할 때 시너지 효과가 난다. 새로운 기술이나 비즈니스 모델은 불확실성으로 가득 차 있고, 사람들은 보통 자신이 뭘 모르고 있는지 모르기 때문에 새로운 것을 모색하면서 배워야 한다. 이런 상황에서 실패는 앞으로 나아갈 방향에 대해 값진 교훈을 제공한다. 물론 서툰 생각으로 나온 디자인이나 잘못된 분석, 불투명함, 무능력한 관리능력 때문에 실패하는 경우도 있다.

실험은 과감하게 규율은 엄격하게

실험을 권장하는 조직은 불확실성과 모호함도 편안하게 받아들인다. 이런 조직은 답을 이미 알고 있거나, 앞으로 나아갈 방향을 통찰력 있게 분석할 수 있다는 생각으로 일을 진행시키지 않는다. 당장 출시 가능한 제품과 서비스를 개발하기보다는 새로운 것을 배우기 위해 실험에 나선다.

하지만 아무리 과감한 실험이 중요하다고 해도 일정 수준의 규율은 필요하다. 규율이 없으면 사실상 모든 행위가 실험이란 이름으로 정당화된다. 오히려 규율을 중시하는 조직은 잠재적인 학습가치를 바탕으로 실험 대상을 신중하게 선정하고 비용 대비 많은 정보를 산출하기 위해 철저히 설계한다. 애자일 경영 조직은 실험에 착수할 때부터 어떤 경우에 실험을 계속하고, 방향을 수정하고, 아이디어를 폐기해야 할지를 결정하는 명확한 기준을 세운다. 그리고 실험을 통해 발견한 사실을 객관적으로 파악한다. 초기의 가설이 틀렸으면 유망해 보였던 프로젝트라도 취소하거나 방향을 완전히 바꿔야 함을 인정한다. 잘못된 프로젝트를 중단하는 데 익숙해지면 새로운 것을 시도하는 데 따르는 리스크도 줄어든다.

심리적 안전은 가혹할 정도의 솔직함이 전제다

앞서도 설명했지만 고성과 조직의 비결 중 하나가 '심리적 안전감'이다. 심리적 안전이란 개인이 보복을 두려워하지 않고 문제를 솔직하게 터놓을 수 있는 조직 환경을 말한다.

사람들은 모두 두려움 없이 자기 생각을 드러내고, 남들이 자기 생각을 귀담아 들어주길 원한다. 하지만 심리적 안전은 일방향이 아닌 쌍방향이다. 내가 상대방의 아이디어를 안심하고 비평할 수 있다면 상대방도 똑같이 내 아이디어를 안심하고 비평할 수 있어야 한다. 상대의 직급이 나보다 높든 낮든 상관없다. 직원들 간 꾸밈없는 솔직함은 아이디어를 발전하고 개선시킬 수 있는 수단이자 혁신의 필수 요소다.

필자는 R&D 프로젝트 팀 회의, 프로젝트 검토 회의, 이사회 회의 등 수많은 회의를 관찰하거나 직접 참여하면서 솔직함에 대한 태도가 조직마다 천차만별이라는 사실을 확인했다. 어떤 조직은 아이디어를 내는 방식과 결과에 대한 개인의 생각을 주고받는 데 거리낌이 없었다. 비평도 날카로웠다. 이런 조직의 직원들은 자기가 제안하는 내용을 데이터나 논리로 방어할 줄 안다. 반면에 분위기가 조금 더 정중한 회사도 있었다. 의견 불일치를 최대한 줄이려는 성향이 강해 언어 선택에 신중했다. 그들은 최소한 공개적인 자리에서는 비평도 안 하려고 했다. 상대방에게 너무 강하게 이의를 제기하면 팀워크를 고려하지 않는 것처럼 보일지 모른다고 걱정했다.

혁신에 있어서는 확실히 솔직한 조직이 상냥한 조직보다 늘 앞서 나간다. 상냥한 조직은 정중한 태도가 서로를 존중하는 것이라고 착각한다. 하지만 상대방을 솔직하게 비평하고 그것을 받아들이는 것도 서로를 존중하는 방식 중 하나다. 내 의견에 대한 혹독한 비평을 받아들이는 것은 피드백을 하는 사람의 의견을 존중할 때만 가능하기 때문이다. 물론 잔인할 정도의 솔직함으로 무장한 조직이 일하기 편한 직장은 아니다. 특히 외부인이나 신입 직원의 눈에는 그럴 수 있다. 하지만 VUCA시대를 정면으로 헤쳐 나가야 하는 대다수 기업에게 혁신은 피할 수 없는 선택이다.

그렇다면 조직문화를 솔직한 논쟁이 가능한 문화로 바꾸려면 어떻게 해야 할까? 게리 피사노 하버드 경영대학원 교수는 "리더가 솔선수범해 자신의 의견이나 아이디어를 자유롭게 비평하도록 하는 것이 문화를 바꾸는 지름길이다"라고 말한다. 그는 미국의 전쟁 영웅 드와이트 아이젠하워 장군을 예로 들어 "아이젠하워는 단순히 비평을 독려하거나 의견을 묻는 것에서 더 나아가 비평을 명령했다"고 설명했다. 결국 변화는 항상 리더로부터 온다.

높은 수준의 책임감이 협업을 완성한다

집단적인 협력을 떠올릴 때, 사실 상당수는 유쾌하지 않는 경험을 먼저 떠올린다. 대학교의 팀 과제, 회사의 TF 프로젝트 등 협업 경험을 떠올리면 언제나 20대 80의 파레토 법칙이 작용해 왔다. 소수가 프로젝트를 이끌고 나머지는 다양한 핑계 안에서 무임승차하는 것이다.

애자일 경영은 다양한 전문성을 가진 구성원들이 제공한 지식, 정보, 의견, 그리고 노력이 통합되야 제대로 작동하는 시스템이다. 따라서 애자일 경영이 추구하는 '다기능 협력Cross Functional Collaboration'에 파레토 법칙이 적용되어서는 안 된다. 프로 스포츠처럼 모두가 동일하게 최상의 책임감을 보유할 때 진정한 협력이 이뤄지고 애자일은 활성화된다. 즉, 협력적이면서 개인의 책임감도 중시하는 문화여야 한다. 이는 모순적인 것이 아니다.

아마존 제프 베이조스Jeffrey Preston Bezos 회장이 2018년 주주들에게 보낸 서한에서 우리는 '책임감'의 의미와 발현에 대해 좀 더 깊이 있게 이해할 수 있는 실마리를 얻을 수 있다. 그는 아마존이 시장에서 성공해온 가장 큰 이유가 누구보다 '높은 기준을 추구하는 자세', 즉 책임의식 때문이라 말했다. 이에 그치지 않고 아마존이 바라보는 책임감에 대한 관점을 구체적으로 설명했다. 아마존이 스스로 던진 첫 번째 질문과 답은 다음과 같다.

"높은 수준의 책임감은 선천적인 것인가?" 그렇지 않다. 아마존은 충분히 후천적으로도 배울 수 있는 것이라 인식한다. 높은 기준을 추구하는 것은 조직문화나 환경을 통해 조성할 수 있다. 이는 그 반대도 마찬가지라는 의미다. 기준을 낮게 잡는 문화가 팽배하면 그런 분위기가 조직 내 삽시간에 번진다. 조직원들이 서로 높은 수준의 기준을 추구함으로써 얻는 성공 경험이 쌓일수록 조직은 강해진다. 조직은 그런 환경과 문화, 기회를 조성해줘야 한다. 여기서 드러난 책임감은 능동성과 깊은 관계가 있다. 책임감은 조직에서 누가 강제하지 않더라도 능동적으로 자신이 기여할 수 있는 역할과 업무를 찾는 태도다. 자신의 역할을 소극적으로 규정하고 이를 벗어나는 일을 하는 것에 대해 예민한 채 정해진 일만 하려는 태도를 배척하는 것이다. 그러나 이것만으로는 충분치 않다. 강한 열정과 열정이 충돌할 경우 자칫 또다른 파괴적 문제를 낳는 경우를 우리는 많이 봤다. 베조스는 이어서 다음과 같은 질문을 던진다.

"한 분야에서의 높은 수준은 다른 분야에서도 통용되는 것인가?" 아마존이 내놓은 답은 "아니다"이다. 베조스는 '책임'이라는 영역은 자신의 전문 영역에 대한 이해와도 맞닿아 있기 때문에 한 분야에서 높은 수준의 기준을 가지고 이를 충족시킬 수 있는 사람이 다른 분야에 투입되었을 때 동일한 수준을 자동적으로 충족시킬 수 있는 것은 아니라 인식한다. 결국 그것은 그 분야에 높은 기준을 가지고 이행할 수 있는 다른 누군가에게 겸허히 배우고 새롭게 개발함으로써 도달할 수 있는 것이다.

결국 높은 수준의 책임감은 유연성, 희생정신과도 맞닿아 있다. 설령 자신이 당장 계획한 업무나 목표가 아니더라도 성숙하고 유연하게 대처해 자발적으로 주어진 과업을 이행, 의미 있는 결과를 성취하는 것으로 이을 수 있어야 한다. 만약 주어진 과업이 자신의 전문 영역을 초월하는 높은 것이라도 이를 추구하는 과정에서 자신의 부족한 영역을 인식하고 열린 마음으로 동료와 협력할 수 있는 태도이기도 한 것이다.

현재 아마존 수익의 약 70% 정도를 차지하는 AWS Amazon Web Service가 바로 이런 입체적인 '책임감'을 이행한 결과다. AWS는 2003년 아주 작은 아이디어에서 출발했다. 당시 온라인 쇼핑 사업이 어느 정도 안정적인 궤도에 진입한 상황에서 신사업 아이디어를 모으기 위해 베조스의 시애틀 사택에 아마존의 주요 멤버들이 모였다. 이 회의에서 몇몇 엔지니어가 아마존이 보유한 서버, 스토리지, CPU 같은 사내 IT 인프라를 다른 스타트업들도 쓸 수 있게 열어주고 시간당 사용료를 받자는 아이디어를 냈다. 렌터카 사업과 비슷하지만 차처럼 무거운 IT 장비를 직접 설치해주는 것이 아니라 웹상에서 사용할 수 있게 해준다는 점이 달랐다. 당시만 해도 "컴퓨터와 관련 장비를 구입하지 않고도 이용할 수 있다"는 아이디어는 상당히 획기적이었다. 이는 신사업 과제로 채택되었고 이에 대한 책임자로 앤디 재시Andy Jassy를 임명했다.

재시는 뛰어난 관리자(하버드 경영대학원 출신)였을 수는 있으나 엔지니어는 아니었다. 기존에 있지도 않던 기술적 콘셉트(클라우드)를 제대로 이해하고 구현하는 책임을 완수하려면 자신이 가진 전문역량을 뛰어넘는 다른 무엇이 더 필요했다. 온라인 상거래에서 어쩌면 전혀 무관해 보이는, 전혀 새로운 서비스를 비엔지니어 출신 경영자는 어떻게 성공시켰을까?

첫 출발은 자신을 포함해 현실을 인지하는 것이었다. 재시는 아마존의 기술팀과 경영, 기술 부문 리더들을 소집해 자신을 포함한 조직 각 부문이 높은 기준(AWS의 성공적 개발 및 론칭)을 달성하기 위해 현재 무엇이 부족한지, 그리고 이를 메우기 위해 각자가 현실적으로 어떤 노력을 기울여야 하는지부터 파악했다. 비전은 감당키 어려울 정도로 거대하지만 이를 완수하는 것은 현실적인 예측과 노력의 합이라는 진실을 조직에 주지시켰다. 조직과 구성원의 열정이 구체적인 전략과 프로세스로 나타날 수 있도록 상황을 관리하고 그 과정에서 나타나는 조직 구성원의 감정과 행동을 관찰, 케어했다. 조직 내부적으로 해결하기 어려운 기술적 문제는 아마존 특유의 '높은 기준'을 향한 열린 태도를 바탕으로 과감히 데이터 베이스와 서버를 공개해 외부 엔지니어에게 도움을 구했다. 외부 불특정 다수의 엔지니어들 역시 이에 화답했다. 그들은 새로운 '클라우드' 서비스가 성공하기 위해 달성해야 할 다양한 기준과 목표, 그에 따른 문제와 해결방안 등에 대한 아이디어, 시장 니즈에 대한 피드백을 적극적으로 제공했다. 이는 오늘날 AWS가 성공적으로 안착하는 데 매우 큰 역할을 했다. 그로부터 3년 후 2006년 아마존이 선보인 첫 스토리지 서비스인 'S3'가 출시됐다. 클라우드 서비스 원형인 '서비스로서의 인프라Infrastructure as a Service, IaaS'를 세상에 처음 선보인 것이다. 이는 분명 기술적으로는 훨씬 연관성이 높았고 또 앞서 있었던 마이크로소프트, IBM 등과 같은 거대 컴퓨팅 기업을 훨씬 앞선 것이었다.

수평적 구조일수록 강력한 리더십이 필요하다

조직도를 보면 그 회사가 얼마나 수평적인 구조인지 알 수 있다. 그러나 직원들이 공식 직급과 상관없이 행동하고 교류하는지, 즉 문화적으로 얼마나 수평적인지는 알기 어렵다. 문화적으로 수평적인 조직은 의사결정이 분산돼 있고 정보 접근성이 높기 때문에 직원들이 자유롭게 결정을 내리고 주장할 수 있으며 빠르게 변화하는 환경에 더 빨리 대응할 수 있다. 또한, 위계적인 조직보다 광범위한 공동체로부터 지식, 견해, 전문성을 얻기 때문에 다양한 아이디어를 내는 경향이 있다.

위계가 없다고 해서 리더십이 약하다는 의미는 아니다. 오히려 역설적으로 수평적인 조직이 위계적인(계층적인) 조직보다 더 강력한 리더십을 필요로 한다. 리더가 전략적 우선순위와 방향을 명확히 설정하지 않으면 수평적 조직은 혼란에 빠지기 때문이다. 아마존과 구글은 의사결정권과 책임감이 실무자들에게 부여되고 직급과 상관없이 모든 직원이 혁신적 아이디어를 모색할 수 있는 매우 자율적이고 수평적인 조직이다. 여기에 더해 두 회사 모두 미래를 내다볼 줄 아는 아주 유능한 리더들을 보유하고 있다. 이들은 목표를 전달하고 자기가 이끄는 조직의 운영 방식과 원칙을 명확하게 제시할 줄 안다.

It's
AgileTime

애자일 경영은 한국사회 정착이 용이한가?

한국 정책 vs. 애자일 정책

노동과 관련한 정책은 크게 5가지 영역으로 '일자리 창출, 고용평등, 고용안정, 최저임금 인상, 근로시간 단축'이 이에 해당한다. 모두가 매우 중요하지만 그중 '근로시간 단축'은 기업 입장에서 기업 관리 시스템과 문화 전반에 직접적 영향을 미치는 요인으로 특히 주목받고 있다.

장시간 노동문제는 우리나라의 고질적이고 심각한 문제다. OECD에 따르면 한국은 멕시코에 이어 1인당 연간노동시간이 가장 긴 나라다. 주당 50시간 초과근무 노동자 비율 역시 터키, 멕시코에 이어 3위다. 이 때문에 정부는 최근 들어 근로시간을 주 52시간으로 제한하는 법 개정과 함께 포괄임금제 규제 강화 등 근로자의 노동시간을 단축하기 위해 더욱 강한 드라이브를 걸며 '워크 앤 라이프 밸런스'를 강조한다.

노동시간, 특히 과로를 줄이는 것은 사회적으로 반드시 필요한 일이다. 하지만 동시에 반드시 놓쳐서는 안 될 것이 있다. 시간당 노동 생산성, 즉 노동의 질을 높이는 것이다. 노동 생산성이 동일하게 낮은 상황에서 노동시간만 줄이면 총생산이 낮아지고 이는 곧 성장률 저하로 이어지기 때문이다.

애자일 경영이 만약 노동시간 단축에 기여할 부분이 있다면 바로 이 지점일 것이다. 애자일은 일에 대한 몰입과 질적 향상을 꾀하는 것이기도 하기 때문이다. 실제 이 지점을 애자일의 장점으로 선전하며 새로운 정부 정책에 딱 맞는 신박한 방법론으로 포장하기도 한다.

하지만 애자일 경영을 전면 도입하고 애자일 방법론에 입각한 시스템을 구축하려는 입장에서 보면 우리나라의 현 노동정책은 불편한 점이 더 많다. 애자일과 노동정책이 충돌하는 가장 큰 관점은 '유연성'에 대한 측면이다. 우리나라의 노동정책 및 관련 법은 그 원형인 유럽 국가와 비교해도 상당히 경직되어 있다. 특히 법정 근로시간 및 법정 수당에 대한 강행적 규정 등 상당 부분이 제조업의 공장제 근로Fordism*를 기반으로 해 엄격한 시간관리가 필수적이다. 그래서 법조문이나 정부가 발표하는 방향, 미디어가 정해 놓은 프레임을 따라가다 보면 기업이 노동시간 단

* **공장제 근로**(포디즘): (광의의) 테일러리즘의 일종으로 헨리 포드가 초기 테일러 시스템의 단점을 보완해 만든 기계화된 대량생산 시스템을 의미한다. 컨베이어벨트를 이용한 조립생산에 기초해 제조업 생산기술을 확장시키는 것으로 그가 자본주의적 생산의 보편적 단계를 지칭하는 범주로 이 단어를 사용하면서 발전된 개념이다.

축을 위해 무엇보다 가장 강화하고, 빠르게 실천할 수 있는 것은 '근태관리'와 '시간측정'이다. 이것은 자연스레 기업의 '감시와 통제'체계 강화를 촉진시킨다.

관리의 초점은 시간이 아닌 자율이다

다음은 주 52시간 법 개정의 취지를 살려 대형 로펌의 자문을 받아 한 기업에서 사무직을 대상으로 전면 조치한 내용을 각색한 것이다.

회사 근로기준법 개정과 정책 취지를 반영해 기존 포괄임금제를 폐지하고 임의로 미리 지급하던 연장근로수당도 없애겠습니다. 앞으로는 야근을 하지 마시고, 일과 삶의 균형을 추구하시기 바랍니다. 야근은 원칙적으로 지양, 특별한 이유가 아니면 승인하지 않겠습니다. 이를 위해 셧다운Shut Down제를 도입해 저녁 6시가 되면 모든 시스템을 다운시킬 것입니다. 시범기간 적용 후 일부 보완할 점이 있다면 반영하겠습니다.

직원들 책임질 일 자체가 많은데 임금은 줄어들고, 우리만 더 불편해지는 거 아니야?

[시범기간 도중]

회사 시범기간 중 개선사항이 있어 추가 공지 드립니다. 업무의 효율성과 생산성을 떨어뜨리는 불필요한 문화가 존재해 이를 근절하고자 합니다. 근로시간이 단축된 만큼 정해진 시간에 집중하는 문화가 필수적입니다. 근로시간 동안 담배를 피거나, 화장실에 다녀오거나, 10분 이상 책상을 벗어나는 행위는 삼가시기 바랍니다. 승인된 미팅 외 임의로 미팅이나 회의를 하는 행위 역시 지양해주십시오. 이를 좀 더 면밀하게 관리하기 위해 자체적으로 새로 개발한 생산성 소프트웨어를 설치해 관리 감독을 강화하고자 합니다. 10분 이상 자리를 비울 시에는 소프트웨어에 꼭 사유를 기록해주시기 바랍니다. 앞으로 근태 관리가 더욱 강화될 것이니 근무시간을 엄수해주시기를 바랍니다.

A직원 정부도, 회사의 방침도 이해합니다. 다만, 사무직 상당 부분은 기계적인 행정 업무만 하는 게 아니라 어려운 문제 해결을 창의적으로 해야 하는 기획성 업무가 많습니다. 이런 조치가 오히려 몰입을 방해하는 부분도 있는 것 같습니다. 특히 함께 협업하는 이해관계자 중에는 해외 지사, 파트너사 직원도 있고, 사전 예측 불가능한 이슈가 빈번한데 근무상 예외를 그때마다 보고하고 승인받고 하는 것은 비효율성을 높이는 것이 아닌가 우려가 됩니다. 특히 소프트웨어 도입은 일거수일투족을 감시받는 것 같아서 더욱 위축됩니다. 차라리 재량근로제 같은 시간 간주형 근로제 도입을 통해 근로시간의 자율성을 높여 주는 건 어떠신지요?

회사 재량근로제 도입도 검토했지만, 법에서 규정한 소수 직무를 빼고 대부분은 적용 가능 대상이 아닙니다. 이런 상황에서 소수에게만 재량근로제를 적용하는 것은 조직 관리 차원에서 관리 복잡성이 높아지고 공정성 시비도 일 것이기에 고려하지 않고 있습니다.

• • •

법과 정책의 눈으로 보면 기업의 조치는 바람직하다. 규모가 큰 기업일수록 이런 조치는 불가피해 보이는 측면도 있다. 실제 이 회사는 정부 정책 방향에 맞춰 선도적이고 모범적인 변화를 꾀하고 있는 사례로 미디어에 수차례 보도되기도 했다. 근로시간 단축을 위한 제도 개선과 함께 청년고용 강화에도 기여를 하게 됐으니까 말이다.

그러나 변칙적이고 불확실한 환경에 유연하게 적응하는 것을 목적으로 하는 애자일 경영의 시각에서 보면 정부 정책과 이와 관련한 기업의 흐름은 여전히 외적 자극을 통한 통제라는 테일러리즘의 접근 방식을 벗어나지 못하고 있는 것 같다. 근무시간과 퇴근시간을 철저히 분리해 근무시간 안에서는 일과 무관하다 느껴지는 행동을 가능한 제한해 노동의 질을 높이겠다는 이 계산 안에는 행동경제학적 '내적 동기'에 대한 지혜가 담길 여지가 별로 없다. 사실 이성적으로 생각해보면 직원이 의자에 앉아 있는지 아닌지를 체크하는 '양적' 측정 방식이 곧 노동의 '질'을 측정하는 것이라고 믿는 자체가 착각에 불과하다. 직원의 컴퓨터에 개입해 개개인을 모니터링 하는 것이 애자일 경영이 필요로 하는 인재의 동기부여와 노동의 질 향상에 기여할 수 있을지 의문이다. 돌이켜보면 이 방식은 찰리 채플린의 무성 영화 〈모던 타임스〉에서조차 비판받던 그 시절의 메타포가 아닌가?

애자일 경영을 추구하고 실천하는 기업이 일반 경영을 추구하는 기업과 가장 다른 점을 하나의 키워드로 요약하자면 '자율'이다. 조직을 작은 단위로 나누고 이에 속한 구성원에게 좀 더 높은 수준의 자율성을 부여해 스스로 주체적으로 판단하고 실행하며, 작은 실패와 배움을 반복하게 함으로써 성장하자는 관점이 애자일 경영이다.

이 맥락에서 '근로 유형'을 바라보면 체계의 방향성이 보인다. 애자일 경영을 추구하는 기업은 대체로 관리의 초점을 시간에 두지 않는다. 조직과 구성원이 협의한 결과에 초점을 맞춘다. 기업은 구성원을 어른으로 가정하고 대한다. 엄격히 관리감독을 하지 않아도 구성원이 자신의 직무에 책임질 수 있는 결과를 만들어내고 또 그 과정에서 기업이 추구하는 가치에 부합한 행동을 할 것이라는 믿음 하에 시스템을 구성한다. 따라서 법이 허용하는 범위 내에서 최대한의 자율을 보장하려 애쓴다. 외부 시장 환경에 의해 구성원의 출근시간이 불가피하게 고정돼야 하는 경우라도 그 안에서 충분한 자율성을 보장한다. 휴가 역시 자율을 보장하기 위해 애쓰고 오히려 쉬지 않는 직원을 관리한다. 이러한 기업의 휴게 공간이 대부분 편안하고 안정된, 그리고 흥미로운 인테리어로 구성되어 있는 것은 과시용이 아니다. 부담 없이 쉬고 놀고 동료들과 대화하며 창의성과 생산성을 회복하기를 기대하는 마음이다.

우리나라의 유연근로제가 효과적이지 못한 이유

우리나라의 법과 정책 방향 아래서 애자일 경영과 부합하는 근로제도로는 유연근로제를 들 수 있다. 대표적 유연근로제 중 하나로 탄력적 근로시간제가 있다. 2주간, 3개월간 등 일정 기간을 평균해 1일간 또는 1주일간 근로시간이 법정 근로시간을 초과하지 않으면 특정한 날 또는 특정한 주에 법정 근로시간을 초과해도 법정 근로시간 제한 규정에 위반되지 않고 초과한 시간에 대해 연장근로 가산수당을 지급하지 않아도 되는 제도다. 예를 들어 특정한 주에 일이 많아 근로시간을 늘린다면 대신 다른 주의 근로시간을 줄이는 방식을 통해 법정 근로시간을 준수하는 제도다.

좀 더 근로의 자율성을 높일 수 있는 제도도 있다. 재량근로제다. 업무의 성질에 비춰 업무 수행방법을 근로자의 재량에 위임할 필요가 있는 업무는 사용자가 근로자 대표와 서면합의로 정한 시간을 근로한 것으로 간주해 적용할 수 있다. 대상 업무를 명확하게 하고 사용자가 업무 수행 수단 및 시간 배분 등에 관해 근로자에게 구체적인 지시를 하지 않는다는 것을 조건으로 근로시간에 대한 재량권을 부여해 대상 업무 수행 결과물로 근무의 질을 판단한다.

그러나 현 기준으로 이러한 제도는 무용지물에 가까운 수준이다. 우리나라 유연근로제 도입률은 약 20%[26]로 일본(탄력근로제 기준 약 53%), 미국(시차출퇴근 기준 81%), 독일(시차출퇴근 기준 66%)에 대비해서 현저히 낮은 수준이다. 더욱이 고용노동부의 2017년 사업체표집을 통한 '근로자 근무 실태 조사자료(1천 개 기업 대상 조사)'[27]에 따르면 전체 응답대상의 93.2%가 유연근로제 사용경험이 없었다. 가장 자율성이 높은 재량근로제의 경우는 1% 미만으로 거의 없다고 보면 된다. 기업이 유연근로제를 도입하더라도 사실상 극히 적은 비율의 노동자만이 유연근로제를 활용하고 있음을 알 수 있다.

유연근로제를 실시하지 않는 이유는 대부분 문화적 요인에 가깝다. 구인구직 매칭 플랫폼 사람인이 기업 369개사를 대상으로 조사한 결과, 실시하지 않는 이유로 '부서, 협력사 등과의 협업에 문제가 생길 것 같아서(35.5%, 복수응답)'와 '업무가 많아 여력이 없어서(35.5%)'를 1위로 꼽았다. 이어서 '경영진이 반대해서(21.4%)', '제도를 악용할 것 같아서(14%)', '성과 하락이 우려돼서(8%)', '제도 도입을 위한 투자비용이 높아서(4%)', '이전에 실시했지만 효과가 없어서(1%)' 등이 뒤를 이었다.[28] 기존 기업이 유연근로제를 도입하는 데 있어 불안감을 느끼고 있고, 실제로 도입하더라도 효과가 낮을 것이라 예상하는 경우가 많다는 것을 알 수 있는 대목이다.

여기서 또 하나 지적하고 싶은 부분이 있다. 문화적 차원의 변화를 고려한 애자일 경영 도입 관점에서 접근하더라도 우리나라의 유연근로제는 사실상 도입효과를 크게 기대할 수 없을 정도로 타 국가에 비해 매우 경직돼 있다. 탄력적 근로시간제에 대해 우리나라 법제는 탄력근로 단위기간을 2주나 3개월 이내로 정하는 것만 허용된다. 마음대로 도입할 수 있는 것도 아니고 취업 규칙으로 정해야 2주, 노사가 서면으로 합의해도 3개월 이내로만 가능하다. 특히 3개월 탄력적 근로시간제의 경우 이를 실시할 때마다 단위기간, 근로자 대상범위, 근로일 및 근로일별 근로시간을 기재해 노사가 합의해야 한다. 보통 탄력적 근로시간제를 실시하는 경우 업무 상황이 예측 불가능해 실시하는 경우가 많은데 '예측 불가능한 상황을 일일 단위로 근로시간을 미리 예측해 근로자 대표와 서면 합의하라'는 것은 심지어 이를 바라는 개별 근로자에게조차 매우 불편함을 느끼도록 하는 부분이다. 이 부분 역시 법규가 현대 사무직 업무의 맥락에 대한 이해 없이 공장제 근로를 따랐다고 의심할 수밖에 없는 대목이다. 또한 현행 2주, 3개월 단위 제도로는 계절별, 분기별 수요 변동이 있는 산업이나 특정 시기 집중 근로가 필요한 직무의 경우 그 활용에 한계가 있다.

독일이나 영국의 경우 평균 근로시간이 일정 수준 이상을 초과하지 않는 이상 노사가 자율적으로 근로시간을 배분할 수 있다. 프랑스, 포르투갈, 핀란드, 일본, 미국 등의 경우에는 탄력적 근로시간제를 1년 단위로 설계하는 것이 가능하다. 특히 독일

| 주요국 유연근로제 현황 |

	탄력적 근로시간제 단위기간	근로시간 단축 보완책
EU	4개월 이내 (단체협약 시 1년 이내)	–
독일	6개월 또는 24주 이내 (단체협약 시 12개월 이내)	근로시간저축계좌제, 마이너스계좌제(초과근무만큼 저축해뒀다가 필요할 때 꺼내 쓰거나 미리 앞당겨 사용)
프랑스	4주 (단체협약 시 1년 이내)	1주 35시간이나 노사협약에 따라 12시간도 가능, 예외 많이 허용
영국	17주	근로자 자발적 서면 합의 땐 1주 48시간 초과 가능
네덜란드	4주 (단체협약 시 16주 이내)	–
미국	26주 이내 (단체협약 시 52주 이내)	1주 40시간 넘기면 통상임금, 1.5배 지급, 화이트칼라는 제외
일본	변형노동시간제 (1주, 1개월, 1년)	1주 40시간이지만 10인 미만은 44시간 등 특례 적용 가능
한국	2주 이내 (단체협약 시 3개월)	–

출처: 이투데이[29]

의 경우 이런 제도적 배경을 토대로 다양한 유형의 근로시간 저축계좌가 널리 활용되고 있다. 근로시간의 배분, 업무 수행 방식 등에 있어 근로자 개인이 자율성을 갖는 직업이 많아지는 현실을 감안할 때, 일률적인 규제를 적용하기보다 시대 흐름에 맞춰 규제를 완화하는 방안을 고민할 필요가 있다.

재량이 제한된 재량근로제

> "탄력적 시간근로제를 활용하려고 해봤습니다. 그런데 솔직히 직원 입장에서는 일을 또 하나 만드는 것 같아서 포기했습니다. 업무도 고강도이고, 알 수 없는 몇 개월치를 미리 계획해 써내야 하고, 그마저도 승인을 받아야 하고, 그에 맞게끔 근무했는지 확인도 받아야 하고, 이거 하면 제 일이 더 늘어났으면 늘어났지, 줄진 않겠다 싶었습니다. 근로시간 줄이고 노동의 질을 개선하는 취지는 좋은데 실제 현장과의 괴리는 있는 것 같습니다. 차라리 회사에서 재량근로제를 도입해서 아예 출퇴근 터치를 안 하면 기존처럼 일하면서 좀 더 편히 자기 관리를 하면 좋겠는데 그건 또 안 된다고 합니다."
>
> – 유연근로제에 대한 직장인 P의 인터뷰

재량근로제는 애자일 경영의 맥락을 생각하면 사실상 우리나라 법제에서 가장 적합한 제도이지만 동시에 유연근로제 중 가장 쓰이지 않는 제도다. 여기에는 이유가 있다. 먼저 적용이 매우 제한적이다. 정부가 법으로 재량근로제 적용 범위를 매우 협소하고 엄격히 제한하고 있다. 재량근로제는 업무의 속성상 근로자 성과를 시간으로 측정할 수 없어 근로자가 얼마나 일했고 어떻게 일했는지, 사용자가 뚜렷이 구분할 수 없을 때 한해 사용할 수 있다. 그래서 기술혁신이나 서비스 경제화에 따라 노동 수행 방법에 있어 근로자의 재량 여지가 많아 보수도 근로시간(양)보다 근로의 질(성과)에 따라 결정되는 것이 적절한 직무에는 재량근로제를 쓰는 것이 바람직하다. 하지만 우리나라 정부는 재량근로제 적용이 가능한 직무를 구체적으로 규정하고 있다. 이는 다음과 같다(근로기준법 시행령 제31조).

1. 신상품 또는 신기술의 연구개발이나 인문사회과학 또는 자연과학분야의 연구 업무
2. 정보처리시스템의 설계 또는 분석 업무
3. 신문, 방송 또는 출판 사업에서의 기사의 취재, 편성 또는 편집 업무
4. 의복·실내장식·공업제품·광고 등의 디자인 또는 고안 업무
5. 방송 프로그램·영화 등의 제작 사업에서의 프로듀서나 감독 업무
6. 그 밖에 고용노동부 장관이 정하는 업무(회계·법률사건·납세·법무·노무관리·특허·감정평가 등의 사무에 있어 타인의 위임·위촉을 받아 상담·조언·감정 또는 대행을 하는 업무)

이에 따르면 아마도 이 책을 보게 될 주 독자층이자 애자일 경영 도입 시 이에 적응하고 수행해야 할 중요한 축인 기업 내 화이트 칼라 직종, 특히 기획성 직무를 수행하는 사람들은 애초에 재량근로제 대상이 될 수 없다. 따라서 애자일 경영 도입 시 재량근로제가 적극 활용되기 위해서는 일차적으로 재량근로제 대상 업무 확대가 필요하다. 일본의 경우 재량근로제가 전문업무형과 기획업무형으로 구분돼 기획성 업무에 종사하는 사무직 근로자가 활용할 수 있도록 하고 있다.

편리하고 쉬운 경험에 집중하자

일련의 유연근로제의 이러한 경직성은 결국 정부 정책 추진에도 여러모로 제약이 될 수밖에 없다. 무엇보다 법에 없는 '포괄임금제'의 수명을 늘리는 결과를 초래할 것이다. 특히 급변하는 외부 환경에 대응하는 적응력을 키우고 애자일 경영을 시도하고자 하는 기업이 오히려 포괄임금제를 유지하며 이를 도입하고자 하는 기업보다 운영상의 제약을 받고 경쟁력이 떨어지는 상황이 올 수 있다.

포괄임금제는 연장근로수당을 비롯한 법적수당 등을 실제 근로시간에 관계없이 기본급에 포함해 지급하거나, 정액으로 지급하는 임금지급 방식으로 법제에는 없는 방식이나 사무직 영역에서는 그 실효성이 판례로 광범위하게 인정돼 왔다. 포괄임금제는 사실상 근로시간 관리 관점에서는 재량근로제와 유사하면서도 재량근로제가 갖는 제약사항(포괄적 지시는 가능하나 구체적 업무 지시는 불가하고 출퇴근 시간 통제도 금지해 자율성 부여 등)은 없기에 법적으로 명확히 '불법'으로 규정되지 않는 이상 기업 입장에서 이를 포기하기는 논리적으로 쉽지 않을 것이다. 애자일 경영 관점에서도 포괄임금제는 '시간 측정'을 의무로 하지 않고, 적용 대상 제한도 딱히 없어 구성원에 대한 '감시 없이', '전사적으로' 자율성을 부여할 수 있다는 측면에서는 복잡성 높고 제약사항이 많은 유연근로제보다 차라리 'EX Employee Experience 친화적'이다. 물론 구성원의 실근로시간보다 통상적으로 불리하지 않은 형태의 고정연장근로 수당이 책정되는 것이 기본 전제다. 그렇지 못할 경우는 판례를 통해서도 명확히 제재 대상으로 간주된다. 하지만 필자가 포괄임금제를 옹호하는 것은 결코 아니다. 다만, 재량근로제, 탄력적 근로시간제 등이 좀 더 유연한 방향으로 개정되지 않는다면 포괄임금제가 명확히 '불법'으로 규정되지 않는 이상 기업이 이를 포기하기는 쉽지 않다는 것이다.

글로벌 리서치 회사 닐슨Nielsen은 2018년 소비자 트렌드를 분석, 발표하면서 소비자의 일상생활 속에서 편의성에 대한 관심이 크게 증가하는 추세라고 밝혔다.[30] 골드만삭스가 분석한 발표에서도 소비자가 서비스에서 가장 중요하게 여기는 요소가 편의성Convenience으로 가격보다 우위를 차지했다.[31] 두 보고서는 기업들이 소비자들의 지갑을 열게 하기 위해서는 '편리하고 쉬운' 경험에 집중해야 한다고 말한다. 필자는 묻고 싶다. 그 소비자 역시

대부분은 기업 소속의 직장인이 아니던가? 현장에서 조직/인사를 설계하고 다룰 때마다 그리고 여기에 정책적 요소를 반영할 때마다 기업의 '관리' 실태는 시대의 흐름과 동떨어져 '불편하기 그지없는 Active X'와 다를 바 없는 게 아닌가 되뇐다. 보다 단순하고, 접근하기 쉽고, 고객 중심의 사고로 사용자 친화적인 서비스를 만들어내는 것이 애자일이 추구하는 바라면 기업은 이 교훈을 안으로도 마찬가지로 적용해야 할 것이다.

5장

조직의 생존과 성장에 대한 새로운 의미부여

•
•
•

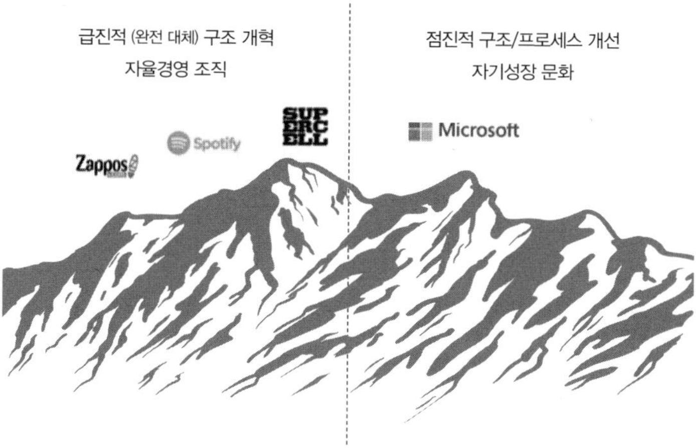

애자일 경영은 산맥과도 같다

지금까지 다양한 애자일 경영 전환 사례들을 살펴봤다. 자율경영 조직화를 위해 조직구조를 전면 개혁한 자포스, 창업 초기부터 조직에 대한 공감대를 가지고 자율경영 조직을 구축한 슈퍼셀, 전통적인 조직구조를 활용해 애자일 경영으로의 전환을 시도한 마이크로소프트까지. 여기까지 읽었다면 독자들은 이를 통해 적어도 애자일 경영을 위한 조직구조에 정답이 있는 것은 아니라는 사실을 이해했을 것이다.

•
•
•

필자가 앞서 2장 '애자일은 문화다'에서 피력했듯이 진정한 애자일 경영으로의 전환 방향은 특정 벤치마킹 대상이 아닌 조직문화를 향해야 한다. 즉, 조직에 맞는 '필요충분구조'를 찾고, 리더십과 조직 구성원 간 전환의 필요성에 대한 공감이 필요하며, 이를 바탕으로 전략, 운영체계, 프로세스가 총체적으로 상호작용하며 변해야 한다. 기업은 결국 이 다이내믹스Dynamics를 잘 관리해야만 작동하는 '애자일 조직'을 구현할 수 있다.

●●●

작동하는 애자일 조직구조를 위한 설계의 대원칙

애자일 조직이 실질적으로 작동하기 위해서는 그에 맞는 조직구조를 갖춰야 한다. 중앙집중적인 기능 중심 조직이나 다단계의 관료적 위계 구조를 그대로 두고 애자일 혁신을 시도해서는 실질적인 성과를 내기가 어렵다. 그렇다고 오랜 기간 관료화됐던 조직을 하루아침에 홀라크라시 조직으로 개편하기도 쉽지 않다. 애자일 조직을 설계하려면 그 첫걸음은 애자일에 적합한 조직 설계의 대원칙에 대한 이해가 필요하다.

앞서 설명한 자포스, 스포티파이, 슈퍼셀, 마이크로소프트 등은 과연 무엇을 얻고자 했을까? 이들 회사는 각기 다른 방식을 택했지만 추구하고자 했던 목적을 우리가 규명할 수 있다면 엘리엇 자크가 말한 '필요충분구조'에 좀 더 다가설 수 있을 것이다.

베인 앤 컴퍼니가 2000년에서 2006년 사이 진행된 57번의 조직 개편 사례를 연구한 결과에 따르면 조직 개편이 실제 유의미한 조직의 성장으로 이어진 사례는 3건 당 1건도 되지 않았다.[1] 일부에서는 오히려 기업 가치를 파괴하기도 했다. 2006년 야후 사례가 대표적이다. 야후는 당시 '고객지향(사용자, 광고주)', '혁신'이라는 전략적 목표에 초점을 맞춰 조직을 개편했다. 조직 혁신 팀은 이를 위해 정교하게 조직 구성원의 역할과 책임을 규명하고 신중하게 적용했다. 뭔가 애자일 경영의 느낌이 나지 않는가? 하지만 조직은 작동하지 않았다. 야후는 이후로도 유사한 패턴의 시행착오를 반복하다 2016년, 전성기였던 2000년 당시 시가총액의 4%에 불과한 헐값에 매각되고 껍데기만 남게 된다. 여기에는 '조직구조 개편은 유행하는 방식을 따른다고 되는 그런 간단한 것이 아니다'라는 교훈 말고도 또 하나의 교훈이 있다. 바로 조직구조를 설계하는 데 중요한 원칙이 있다는 것이다.

의사결정이 중심이 되어야 한다

비즈니스는 의사결정과 그 이행의 총합, 그 이상도 이하도 아니라는 단순하지만 강력한 진실을 우리는 기억할 필요가 있다. 기업이 고객 중심적 접근과 혁신을 통해 성장 혹은 생산성 개혁을 이뤘다면, 그것은 조직이 '올바른 의사결정'을 내렸기 때문이다. 실제 2008년 《하버드 비즈니스 리뷰》와 베인 앤 컴퍼니가 매출액 10억 달러 이상 세계 760개 기업 경영진을 대상으로 조사한 결과 '의사결정 효과성'이 국가, 산업, 기업 규모와 관계없이 기업의 실질적 성과와 유의미한 상관관계를 보이는 것으로 나타났다.[2] 결국 조직 설계의 본질은 조직을 개편하는 행위에 있는 것이 아니라 변화를 통해 '의사결정의 흐름'을 개선하는 데 있다. 이것은 우리가 조직구조를 구축하거나 전환할 때 중심에 두어야 할 대원칙이다.

기업이 애자일 경영으로 조직을 전환하고자 한다면, 그리고 이를 위한 구조 개혁을 추진하고자 한다면, 먼저 조직 가치사슬 Value Chain의 주요 어젠다별로 현재 의사결정이 어떻게 이뤄지고 있는지 면밀히 파악해야 한다. 의사결정의 질(옳은 결정이 이뤄지고 있는지), 속도(적시에 이뤄지고 있는지), 산출(실제 잘 이행되었는지), 투입(결정을 위해 투자된 시간과 비용이 생산적이었는지)에 대한 현재의 의사결정 효과성를 파악해 개선되는 방향으로 조직 개편이 이뤄져야 한다.

| 의사결정 효과성 평가 테스트 |

경쟁업체와 비교한 자사 조직의 의사결정 역량을 평가할 수 있을까? 모든 산업의 전체 기업을 망라한 조사는 아니지만, 다음의 간이 테스트를 통해 자사의 의사결정 역량을 간단하고 쉽게 평가할 수 있다.

품질 Quality 과거의 중요 의사결정을 돌아보면 올바른 선택을 내렸다고 생각한다

4. 대부분 그렇다
3. 일부 그렇다.
2. 별로 그렇지 않다
1. 전혀 그렇지 않다

Q점수(　　　　)

속도 Speed 우리는 중요한 결정을 내릴 때

4. 경쟁업체보다 훨씬 빠르다
3. 경쟁업체보다 조금 빠르다
2. 경쟁업체보다 조금 느리다
1. 경쟁업체보다 훨씬 느리다

S점수(　　　　)

산출물Yield 우리는 중요한 결정을 의도한 대로 실행한다

4. 대부분 그렇다

3. 일부 그렇다

2. 별로 그렇지 않다

1. 전혀 그렇지 않다

Y점수( )

투입 노력 Effort 우리는 중요한 결정을 내리고 실행할 때

4. 정확히 필요한 만큼의 노력을 투입한다

3. 투입 노력이 조금 많거나 부족하다

2. 투입 노력이 너무 많거나 부족하다

1. 산출이 불가능할 정도다

E점수( )

총점수Q×S×Y×(4/E)

전체 점수를 계산하는 방법은 다음과 같다. 우선, Q점수와 S점수, Y점수를 곱해서 QSY점수를 계산한다. 다음으로 E점수를 4로 나누어 그 값을 QSY점수에 곱한다. 조직이 적절한 양의 노력을 투입하고 있다면 QSY점수는 변하지 않을 것이다. 그러나 E점수가 3일 경우 QSY에 3/4을 곱해서 최종 결과는 QSY점수의 75%

가 될 것이다.

최종적으로 얻은 의사결정 점수는 설문에 참여했던 다른 기업과 비교한 해당 회사의 위치를 알려준다. 설문 참여 기업의 점수는 아래와 같이 4개 그룹으로 나뉘어 있는데, 최종 점수가 25점 이상인 경우 4개 그룹 중 최상위에 속한다고 할 수 있다. 다시 말해, 설문 표본 집단과 비교했을 때 결정력과 실행력이 우수한 편이다.

- 25점 이상: 잘하고 있음, 계속 현 상태를 유지
- 21~25점: 괜찮은 편이지만, 개선의 여지가 있음
- 16~20점: 하위 50%, 행동이 필요할 때임
- 15점 이하: 의사결정 구조의 대대적 변화가 필요

출처: 하버드 비즈니스 리뷰[3]

신뢰성과 적응성의 균형을 찾아야 한다

기업은 의사결정의 효과성을 높임으로써 조직의 실질적 역량을 높여야 한다. 그렇다면 '조직 역량'은 어디에서 나올까? 바로 신뢰성Reliability과 적응성Adaptability의 균형에서 나온다.[4] 신뢰성은

예측 가능한 수익창출, 안정적 고용률 유지, 만족스러운 고객 대응 등 조직에 대한 현재의 기대에 실제 조직이 부응하는 것이다. 적응성은 시장상황 변화, 돌발적 변수에 따라 조직의 목표, 전략, 혹은 그에 따른 생산이나 제조 과정 등에 요구되는 작고 큰 변화에 대한 조직의 반응력이다.

모든 조직은 신뢰성과 적응성 모두를 일정 수준까지 달성해야 한다. 그러나 많은 조직에서 이 둘은 경쟁관계로 작용한다. 가령 신뢰성을 획득하기 위해 의사결정 절차와 프로세스를 지나치게 표준화하면 변화하는 시장에 둔감해질 수 있다. 반대로 적응성을 지나치게 강조하다 보면 조직은 분열되고 집중화를 통해 창출되는 긍정적 부분마저 놓칠 수 있다. 1990년대 소니나 마이크로소프트 사례처럼 조직 안에서 전쟁을 하는 우를 범할 수 있다. 대개의 경우, 기존 일반 조직은 신뢰성을 지나치게 강조해 결과적으로 경직되고 불필요한 형식 절차로 점철된 조직을 만들고 만다.

신뢰성과 적응성의 기준은 직원들에게도 마찬가지다. 업무 효율을 높이려면 직원들은 안정적 환경에서 중요한 자원을 제공받고 자신의 역할과 책임이 명확해, 해야 할 업무에 대해 스스로 어느 정도 예측하고 조율할 수 있어야 한다. 동시에 변화하는 환경에 적응하고 적절한 순간에 적절한 결정을 할 수 있는 재량적 권한도 있어야 한다. 하지만 일반 관료 조직에서는 직원들에게 그런 융통성과 재량권을 허용하지 않는 경우가 많다.

앞서 조직 개편의 대원칙으로 '의사결정의 효과성'을 이야기 했는데, '신뢰성'과 '적응성'은 의사결정 효과성을 어떻게 바라보고 구조적으로 재조직화할지를 알려주는 실마리가 된다. 물론 이를 적용하는 방법 역시 기업의 철학과 상황마다 다르다.

복잡성을 품은 단순함을 추구한다

그럼에도 불구하고 애자일 경영을 위해 조직의 신뢰성과 적응성을 조율하며 의사결정의 효과성을 달성할 수 있는 조직 설계를 꾀하는 기업이 갖는 유사한 패턴이 있다. 가장 효과적인 의사결정을 내릴 수 있는 주체에게 의사결정 권한을 주는 의사결정 권한의 탈집중화가 그것이다. 의사결정을 가진 주체가 현실적인 복잡성 안에서 민첩한 의사결정을 내리면서도 이것이 경영진이나 주변 구성원에게 신속히 공유되고 때로는 의사결정 전에 쉽게 논의할 수 있도록 자율경영 구조든, 트리 구조든 간에 계층Layer의 단순화는 필수적이다. 마이크로소프트 역시 겉으로 보기에는 중앙집중적 구조를 보이지만 조직구조의 핵심은 상호 정보 흐름을 단순화해 정보가 활발하게 흐르게 하는 데 있다.

애자일 조직은 복잡하고 모호한 환경에 대응하기 위해 필요충분구조를 추구하고 그 과정에서 발생하는 '복잡성'은 감내하지만 의사결정 상황에서 관료적이거나 권위적 혹은 비합리적인 요인으로 인해 답답한 상황이 발생하는 것은 최대한 방지하고자 한다. 그러려면 의사결정 층위를 최대한 걷어내는, 즉 의사결정 층위의 단순화가 불가피하다.

의사결정 층위의 단순화는 의사결정의 권한위임을 위해서도 필수적이다. 정보의 상호 흐름이 빨라지고, 접근 거리가 단축되면서 리더와 구성원 간의 신뢰 아래 개인의 권한을 강화하는 것이 상대적으로 수월해졌다. 이 때문에 애자일 경영 조직은 개인의 의사결정 권한을 늘려 직원이 자신의 경험과 판단력을 최대한 발현하도록 유도하고자 한다.

정보 흐름을 투명화하고 가시화한다

'서점의 미래'라고 불리는 일본의 츠타야 서점 창립자 마스다 무네야키가 조직 구성원들에게 강한 질책을 할 때가 있다. 그것은 회사의 중요한 정보를 제대로 공유하지 않았을 때다. 그는 조직 구성원이 여러 이유로 정보를 공유하지 않는 순간 주위 구성원은 그만큼 그 정보에 대해 생각할 시간을 빼앗기고, 그 시간만큼 협력과 혁신의 속도가 늦춰진다고 여기기 때문이다.[5]

기존 기업들은 어떻게 하면 양질의 정보를 수뇌부로 원활히 집중시킬 것인가에 초점을 맞춘다. 이로 인해 개개의 구성원이 가질 수 있는 정보는 철저히 통제된다. 다시 말해 일반 기업의 권력은 '정보의 접근성'에서 나오기 때문에 하부 조직과 상부 조직 간의 정보 흐름이 대부분 막혀 있다. 정보를 다루고 이를 바탕으로 의사결정을 지원하는 조직은 매우 비대하고 권력을 장악하는 구조를 취하고 있는 경우가 대부분이다.

이에 반해 애자일 경영을 추구하는 기업들은 정보의 흐름이 쌍방향으로 원활히 순환하고, 가시화될 수 있도록 조직과 프로세스를 설계하고자 한다. 애자일 경영은 구성원 개개인이 스스로 접하는 정보를 포함해 얼마나 양질의 정보를 회사 및 조직으로부터 얻을 수 있고 이를 통해 자신의 판단력을 높일 수 있는지에 초점을 맞춰 구조와 프로세스를 설계한다. '회사에 필요한 역량을 갖춘 좋은 동료라면 양질의 정보가 제공되었을 때 현장을 벗어난 상부의 명령보다 더 좋은 판단과 행동을 할 수 있다'는 신뢰가 전제돼 있다.

현재 조직의 역량 및 변화 관리 수준을 고려해 미시조직을 설계한다

경영에 중대한 영향을 미치는 결정Big, One-Off Decision과 작지만 주기적으로 발생해 누적되면 의미 있는 영향력을 미치는 결정Small, Routine Decision을 분류해 룰을 명확히 정의내리고 체화시킬 수 있는 방향으로 조직 개편이 이뤄져야 한다. 이를 위해 각 가치사슬에서 의사결정이 현재를 기준으로 어떠한 방향으로 개선돼야 하는지 구체적인 검토를 해야 한다. 또한 이 과정에서 의사결정의 성격도 좀 더 세심하게 나눠 고민해야 한다.

여기에 반드시 고려되어야 할 것이 '현 조직의 의사결정 역량과 문화'다. 아예 조직 구성원을 처음부터 새롭게 구성할 수 있는 이상적인 상황이 아닌 이상, 조직 개편의 주체는 이 점을 감안해 어떤 수준 및 유형의 조직구조를 도입할 것인지, 그렇게 도입했을 때 이미 파악해둔 가치사슬상 조직별 의사결정 현장은 어떤 영향을 받아 어떻게 반응할지 현실적인 견지에서 조직행동을 예측해 봐야 한다.

변화가 잘 이뤄졌을 때 의사결정상의 실질적 애질리티 향상 및 효과성 개선이 이뤄질 것인지를 충분히 그려보는 것이 일차적으로 중요하지만, 그만큼 좀 더 냉정히 현 조직 역량이 어느 정도 수준까지 감당할 수 있을지 한계점을 검토해보는 것도 중요하다. 변화가 잘 이뤄질 수 있다는 가정이 경우에 따라서는 애초에 불가능한 전제일 수 있기 때문이다.

앞선 정보 흐름의 투명화·가시화 방향만 해도 애자일 경영 기업이 취하는 방식은 취지와 철학은 매우 좋지만 조직별, 개인별 전문성 및 성숙도 관점에서 역량의 편차가 과도히 클 경우 오히려 독이 될 수도 있다. 그러므로 변화 이행 과정에서 필연적으로 예상되는 갈등, 저항, 현 조직 역량 수준에서 발생 가능한 비판적인 이슈가 무엇일지에 대해서 가능한 한 구체적으로 도출해 봐야 한다. 이 갈등과 이슈의 정도, 그리고 이를 감안해 조직이 어디까지 대응할 수 있는지에 대한 수준이나 의지에 따라 조직에 적합한 '필요충분구조'가 달라질 수 있다.

설령 그리해서 어느 정도 의사결정 효과성을 개선, 조직의 애질리티를 높이고 애자일 문화를 형성하는 데 도움이 되는 조직구조를 구축했다 하더라도 이는 한 번으로 끝날 수 있는 것이 결코 아니다. 조직은 끊임없이 '형식구조'와 '현실구조'를 들여다보면서 업데이트해야 한다.

사례를 통해 좀 더 그 맥락을 들여다보자. 다음은 실리콘밸리에 위치한, 헬스케어 하이테크 기업 A사의 한국지사에서 벌어진 일이다(보안 및 논의의 초점을 명확하게 하기 위해 일부 각색했다).

[배경]

A사는 최근 본사 차원의 조직 개편을 시행 중이다. 한국지사에 대해서도 직원 만족도 및 업무 추진에 대한 의견을 묻는 설문조사를 하고, 조직의 보고 라인을 조정하는 등 조직 개편 작업에 착수했다. 이 과정에서 한국지사의 '마켓 액세스 & 헬스 이코노믹스Market Access & Health Economics' 부서의 보고 라인이 글로벌 본사로 넘어갔다. 관련 인사 권한 역시 글로벌 본사가 갖게 됐다.

본사에서 이렇게 결정한 것에는 나름의 이유가 있었다. 현재 한국에는 마켓 액세스 & 헬스 이코노믹스 기능이 제대로 정착되지 못하고 있었기 때문이다. 회사는 경쟁사들보다 먼저 첨단 로봇기술과 소프트웨어를 헬스케어 시장에 적용해 공격적인 사업 확장을 시도 중이었고 이를 위해 로봇기술과 소프트웨어 기술이 단순 수술 보조 도구들과 달리 실질적인 효과와 경제적 효용이 있음을 증명해 나가야 하는 상황이었다. 이를 위한 실질적인 '데이터'를 조사 분석하고Health Economics, 나아가 해당 근거를 기반으로 어떤 전략으로 시장과 정부에 접근할 것인지Market Access를 자문하는 것이 마켓 액세스 & 헬스 이코노믹스 부서의 역할이었다. 하지만 한국지사는 제품의 시장 접근을 위한 근거를 만드는 행위 자체에 대한 경험과 인식이 전무했고 마켓 액세스 역시 전형적인 한국식 대관 업무 중심으로 해결하고 있었다.

또 하나 본사가 직접 관심을 두고 있는 부분은 한국시장에서 제품의 '보험적용' 여부였다. 정권이 바뀌고 건강보험 커버리지 확대 기조로 정책방향이 수립되면서 로봇의 보험적용 여부가 시기상 매우 중요한 시점이었다. 본사 차원에서는 이를 적극적으로 지원하고자 하는 의도가 있었다. 본사는 목적 달성을 위해 정부 산하 공공기관에서 헬스 이코노믹스 관련 연구를 실제 수행한 전문 인력을 영입해 운용하면서 그의 자질이 충분하다고 판단, 컨트리 리드Country Lead로 임명했다.

이 과정에서 신입 한국지사 대표GM도 선임됐다. 그는 과거 의료기기 기업의 대표직을 수행한 경험은 있지만 마켓 액세스 측면에서 직·간접 경험을 보유한 경력은 없었고, 외국계 한국인으로 한국 보험시장이나 정부 특수성에 대한 깊은 이해 역시 상대적으로 부족해 관련 부서의 지원이 적극적으로 필요한 상황이었다.

[실제]

본사의 의도와 형식적 조치는 충분히 합리적이었다. 의도대로 운영되기만 한다면 한국지사는 '전문성' 향상과 더불어 본사의 한국 시장 이해도를 높이는 두 마리 토끼를 잡을 수 있었다. 하지만 조직은 결코 의도대로 운영되지 않았다. 의사결정은 오히려 한없이 느려졌고 담당자는 일을 능동적으로 열심히 하면 할수록 오히려 조직에서 월권을 행사하려 하고 갈등을 조장하는 사람처럼 여겨졌다. 이런 일도 있었다. 마켓 액세스 & 헬스 이코노믹스 매니저이자 컨트리 리드인 K씨는 회사에 합류해 한국 헬스케어 시장에 기반한 '근거 데이터' 연구 필요성을 느꼈다. 정부에서 보험적용 시 참조할 한국 상황에 대한 근거 연구 자체가 어디에도 없었던 것이다. 인접 일본만 해도 보험적용 관련 연구가 어느 정도 진행돼 있었기에 이를 참조해 한국도 관련 연구가 필요하다는 의견을 본사와 한국지사 경영진에게 제시했다. 본사는 처음엔 "필요하다는 데 공감한다. 한국지사 경영진과 논의해보자"는 입장을 표명했다. 그러나 한국은 달랐다. 근거 연구 필요성 자체에 대한 이해도가 없었다. K씨가 실제 관련 연구를 진행할 수 있게 된 것은 최초 보고 후 1년 반이 훌쩍 지난 후였다. 연구 진행 여부에 대한 엄격한 검토가 진행됐기 때문에 1년 반이라는 시간이 흐른 게 아니었다. 1년 반의 시간 중 대부분을 이 연구가 필요하다고 한국 경영진을 이해시키고 본사 리더의 (가능한 한 한국 경영에는 개입하고 싶지 않아 하는) 소극적 태도를 설득하는 데 보냈다.

연구 진행에 대한 승인이 난 후에도 일은 쉽게 진척되지 않았다. 이번엔 계약 문제가 발목을 잡았다. K씨는 연구계획서 등 행정 초안을 준비해 계약을 담당 부서에 문의했고, 연구 결과에 대한 배타적 권리 여부 등과 관련된 큰 문제는 없다는 의견을 받아 연구를 진행시켰다. 그로부터 한 달여 후 계약 담당 부서가 K씨를 부르더니 본사로부터 관련 계약 건에 대한 의견이 왔는데 연구 결과에 대한 배타적 권리를 우리가 주장하더라도 연구 결과를 학문적 목적으로 활용하는 것을 못하도록 연구자 측을 강제할 수는 없다는 의견이 있다고 전달했다. 그러면서 연구 결과가 부정적일 경우 발생할 수 있는 문제에 대한 책임은 K씨에게 있다고 말하며 가능한 연구를 진행하지 말라는 뉘앙스로 이야기했다. 이후부터 실제 '업무 추진' 및 '민첩한 의사결정'과는 관계없는 지난한 핑퐁게임이 시작됐다.

사실 부정적인 결과가 나올 수 있다는 이유로 연구를 진행하면 안 된다는 논리는 연구가 가진 본질적인 속성 자체를 부정하는 것이었기에 이슈가 되어서는 안 되는 사안이었다. 이는 곧 헬스 이코노믹스 부서의 존재 자체를 부정하는 것과도 같았다. 나아가 연구윤리상 연구 결과의 활용을 제한하지 못하더라도 계약상 적어도 연구자 측에서 연구 결과 활용 시 순수 연구 목적임을 통보하고 협의할 수 있는 계약상의 장치를 걸어두는 등 좀 더 정교한 법적 검토가 가능한 방향을 찾고 구체적으로 조언하는 것이 계약 담당 부서의 정상적인 역할이었다. 하지만 계약 담당 부서는 이런 의무를 회피하며 "권한 밖이다"라는 말만 되풀이했다.

K씨는 한국지사에 이와 같은 사안들을 설명하며 지금 일련의 행동은 무엇보다 연구 결과가 '부정적'일 것을 가정한 태도로 기존 글로벌 연구와 회사의 기술적 자신감, 본사 차원의 표준 연구 프로젝트 프로세스 등을 감안했을 때 너무 책임 회피적인 태도가 아닌지 문제를 제기했다. 계약 담당 부서의 말 바꾸기와 책임 회피적 태도로 오랜 실랑이를 벌이던 K씨는 업무 추진을 위해 차라리 회사에 소속된 관련 법률전문회사를 직접 연결해줄 수 있는지 본사 및 한국지사 경영진, 고문에 의견을 전달했고 본사의 답이 있기 전 한국지사 대표와의 미팅을 갖게 되었다. 한국지사 대표는 그의 의견을 듣더니 다음과 같이 말했다.

"K씨, 당신은 당신 주제와 레벨을 모르고 날뛰는군요. 그런 문제는 당신이 다룰 문제가 아닙니다. 리걸은 파이낸스의 문제고, 나는 리걸 전문가와의 접촉을 허용할 생각이 추호도 없습니다. 들어보니 대체 이 연구 자체를 애초에 왜 하겠다고 하는지 모르겠군요. 조금이라도 부정적 결과가 나올 수 있다는 걸 내가 알았으면 승인을 결사반대했을 겁니다. 대체 무슨 생각으로 하겠다고 이 난리를 친 거지요?"

K씨는 실망스러웠다. 부정적 연구 결과가 도출될 상대적으로 낮은 가능성이 무서워서 근거기반 연구를 하지 않아야 한다면 대체 이 회사는 지금까지 어떤 식으로 '근거'를 쌓아온 것인가? 실리콘밸리의 혁신을 선도한다는 기업이 맞는지, 이런 메시지가 아무리

한국지사라 하더라도 어찌 이리 당당하게 나올 수 있는 이야기인지 귀를 의심했다. K씨가 결정적으로 실망한 것은 본사의 태도였다. 본사 리포트 라인 리더 역시 책임지지 않으려는 태도는 똑같았다. 그의 상사가 말했다.

"K씨, 충분히 힘들었겠군요. 이해해요. 하지만 너무 감정적으로 받아들이지는 마세요. 다 잘될 거에요. 제가 볼 땐 K씨는 충분히 잘하고 있어요. 힘내세요."

• • •

A사는 유명 기업 평가 채널 글래스도어에서 별 다섯 개의 높은 평점과 2019년 '가장 일하기 좋은 직장Best Place of Work'에 선정될 정도로 좋은 평판을 가진 기업이다. 그런 외연과는 별개로 적어도 한국지사의 문화나 조직구조는 회사가 의도한 바대로 전혀 작동하지 않았다. 이는 기업 평판과 거시적 관점에서의 합리적 '구조'가 실제 작동하는 구조까지 책임지지 않는다는 사실을 다시 한번 알려주는 근거다. 기업이 합리적인 고려로 조치한 '매트릭스 구조'는 오히려 담당자의 손발을 묶어 놓고, 회사 입장에서도 전문기능의 효용을 극대화하기는커녕 정반대의 결과를 낳았다. '매트릭스 구조'를 제대로 이행하고 조율할 수 있는 조직역량이 한국지사에도, 미국 본사 해당 부서에도 없었다.

만약 본사가 전문 기능을 제대로 한국에 안착시키고자 이런 문화적 이슈를 현실적으로 고려했지만 당장의 부족한 조직 역량에 대해 강하게 개입할 상황이 아니라고 판단했다면, 적어도 모호한 매트릭스 조직구조보다는 해당 직무의 의사결정 권한을 온전히 본사 소속으로 해 담당자에게 확실한 책임을 부여하고 빠른 행동이 가능하도록 조치하는 것이 나았을 것이다.

반대로 해당 이슈를 시뮬레이션해 이마저 극복, 글로벌 본사 수준의 문화를 한국에 이식하고자 했다면 한국지사 내의 리더십, 인적 역량, 문화를 면밀히 검토하고 높은 수준의 개입을 통해 '형식구조'와 '현실구조'의 간극을 좁혔을 것이다. 사례에서 A사의 한국지사는 전형적인 권위주의적 문화를 가지고 있다. 이 문화를 강력하게 타파하려는 제도적, 인적 개입 없이 애자일 경영과 연계된 조직구조 도입은 일말의 도움이 되지 않을뿐더러 오히려 의사결정 속도 자체가 '혁신적으로' 느려지는 역효과를 낳을 수도 있다.

●●●

애자일 경영의 완성

조직구조 + 운영

앞서 피력한 바와 같이 아무리 취지와 의미, 메커니즘이 좋은 조직 설계라 할지라도 궁극적인 성공 조건은 '잘 디자인된 변화 관리'에 있다. 구조가 인간 행동에 큰 영향을 미치는 것은 주지의 사실이나 형식구조 하나만으로 이룰 수 있는 것은 거의 없다. 베인 앤 컴퍼니가 실시한 조직 개편 연구[6]에서 성과와 높은 상관관계를 보인 것은 '의사결정' 요인이고 정작 형식적인 조직구조 자체는 상관관계가 없는 것으로 나타났다는 사실도 이를 방증하는 근거 중 하나다. 조직구조가 의도된 바대로 작동하도록, 형식조직이 필요충분구조로 나아갈 수 있게 하는 데는 응당 변화 관리를 전제한 '운영Operation'이 필요하다. 그리고 이 운영은 다시 구조적 시스템과 시스템의 공백을 메우는 인간 행동으로 구현된다. 이 기본 메커니즘이 곧 애자일의 '토대'라고 할 수 있다. 애자일 문화를 흡수한 애자일 경영 기업은 조직이 제대로 작동할 수 있도록 구조와 운영을 어떤 방향성을 가지고 긴밀하게 연결시킬까?

첫째, 조직 구성원들이 실질적으로 수행하는 업무가 무엇인지 쉽게 파악할 수 있도록 한다. 중요한 것은 표면적인 직무기술서나 KPI, OKR 리스트가 아니다. BCG 시니어 파트너 이브 모리유, 피터 톨먼Peter Tollman은 "나와 동료, 그리고 리더 각각이 어떤 역할을 어떻게 수행하는지 자연스럽게 파악할 수 있다면 구성원 간 불필요하고 비생산적인 오해 없이 서로에게 협력적인 '문화'를 가질 수 있다"고 강조한다.[7]

둘째, 규정보다 사람에 초점을 둔다. 조직이 커질수록 복잡한 구조, 규정, 규율을 두고 조직을 통제하고자 한다. 그러나 애자일 경영 기업은 현실적으로 감당해야 할 불가피한 복잡성 외에는 가능한 한 단순성을 유지하고자 한다. 단순한 기준과 규정을 기반으로 '사람'이 온전히 자신의 역할과 책임을 다할 수 있는 구조와 운영이 이뤄질 수 있도록 고민해야 한다.

셋째, 이 연장선 상에서 조직 통합자로서의 리더십 역할을 조정하고 중간 리더가 이 역할을 잘 이행할 수 있는 방향으로 구조와 운영에 초점을 맞춘다.[8] 구조적인 결함이나 한계는 이러한 '통합자Integrator'들의 주도적 노력으로 극복해야 한다. 애자일 경영에서 중요한 것은 단순히 형식적인 중간 관리자가 아니라 조직의 가치를 중심으로 상부 조직과 하부 조직을 온전히 통합하는 데 기여하는 리더십을 함양하는 것이다. 이를 위해선 구조와 운영의 적극적인 연결이 필요하다. 불필요한 의사결정 층위를 걷어내 리더가 실질적인 통합자 역할을 할 수 있는 조직구조와 운영체계를 설계하고 이들에게 실질적인 권한과 동기를 부여하는 장치를 마련하고자 한다. 더불어 이런 역할을 제대로 이해하거나 이행하지 못하는 리더십에 대해서는 운영상 매우 강력한 제재를 가한다.

넷째, 사람에 초점을 두는 견지에서 개개인의 권한과 책임 역시 강화되는 방향으로 구조와 운영이 이뤄진다. 토드 로즈 하버드 교육대학원 교수는 테일러리즘의 평균주의가 받아들인 거래는 시스템이 멈추지 않고 능률적으로 돌아가게 해줄 값싸고 교체 가능한 노동력을 얻는 대신 결국 직원들의 목적의식이나 동참의식을 상실케 하는 거래라 평한 바 있다. 직원의 무관심은 어떤 한 회사나 기업 부문에만 국한돼 있지 않고 테일러주의 원칙의 표준화와 위계적 관리에 의존하는 대다수 조직에 팽배해 있다. 평균주의 기업 구조가 우리를 그동안 설득시켜온 논리는, 시스템이 잘되기 위해서는 개개인을 스프레드시트의 셀과 같이 쓰고 버릴 수 있는 평균적 직원처럼 여겨야 한다는 것이었다. 애자일 경영 기업은 그 대척점에서 조직 구성원의 '개개인성'을 강조한다. 애자일 철학의 핵심과 목적은 궁극적으로 개개인이 자기주도적으로 학습하고 성장해 조직에서 온전한 역할과 책임을 다함으로써 조직의 성장을 견인하는 것에 있다. 이런 관점에서 애자일 경영은 개인에게 믿음과 성장, 의사결정 기회를 가능한 한 많이 부여하고자 한다. 그만큼 조직 역시 높은 기대 수준과 눈높이로 그에 걸맞은 성과와 성숙한 역량을 기대한다.

다섯째, 강력한 피드백의 순환고리를 구축한다.[9] 시스템 사고를 기억해보자. 시스템 사고는 중요한 문제를 이해하기 위해서는 개인 차원에서의 단발성 사건, 현상에 기반한 노력 그리고 '보이지 않는 손'을 기대하는 것이 아니라 개인의 행동을 야기하고 유사한 유형의 사건이 발생하는 조건을 만들어내는 기저 구조를 들여다보는 것이다. 이에 따르면 조직과 구성원은 직선적인 인과관계 사슬보다는 유기체적인 상호 연관성을 봐야 한다. 스냅 사진 같은 단편적인 대상보다는 변화의 과정과 관계를 추적해야 한다. 따라서 애자일 경영 기업은 단지 '행동'을 명령하고, 그 결과를 '평가'하는 기계적이고 단선적인 접근을 지양한다. 그보다는 직원 개개인과 집단이 자신의 행동의 결과에 대해 제대로 이해하고 사고할 수 있는 역량을 함양시키기 위한 피드백의 순환고리를 구축하는 데 초점을 맞춘다.

여섯째, 상호 호혜적 사회적 자본 형성을 향한다. 무너져 가던 레고 그룹을 다시금 혁신기업으로 일으킨 전 CEO 예르겐 비크누스토르프Jørgen Vig Knudstorp는 "문책은 일에 대한 실패로 받는 것이 아니라 도와주거나 도움을 구하는 데 실패해서 받는 것이다"라고 말한 바 있다.[10] 애자일 경영에서는 협력하는 사람은 조직에게 더 많은 기회를 주고, 그렇지 않은 사람은 조직에게 해를 준다. 이렇게 되면 상당히 많은 것이 기존 관성을 거스르게 되기 때문에 진짜 약점이나 가능성을 오히려 신속히 공개하는 게 득이 된다.

핵심은 결국 태도다

애자일 경영을 위한 조직구조에 대해 지난하게 설명하면서도 송구한 점은 여전히 독자들이 바라는 '정답'을 제시하지는 않았다는 것이다. 이 책을 통틀어 우리는 정답을 원하는 바람 역시 변화해야 할 관성으로 바라보는 입장임을 부디 양해 부탁드린다.

그럼에도 불구하고 우리는 애자일 경영을 위한 조직구조를 구축함에 있어 조직 리더와 구성원이 고려해야 할 지식, 유형, 이를 관통하는 대원칙과 방향성에 대해 때로는 주관적인 해석을 담아 최대한 그 맥락을 공유하고자 애썼다.

> "우리는 조직에서 더 이상 상자와 점선, 혹은 실선을
> 그리는 것을 멈추고 상호작용을 살펴봐야 합니다."
>
> – 이브 모리유

우리가 늘상 어김없이 고민하는 것은 '태도'다. 이브 모리유의 충고처럼 기업과 조직에서 더 이상 컴퓨터 화면이나 종이에 점선 혹은 실선, 상자, 원 등을 그렸다 지웠다 하는 행위를 멈추고 사람을 봐야 한다. 개인과 개인, 개인과 집단, 집단과 집단의 실질적인 상호작용에 초점을 둬야 한다.

애자일 철학을 우리 자신에 뿌리내리고, 이를 기준점 삼아 형식구조가 곧 현실구조가 되도록 의사결정의 작은 장면부터 중대한 상황까지 제대로 바라봐야 한다. 그리고 과감히 개입해 가치와 문화의 통합을 추구해야 한다. 구조에 의존하는 방식은 금물이다. 애자일 경영을 추구하고 이를 실제 잘 구현한다고 평가받는 기업조차 관료주의, 권위주의, 일반 기업으로 회귀하고자 하는 '관성'과 '그림자'에서 자유로울 수 없다. '악마는 언제나 디테일에 숨어 있다'는 진리를 우리는 잊어선 안 될 것이다.

에필로그

1959년 3월 2일, 뉴욕 맨해튼 30번가 컬럼비아 레코드 스튜디오에 재즈 연주자 6명이 모였다. 이 날은 새로운 앨범 녹음을 하기로 한 날이었다. 밴드의 리더인 마일스 데이비스Miles Davies는 멤버들 앞에서 자신이 만든 선율을 간단히 연주한 후 연주할 곡의 스케치 악보를 나눠줬다. 스케치 악보를 받아 본 멤버들은 당황했다. 아무리 스케치라고 하지만 '악보'라고 할 수 없는 수준의 간단한 멜로디 라인이 전부였기 때문이다. 멜로디 라인 옆에는 "기본적인 음계로만 연주하라"는 짧은 메시지가 적혀 있었다. 이 날 앨범 녹음은 어떻게 됐을까? 놀랍게도 이때 탄생한 앨범이 바로 〈Kind of Blue〉다. 이 앨범은 수많은 평론가들의 찬사를 받았을 뿐만 아니라 '가장 많이 팔린 재즈 앨범'으로 뽑힐 정도로 대중의 마음도 사로잡았다. 더욱 놀라운 것은 이 앨범이 철저히 연주자의 창의력을 바탕으로 리허설 한 번 없이 바로 녹음이 이뤄졌다는 것이다.

갑자기 무슨 재즈 이야기인가 싶겠지만 필자들이 이 책을 통해 지속적으로 설명하고자 했던 애자일의 참모습이 재즈의 오랜 전통이자 특징인 '최소한의 구조가 만들어내는 최대한의 자율성'과 맞닿아 있기 때문이다. 마일스 데이비스는 고도로 훈련된 연주자들이 최대한의 창의성과 즉흥성을 발휘할 수 있으려면 최소한의 개입만이 필요하다는 것을 잘 알고 있었다. 우리가 앞서 살펴본 애자일 전환에 성공한 기업들은 마일스 데이비스처럼 '최소 구조, 최대 자율'을 잘 실천했다고 볼 수 있다.

상시 불확실성의 시대, 자율경영 조직으로

재즈의 특징인 '최소한의 구조가 만들어내는 최대한의 자율성'에서 최소한의 구조는 하드 스킬 측면에서의 구조와 소프트 스킬 측면에서의 구조로 나눌 수 있다. 하드 스킬 측면에서의 구조는 기술적 부분이다. 재즈 연주로 치면 연주자의 재능과 능력, 코드나 코드 진행, 음악적으로 약속된 문법 등을 말한다. 이에 반해 소프트 스킬 측면의 구조는 행동규범이나 커뮤니케이션 방식에 대한 합의를 의미한다. 연주 도중에 연주자들끼리 보내는 수신호나 아이 콘택트와 같은 커뮤니케이션에 대한 합의가 그것이다.

이는 기업경영에서도 마찬가지다. 기업에서 기술적 구조는 직원들이 지켜야 할 규칙이나 행동강령 같은 것이다. 이에 반해 소프트 스킬 측면의 사회적 구조는 핵심가치, 경영이념, 사명 등 구성원들의 사고와 행동에 영향을 미치는 기업의 가치 체계다. 이 책에서 예를 든, 애자일 전환에 성공한 기업들의 자율경영 조직은 대부분 최소한의 기술적·사회적 구조를 보유하고 있다. 그리고 그 최소한의 구조를 제외한 나머지 상당히 넓은 부분에서 최대한의 자율을 보장하고 있다.

이러한 자율경영 조직이 각광을 받는 이유는 불확실성이 일상이 된 시대에 우리가 살고 있기 때문이다. 디지털 트랜스포메이션은 불확실성의 상시화를 불러왔다. 이런 추세는 앞으로도 계속될 것이다. 하지만 불확실성이 꼭 나쁜 것은 아니다. 《혼돈으로부터의 질서Order Out of Chaos》를 쓴 노벨상 수상자 일리야 프리고진Ilya Prigogine은 "혼돈과 무질서는 일시적인 것이 아니라 일상적인 현상이며, 제거해야 할 대상이 아니라 한층 고차원적인 질서가 만들어지는 원천이다"라고 설명한다. 불균형과 무질서의 상황을 자연스럽게 받아들이고 이를 기업의 전략과 조직구조 안으로 끌어들인다면, 예기치 않던 새롭고 더 나은 길이 열릴 수 있다는 뜻이다. 이러한 관점에서 애자일로 대변되는 자율경영 조직은 구성원들로 하여금 불확실성과 혼돈의 상황 속에서 외부의 개입 없이 스스로 혁신적인 방법을 모색해 더 나은 상황을 만들어내도록 한다. 변화에 적응할 역량과 유연성 그리고 탄력성을 길러내는 것이다.

각자의 상황에 맞는 자율경영 조직으로의 발전을 기다리며

이 책을 준비하는 데 거의 1년이라는 시간이 걸렸다. 그사이 애자일에 대한 다양한 논의들이 이뤄졌고 많은 시도들이 진행됐다. 하지만 여전히 대다수 기업들은 애자일이 가진 기본 철학보다는 그 외형을 따라하는 데 열중하는 모양새다.

이 책을 완성하는 데 있어서 필자들이 가장 고민한 부분은 "어떻게 하면 애자일에 대한 설익은 오해를 없애고 기업들이 각자의 상황에 맞는 '자율경영 조직'을 추구하도록 도울 수 있을까"였다. 그래서 더더욱 '답'을 제시하는 방식을 지양하고 최대한 애자일의 기본 철학을 충실히 설명하는 방식으로 구성했다. 명확한 답을 제시해주지 못한 점에 대해선 독자들에게 죄송하지만, 애자일은 애자일의 기본 철학 아래 각자의 방식으로 자기 조직만의 답을 찾아가는 것이라고 믿는다.

마지막으로 강조하고 싶은 말은 애자일이 단순히 일시적인 유행으로 그치지 않을 것이라는 점이다. 일각에서는 애자일이 한때의 유행이라 주장하기도 하고, 성급하게 애자일의 껍데기만을 벤치마킹하다 실패한 사례들이 늘어나면서 "애자일은 한국 기업에 안 맞는다"라고 결론 내리는 목소리도 들리지만 분명이 알아야 할 사실이 있다. 애자일은 전혀 새로운 도전과제가 아니다. 애자일은 이전에 나타난 수많은 자율경영 조직을 강조한 업무 혁신 방법의 가장 최신 사례일 뿐이다. 기업들이 최근 몇 년 동안 실험해왔던 린, 홀라크라시 조직 등 다양한 모델들도 넓게 보면 애자일과 그 맥락이 맞닿아 있다.

문제는 이를 받아들이는 기업들에 있다. 자율경영 조직을 만들기 위한 여정은 단순히 다른 기업의 껍데기만 가져오는 데서 끝나지 않는다. 각자 조직의 최소한의 구조가 무엇인지를 파악하고 이를 조직 내에 뿌리내리게 하려면 앞으로도 꽤 오랜 기간 지속적인 노력이 필요할 것이다. 몇 년 후 애자일이 아닌 새로운 경영계 화두가 등장하더라도 향후 경영이 나아가야 할 방향성은 자율경영 조직에 있음을 필자들은 확신한다. 시대는 '자율경영 조직'으로의 변화를 요구하고 있다.

주

서론

1 https://agilemanifesto.org/iso/ko/manifesto.html.

2 Gary Hamel & Michele Zanini, "The End of Bureaucracy," *Harvard Business Review*, Nov-Dec, 2018.

3 "Manifesto for Agile Software Development," (Agile Manifesto, accessed September 10, 2017), http://Agilemanifesto.org.

1장 전환시대의 도래: '애자일'에 열광하는 이유

1 James Manyika, Sree Ramaswamy, Somesh Khanna, Hugo Sarrazin, Gary Pinkus, Guru Sethupathy, & Andrew Yaffe, "Digital America: A Tale of The Haves and Have-Mores", *Mckinsey&Company*, 2015.

2 Peter Dahlström, Liz Ericson, Somesh Khanna, & Jürgen Meffert, "From disrupted to disruptor: Reinventing your business by transforming the core", *Mckinsey*, 2017.

3 Thomas Lauren Friedman, 이건식 옮김, 《세계는 평평하다(The World is Flat)》, 21세기북스, 2013.

4 "FT Series: Millenial moment: the business of a generation," *Financial Times*, 2018 ; Publy 공식 국문 번역본(심재인 번역)을 이중 참고했다.

5 UN Population Division Graphic by Cale Tillford, ⓒ*FT*.

6 John Gapper, "How millennials became the world's most powerful consumers," *Financial Times*, 2018 재인용; Publy 공식 국문 번역본(심재인 번역)을 이중 참고했다.

2장 애자일은 문화다

1 Thomas S. kuhn, 홍성욱 옮김, 《과학혁명의 구조(The Structure of Scientific Revolutions)》, 까치글방, 2013.
2 Jurgen Appelo, *Management 3.0: Leading Agile Developers, Developing Agile Leaders*, Addison Wesley Pub Co Inc, 2010.
3 https://icagile.com.
4 Edgar Schein, *Organization Culture and Leadership*, (4th Edition), Jossey-Bass, 2010.
5 Satya Nadella, 최윤희 옮김, 《히트 리프레시(Hit Refresh)》, 흐름출판, 2018.
6 Ahmed Sidky, "Mindset & Culture: At the Heart of a Winning Agile Transformation," (애자일코리아 컨퍼런스 기조연설, 2018), https://youtu.be/kHgq_HNzhgo.
7 William E. Schneider, *The Reengineering Alternative: A plan for making your current culture work*, McGraw-Hill, 2007.
8 Michael Sahota, "An Agile Adoption and Transformation Survival Guide: Working with Organizational Culture", *InfoQ*, 2012에서 'Culture survey of Agilistas Culture Survey of Agile' 부분 재인용.
9 Collabnet Versionone, "State of Agile Report 2016 & 2018".
10 https://www.vanityfair.com/news/business/2012/08/microsoft-lost-mojo-steve-ballmer.

3장 테일러리즘과의 비교를 통해 알아본 애자일 철학

1 Wikipedia ; John J. Morse & Jay W. Lorsch, "Beyond Theory Y", *Harvard Business Review*, May, 1970.
2 Todd Rose, 정미나 옮김, 《평균의 종말(The End of Average)》, 21세기북스, 2018.
3 Taylor, *Principles of Scientific Management*, Digireads, 2008.
4 Tom Demarco & Timothy Lister, 박재호/이해영 옮김, 《피플웨어(Peopleware)》 3판, 인사이트, 2014.
5 Robert Kanigel, *One Best Way*, 169, 1906년 6월 4일 강연 중에 한 발언 ; Todd Rose, 앞의 책.
6 David Patrick Houghton, *Political Psychology: Situations, Individuals, and Cases*,

Routledge, 1900.

7 Margaret Heffernan, "Forget the pecking order at work", (TEDWomen, 2015), https://www.ted.com/talks/margaret_heffernan_why_it_s_time_to_forget_the_pecking_order_at_work?language=az.

8 Adam Grant, 윤태준 옮김, 《기브 앤 테이크(Give and Take)》, 생각연구소, 2013.

9 David Zweig, 박슬라 옮김, 《인비저블(Invisible)》, 민음인, 2015 ; Adam Grant, 윤태준 옮김, 앞의 책 (Invisible과 Giver의 주요 특징 요약 제시).

10 Carol Dweck, 김준수 옮김, 《마인드셋(Mindset)》, 스몰빅라이프, 2017.

11 Satya Nadella, 최윤희 옮김, 《히트 리프레시(Hit Refresh)》, 흐름출판, 2018.

12 Richard M. Ryan & Edward L. Deci, *Intrinstic motivation and self determination in human behavior*, New York: Plenum Pless, 1985 ; *Self-determination Theory*, In L. Berk owits (ed.), *Advances In Experimental Social Psychology*, vol.6 , New York: Academic Press, 2008.

13 Richard M. Ryan & Edward L. Deci, 위의 책.

14 Richard M. Ryan & Edward L. Deci, 앞의 책.

15 Richard M. Ryan & Edward L. Deci, 앞의 책, 1985b.

16 Todd Rose, 앞의 책.

17 Saul Hansell, "Google Answer to Filling Jobs Is an Algorithm," *New York Times*, January 3, 2007.

18 Lou Adeler, *Hire with Your HeadL Using Performance-Based Hiring to Build Great Teams*, Hoboken: John Wiley & Sons, 2012 ; Todd Rose, 앞의 책, 172쪽.

19 Todd Rose, 위의 책, 185-190쪽.

20 김창준, 《함께 자라기: 애자일로 가는 길》, 인사이트, 2018, 46쪽.

21 Margaret Heffernan, 박수성 옮김, 《사소한 결정이 회사를 바꾼다(Beyond Measure: The Big Impact of Small Changes)》, 문학동네, 2017, 58-59쪽.

22 Tim Harford, 강유리, 《어댑트(Adapt)》, 웅진지식하우스, 2011, 43쪽.

23 Nassim Nicolas Taleb, *The Black Swan: The Impact of the Highly Improbable*, Random House, 2007, p.157.

24 Tiha von Ghyczy, Christopher Bassford, & Bolko von Oetinger, *Clausewitz on Strategy : Inspiration and Insight from a Master Strategist*, A Publication of The Strategy Institute of The Boston Consulting Group, 2001.

25 Tiha von Ghyczy, Christopher Bassford, & Bolko von Oetinger, 위의 책(전쟁론 부분 재인용).

26 Elliott Jaques,"In Praise of Hierarchy", *Harvard Business Review*, January 1990.

27 Gary Hamel & Michele Zanini, "The End of Bureaucracy", *Harvard Business Review*, November 2018.

28 Gary Hamel & Michele Zanini, 위의 글.

29 Gary Hamel & Michele Zanini, "Top-Down Solutions Like Holacracy Won't Fix Bureaucracy", *Harvard Business Review* , March 2016.

30 Herber Raymond McMaster, *Dereliction of Duty: Johnson, McNamara, the Joint Chiefs of Staff, and the Lies That Led to Vietnam* , Perennial, 1998.

31 Tom DeMarco , 류한석/이병철/황재선 옮김, 《슬랙(Slack)》, 인사이트, 2010.

32 이가야스요, 황혜숙 옮김, 《생산성: 기업 제1의 존재 이유》, 쌤앤파커스, 2017.

33 Tom DeMarco , 앞의 책.

34 "Satya Nadella's Top 10 rules for success", https://www.youtube.com/watch?v=dDaBVUQbWjw&list=PLMYel_2l3jWjCr3EOY0vuluZ9FiqAqb5t&index=2.

4장 애자일 조직 만들기

1 Peter Cappelli & Anna Tavis, "HR goes Agile", *Harvard Business Review* , March-April 2018.

2 Mckinsey&Company, "The five trademarks of agile organizations", (January 2018, Report), https://www.mckinsey.com/business-functions/organization/our-insights/the-five-trademarks-of-agile-organizations.

3 Brian J. Robertson, 홍승현 옮김, 《홀라크라시(Holacracy)》, 흐름출판, 2017.

4 Arthur Koestler, *The Ghost in the Machine* (1990 reprint ed.), Penguin Group, 1967.

5 Henrik Kniberg & Anders Ivarsson, "Scaling Agile@Spotify", (Oct 2012), https://blog.crisp.se/wp-content/uploads/2012/11/SpotifyScaling.pdf.

6 Mckinsey&Company, "ING's agile transformation", (January 2017, Interview), https://www.mckinsey.com/industries/financial-services/our-insights/ings-agile-transformation.

7 Henrik Kniberg & Anders Ivarsson, 위의 글.

8 Thomas J. Peters & Robert Waterman, *In Search of Excellence: Lessons from America's Best-Run Companies* , ProfileBooks, 2015.

9 Andrew S. Grove, 유정식 옮김, 《하이 아웃풋 매니지먼트(High Output Management)》, 청림출판, 2018.

10 Andrew S. Grove, 유정식 옮김, 위의 책, 187쪽.

11 Jay R. Galbraith, *Designing the Global Corporation* , Jossey-Bass, 2000.

12 Jay R. Galbraith, *Designing Matrix Organizations That Actually Work* , Jossey-Bass, 2008.

13 Yves Morieux & Peter Tollman, 이주만 옮김, 《심플이 살린다(Six Simple Rules)》, 코리아

닷컴, 2017.
14 Jennifer Reingold, "How a Radical Shift Left Zappos Reeling", *Fortune*, March 4, 2016.
15 Kris Graf, "Less management, more success: Inside Supercell's 'upside-down' organization", (Gamasutra, May 17, 2018), https://www.gamasutra.com/view/news/318171/Less_management_more_success_Inside_Supercells_upsidedown_organization.php.
16 Karsten Strauss, "Is This The Fastest-Growing Game Company Ever?", *Forbes*, Apr 17, 2013.
17 Kris Graf, 위의 글.
18 Todd Rose, 정미나 옮김, 《평균의 종말(The End of Average)》, 21세기북스, 2018, 215쪽.
19 Gary Hamel, "First, Let's Fire All The Manager's", *Harvard Business Review*, December, 2011 ; Todd Rose, 정미나 옮김, 위의 책, 229-235쪽.
20 미야자키 타쿠마, 김경철 옮김, 《소니침몰(Lost Technical Capabilities)》, 북쇼컴퍼니, 2007.
21 이나모리 가즈오, 양준호 옮김, 《아메바 경영》, 한국경제신문사, 2017.
22 https://en.wikipedia.org/wiki/Manu_Cornet.
23 Satya Nadella, 최윤희 옮김, 《히트 리프레시(Hit Refresh)》, 흐름출판, 2018.
24 Mary Jo Foley, "Microsoft cuts roughly 2—positions in its commercial sales business," (ZDNet, March 7, 2019), https://www.zdnet.com/article/microsoft-cuts-roughly-200-positions-in-its-commercial-sales-business/.
25 이미영, 〈하라 마사히코 플러스드라이브 대표 인터뷰〉, 《동아비즈니스리뷰》, 2018년 6월 2호.
26 한국노동연구원, 《월간 노동리뷰》, 2017년 5월호.
27 고용노동부, 〈일과 가정 양립 실태조사〉, 2017.
28 사람인, 〈유연근무제 실시 현황 설문조사, 369개사 대상〉, 2017.
29 이광호, "〈근로시간단축 기획 下〉 해외사례 살펴보니… '탄력적 근로시간제' 채택해야", 《이투데이》, 2018.03.21.
30 Nielsen, 〈소비자 편의성에 관한 보고서〉, 2018.
31 Goldman Sachs, "CHINA E+COMMERCE Shopping Re-Imagined", *Equity Research*, February 2017.

5장 조직의 생존과 성장에 대한 새로운 의미부여

1 Marcia W. Blenko, Michael C. Mankins, & Paul Rogers, "The Decision-Driven Organization," *Harvard Business Review*, 2010.
2 Marcia W. Blenko, Michael C. Mankins, & Paul Rogers, 위의 글.
3 Marcia W. Blenko, Michael C. Mankins, & Paul Rogers, 위의 글.

4 Killman, R. H., L. R. Pondy, & D. Sleven (eds.), *The ambidextrous organization: Designing dual structures for innovation* , The Management of Organization, New York: North Holland, pp.167-188.

5 마스다 무네아키, 장은주 옮김, 《취향을 설계하는 곳, 츠타야》, 위즈덤하우스, 2017.

6 Marcia W. Blenko, Michael C. Mankins, & Paul Rogers, 앞의 글.

7 Yves Morieux & Peter Tollman, 이주만 옮김, 《심플이 살린다(Six Simple Rules)》, 코리아닷컴, 2017.

8 Yves Morieux & Peter Tollman, 위의 책.

9 Yves Morieux & Peter Tollman, 위의 책.

10 Yves Morieux, "As work gets more complex, 6 rules to simplify", (TED@BCG, 2014.01.23.), https://www.youtube.com/watch?v=0MD4Ymjyc2I.

네이키드 애자일

경영의 눈으로 애자일 바로보기

초판 1쇄 발행 2019년 11월 28일
초판 6쇄 발행 2022년 2월 8일

지은이 장재웅 · 상효이재
펴낸이 성의현
펴낸곳 미래의창

편집주간 김성옥
책임편집 김효선
디자인 공미향
마케팅 연상희 · 김지훈 · 이희영 · 이보경

등록 제10-1962호(2000년 5월 3일)
주소 서울시 마포구 잔다리로 62-1 미래의창빌딩(서교동 376-15, 5층)
전화 02-338-5175 **팩스** 02-338-5140
홈페이지 www.miraebook.co.kr
ISBN 978-89-5989-622-6 03320

※ 책값은 뒤표지에 있습니다. 잘못된 책은 구입하신 서점에서 바꿔 드립니다.

이 도서의 국립중앙도서관 출판예정도서목록(CIP)은 서지정보유통지원시스템 홈페이지(http://seoji.nl.go.kr)와 국가자료공동목록시스템(http://www.nl.go.kr/kolisnet)에서 이용하실 수 있습니다.(CIP제어번호: CIP2019045680)